FILOSOFIA

FILOSOFIA

grandes pensadores, principais fundamentos e escolas filosóficas

Editor-geral: David Papineau

Tradução de
Maria da Anunciação Rodrigues e Eliana Rocha

Revisão técnica da edição brasileira de
Olgária Matos,
professora titular da Faculdade de
Filosofia, Letras e Ciências Humanas
da Universidade de São Paulo

PUBLIFOLHA

Sumário

Título do original: *Philosophy*

Esta obra foi publicada originalmente no Reino Unido e na Irlanda por
Duncan Baird Publishers Ltd., Castle Street, 75-76, Sixth Floor, Londres W1T 3QH
A edição brasileira segue o texto revisto e atualizado da edição original de 2009.
Os créditos das ilustrações das pp. 1-3 encontram-se na p. 224.

COORDENAÇÃO DO PROJETO: PUBLIFOLHA
Editora-assistente: Paula Marconi de Lima
Coordenadora de produção gráfica: Soraia Pauli Scarpa
Produtora gráfica: Mariana Metidieri

COORDENAÇÃO EDITORIAL: ESTÚDIO SABIÁ
Edição: Fernando Nuno e Bruno Salerno Rodrigues
Revisão: Ceci Meira e Hebe Ester Lucas
Editoração eletrônica: Pólen Editorial

EDIÇÃO ORIGINAL: DUNCAN BAIRD PUBLISHERS
Gerentes editoriais: Susan Watt e Christopher Westhorp
Editores de texto seniores: Peter Bently e Susan Watt
Assistente editorial: James Hodgson
Editora de arte: Julia Ruxton
Projeto gráfico: Paul Reid, de Cobalt id

Dados Internacionais de Catalogação na Publicação (CIP)
(Câmara Brasileira do Livro, SP, Brasil)

Filosofia / David Papineau ; tradução de Maria da Anunciação Rodrigues e Eliana Rocha ; revisão técnica da edição brasileira de Olgária Matos. – São Paulo : Publifolha, 2009.

Título original: Philosophy.
ISBN 978-85-7914-105-8

1. Filosofia I. Papineau, David.

09-08368 CDD-100

Índices para catálogo sistemático:
1. Filosofia 100

A grafia deste livro segue as regras do **Novo Acordo Ortográfico da Língua Portuguesa**.

PUBLIFOLHA
Divisão de Publicações do Grupo Folha
Al. Barão de Limeira, 401, 6º andar
CEP 01202-900, São Paulo, SP
Tel.: (11) 3224-2186/2187/2197
www.publifolha.com.br

Este livro foi impresso em setembro de 2009 pela Cromosete Gráfica e Editora Ltda. em papel off-set 120g/m².

Introdução

Enquanto a vida de Sócrates, acusado de corromper a juventude de Atenas, era decidida no tribunal, ele explicou por que lhe seria impossível desistir da filosofia. Em sua opinião, a vida que não fosse enriquecida pela reflexão filosófica não era melhor que a morte: "Uma vida não examinada não vale a pena". Poucos são chamados a sacrificar tudo pela filosofia, mas mesmo assim há profundas razões para que ela continue a ser de importância fundamental para todos. Obviamente, cada um de nós precisa ponderar sobre o modo correto de viver. As práticas convencionais não são automaticamente as melhores, refiram-se elas a pais ou a filhos, a governantes ou a governados, a nações ricas ou pobres. Todas as pessoas responsáveis precisam parar, pelo menos em algum momento da vida, para refletir se estão realmente agindo de modo correto.

No entanto, a filosofia não tem importância apenas no que se refere ao modo de conduzir a vida. Os seres humanos são criaturas pensantes, para as quais a pura compreensão é um fim em si. Descobrir as origens do universo ou a natureza da consciência pode não fazer diferença para a forma como nos comportamos, mas iria contra a natureza humana não buscar resposta a essas questões. Uma sociedade em que nunca se questionasse a natureza fundamental da realidade seria mais pobre.

Qual é exatamente o objeto de estudo da filosofia? O que torna algo uma questão filosófica, e não científica ou política? É duvidoso que haja algum tema definido privativo da filosofia. Mais propriamente, a filosofia é necessária sempre que nos confrontamos com questões que não só sejam relevantes mas causem perplexidade. É este último requisito que distingue a filosofia. Existe uma boa quantidade de grandes questões não resolvidas pela ciência: há vida em outros lugares do universo? Quantas forças fundamentais existem? No entanto, essas perguntas somente carecem de resposta porque ainda não acumulamos provas empíricas suficientes para chegar a uma conclusão. As questões filosóficas suscitam outro tipo de dificuldade. Quando perguntamos se os seres humanos têm livre-arbítrio, ou se os animais têm direitos morais, o problema não é a falta de informação. Sem dúvida as próprias questões causam confusão. Para avançar, precisamos examinar minuciosamente os próprios termos – "livre-arbítrio", "direitos morais" – usados para apresentá-las.

Filosofar pode se tornar rapidamente algo obscuro. Nas páginas a seguir, há muitos tópicos familiares, como a justificabilidade da pena capital ou a existência de Deus. Mas há também temas mais esotéricos, como a realidade da propriedade ou a definição de conhecimento. Esse tipo de abstração é inevitável em filosofia. Uma vez que comecemos a questionar os termos em que os assuntos do dia a dia são colocados, logo nos vemos obrigados a pensar sobre as categorias que usamos para dar sentido ao mundo.

Filosofia tem seis capítulos, escritos por acadêmicos de renome, especialistas em cada um desses relevantes campos. O tema é amplo demais para acolher a cobertura completa de todos os tópicos, mas este volume discute todas as questões mais importantes da história da filosofia e o que grandes filósofos disseram sobre elas. Entre os itens focalizados estão o espaço, o tempo e a possibilidade do infinito; a consciência e sua relação com o mundo físico; se é possível, ou não, alcançar conhecimento objetivo; a possibilidade da vida depois da morte; a moralidade do sexo e da amizade; e conceitos de democracia, igualdade e liberdade.

Além de apresentar teorias, este livro busca dotar o leitor de ferramentas intelectuais. Os capítulos a seguir apresentam estilos distintos de pensamento filosófico e técnicas intelectuais que se provaram proveitosas na história da filosofia. Se alcançar seu objetivo, esta obra não somente mostrará ao leitor o que outros filósofos disseram como o habilitará a pensar filosoficamente por si próprio.

David Papineau
Professor de filosofia
King's College, Universidade de Londres, Reino Unido

Uma série de afrescos baseados em teorias platônicas e alquímicas decora a cripta da catedral de Anagni, na Itália – entre eles, este macrocosmo, que representa vários aspectos relativos às quatro diferentes idades do homem, evocando o questionamento das ortodoxias religiosas da época e a reflexão profunda sobre o mundo em redor.

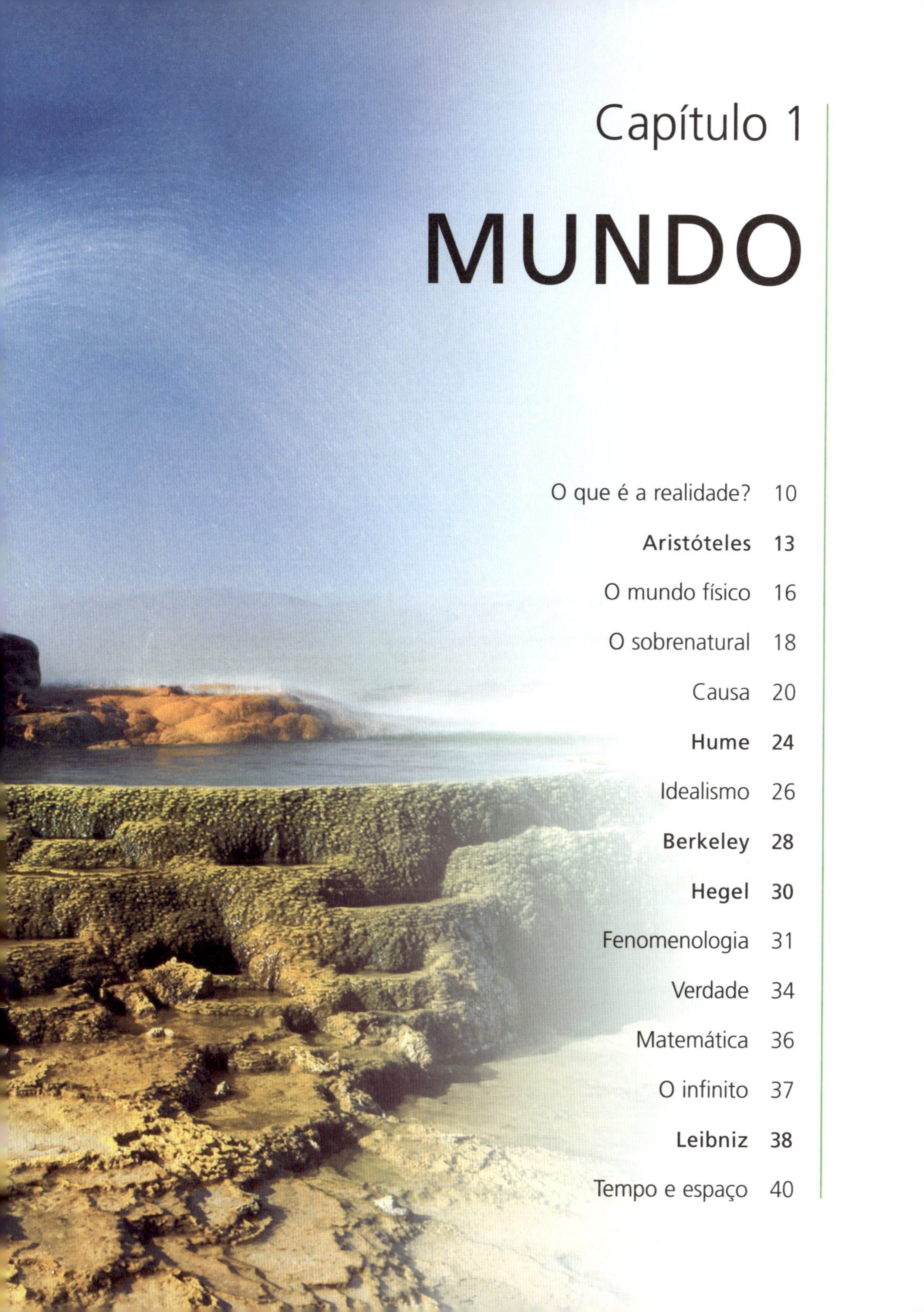

Capítulo 1

MUNDO

O que é a realidade?

O tema da natureza da realidade, ou do ser, é um dos mais antigos da filosofia ocidental. Mas o que exatamente significa dizer que algo é real? E quais são as coisas a que deveríamos creditar a realidade mais fundamental?

No filme *A Rosa Púrpura do Cairo*, de Woody Allen, a protagonista tem de escolher entre dois amores: o ator que faz o papel de seu personagem favorito numa fita romântica e o próprio "personagem" – que pulou para fora da tela por ter se fascinado com a jovem, que vai ver o filme todos os dias. Defendendo sua causa, o personagem afirma que é bonito, rico, encantador e inteligente. O ator contrapõe: "Mas eu sou real!"

A graça gira em torno do absurdo da ideia de escolher entre duas coisas das quais apenas uma é real. Mas por que essa ideia é absurda? Com certeza a resposta é que a realidade não é uma propriedade das coisas, como ser amarelo ou pesado. Não tem sentido dizer que a realidade é uma propriedade que algumas coisas têm e outras não, uma vez que a noção de ser algo traz consigo a de ser real. Da mesma forma, dizer que algo é, ou tem existência, seguramente implica que é real. Nada pode ter existência a menos que seja real.

> *"O ser não é um predicado real, isto é, um conceito de uma coisa que poderia ser acrescentado ao conceito de coisa."*
>
> Immanuel Kant, *Crítica da Razão Pura*

Assim, certamente tudo o que existe é real – mas todas as coisas reais existem? Alguns filósofos responderam não a essa pergunta, afirmando que há coisas reais que não existem. Por exemplo, há muitos personagens de Shakespeare que não existem, nunca existiram nem existirão (por exemplo Otelo), opondo-se a outros que existiram (como Júlio César). Mas mesmo dizer que "há" personagens não existentes, como fizemos, parece uma admissão de que eles têm alguma forma de existência ou realidade. No entanto, se isso acontece, em quê o tipo de realidade de Otelo difere do de Júlio César?

É tentador responder que as coisas existentes têm existência no espaço e no tempo, ao contrário das não existentes. Mas isso é apenas outro modo de dizer que algumas são "coisas espaço-temporais" e outras não – exatamente como algumas são verdes e outras não. As coisas reais são de muitos tipos, e tudo o que fizemos aqui foi distinguir entre dois grupos de coisas; não dissemos o que faz algumas delas serem "existentes". Assim, permanece a questão sobre a propriedade de existência que supostamente Júlio César tem e Otelo não.

Confrontados com essa dificuldade, muitos filósofos acompanham Bertrand Russell (1872-1970) e W. V. O. Quine (*ver p. 89*) e negam que haja alguma distinção entre realidade, ser e existência. Os seres são o que existe, ou o que é, ou o que é real, ou o que as coisas são. As três palavras – ser, existência, realidade – expressam fundamentalmente a mesma ideia. De acordo com essa consideração, não há coisas que não existam, uma vez que isso seria o mesmo que dizer que existem coisas que não existem, o que é uma contradição.

Assim, Otelo não existe em nenhum sentido. É claro que a ideia de Otelo existe – sabemos sobre o que as pessoas estão falando quando mencionam Otelo –, mas isso não deve ser confundido com a própria existência de Otelo. (De modo similar, a questão da existência de Deus não deve ser confundida com a da ideia de Deus, já que teístas e ateus podem concordar em que essa ideia existe, embora difiram quanto a corresponder a algo na realidade. *Ver também p. 108.*)

Substâncias e atributos

Essas questões sobre Ser e Existência pertencem à área da filosofia conhecida como ontologia, que é o

Segundo Platão, as coisas individuais – como um cavalo em particular – são apenas cópias bastante pobres de "formas" idealizadas e abstratas que existem além do mundo da experiência.

estudo ou teoria do Ser (do radical grego *ont-*, de *ontos*, ou "ser"). Supondo-se que concordemos com Russell e Quine em que ser e existência são a mesma coisa, a questão ontológica seguinte é: alguns tipos de seres e coisas existentes são mais fundamentais que outros? Desde Platão e Aristóteles, é habitual em filosofia fazer a distinção entre coisas individuais e suas propriedades e atributos. Podemos distinguir, por exemplo, entre um indivíduo e seu peso, altura, cor do cabelo etc. Mas o que é mais fundamentalmente real: as coisas individuais ou seus atributos – ou nada disso? Platão (*ver pp. 76-79*) adotou a visão "nada disso". Ele argumentou que as coisas fundamentalmente reais são aquilo que chamou de "formas": tipos de coisas ideais, eternas, imutáveis, que existem fora do mundo da experiência. As coisas cotidianas do mundo da experiência têm um grau menor de realidade: são reais apenas na medida em que "participam" das formas.

Aristóteles (*ver pp. 13-15*) rejeitou toda essa concepção, alegando que as coisas individuais (a que chamou "substâncias") são as realidades fundamentais. Na visão de Platão, a existência e a natureza de um cavalo individual dependem da forma cavalo; já Aristóteles sustentava que os indivíduos são entidades básicas. Segundo ele, as substâncias não dependem dos atributos; em vez disso, os atributos dependem de que as substâncias os possuam – assim, cores, formas e tamanhos não podem existir de modo independente de coisas que tenham essas cores, formas e tamanhos. A cor de um cavalo específico, por exemplo, não pode existir independentemente, sem que um cavalo ou alguma outra substância a apresente.

A realidade fundamental

Essa noção de substância, o tipo mais fundamental de ser ou entidade, dominou a filosofia desde Aristóteles. Sobre essa base, a questão ontológica seguinte é se as substâncias são todas do mesmo tipo ou se há tipos fundamentalmente diferentes. Os monistas alegam que só há um tipo de substância, enquanto os dualistas dizem que há dois (e os pluralistas, que há muitos). Entre os monistas, podemos distinguir os materialistas, que acreditam que todas as substâncias são materiais, ou feitas de matéria, e os idealistas, segundo os quais todas as substâncias são mentais (*ver pp. 26-27*). Leibniz, Berkeley, Kant e Hegel eram idealistas, embora de maneiras muito distintas. Os dualistas típicos sustentam que os dois tipos de substância são o mental e o material. Entre os dualistas, há os que pensam que as substâncias mental e material interagem e os que negam isso. René Descartes (*ver pp. 48-49*) foi o dualista "interacionista" mais famoso. Hoje, o dualismo é amplamente rejeitado

Categorias ontológicas

A ontologia, ou teoria do Ser, tenta impor uma ordem fundamental a tudo o que é real ou existente. Ela o faz criando distinções entre as categorias mais gerais da realidade que existem. Naturalmente, há filósofos que refutam alguns desses tipos de entidade (por exemplo, alguns deles negam a existência de entidades abstratas), mas o diagrama não deixa de apresentar o que eles rejeitam.

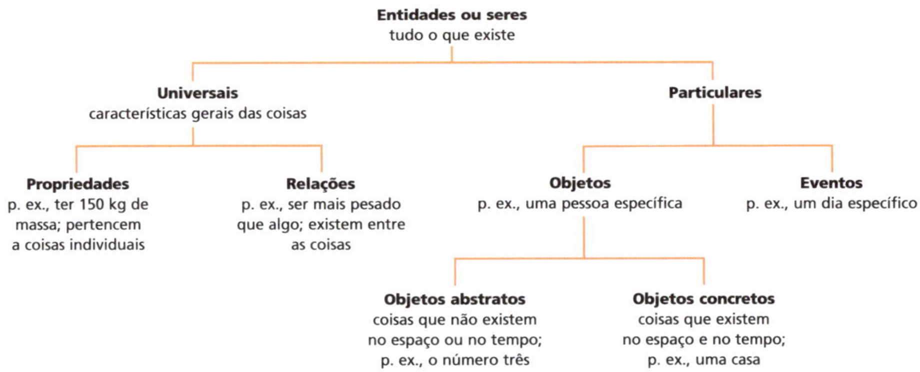

pelos filósofos, e uma forma de monismo materialista chamada fisicalismo é a norma (*ver pp. 16-17*).

Propriedades e objetos

O dualismo e o monismo são teorias sobre as substâncias, as portadoras de propriedades ou atributos. Mas, e as próprias propriedades? Quando afirmamos que algo tem uma propriedade – por exemplo, que tem certo peso –, o que estamos na verdade dizendo? Há dois tipos de resposta. O primeiro (defendido por Locke, *ver pp. 82-83*) é dizer que as propriedades não são entidades reais em si próprias, mas apenas o resultado da classificação que fazemos dos objetos. De acordo com essa concepção, não há algo como "os pesos": tudo o que existe são objetos que classificamos com peso x ou y. Essa visão é motivada em parte pela falta de apelo da ideia de que coisas como pesos possam ser entidades – pois que tipo de entidade poderia ser na verdade o "peso de 50 g"? – e em parte pela doutrina conhecida como navalha de Ockham. Essa doutrina (que recebeu o nome do filósofo medieval Guilherme de Ockham) estabelece que "não se devem multiplicar as entidades sem necessidade". Em outras palavras, precisamos ser parcimoniosos na teorização ontológica e tentar nos satisfazer com o mínimo possível de entidades fundamentais em nossa teoria do mundo.

O segundo tipo de resposta, defendido por Aristóteles, afirma que as propriedades são entidades reais por seu próprio direito. Conforme essa visão, não relacionaremos tudo no mundo se incluirmos apenas os objetos individuais (cada pessoa, casa e árvore, e assim por diante); precisamos listar também suas propriedades. Assim, em contraste com a visão precedente, o peso é uma característica real das coisas: não é que elas tenham peso porque as classificamos segundo essa propriedade; em vez disso, fazemos essa classificação porque elas têm peso. Propriedades como o peso são às vezes chamadas de universais, porque são características gerais das coisas. As propriedades universais contrastam com as particulares, como as pessoas ou objetos individuais (*ver diagrama acima*).

Embora essa ideia aristotélica de universal possa parecer algo estranha, é em certo sentido mais plausível que a visão de Locke, porque explica melhor a natureza fundamentalmente objetiva da realidade e mostra como ela é independente de nosso sistema de classificação.

Aristóteles

Aristóteles nasceu em Estagira, no norte da Grécia, em 384 a.C. Ele estudou com Platão (*ver pp. 76-79*), em sua Academia em Atenas, por 20 anos, até a morte do mestre. Voltou para o norte da Grécia em 335 a.C. para ser tutor do filho de Filipe II da Macedônia, Alexandre (mais tarde "o Grande"). O filósofo retornou a Atenas no mesmo ano para ensinar filosofia, mas, quando Alexandre morreu, em 323 a.C., foi acusado de "impiedade" pelos atenienses, que eram inimigos da Macedônia. Ele fugiu, mas veio a falecer um ano depois, aos 62 anos. Diversamente de muitos grandes filósofos, Aristóteles foi casado (duas vezes). Da segunda mulher, teve um filho, Nicômaco, cujo nome aparece no título de sua obra mais famosa sobre ética, a *Ética a Nicômaco*.

Aristóteles 384-322 a.C.

Provavelmente o maior filósofo que já houve, Aristóteles exerceu impacto maior que todos os demais no desenvolvimento da civilização ocidental. É difícil exagerar a importância e a influência de sua obra, que vai da lógica à ciência e à ética e tem relevância ainda hoje.

Aristóteles deu contribuições duradouras a todas as áreas da filosofia, especialmente metafísica, lógica, ética, estética, filosofia política e filosofia da mente. Algumas de suas obras têm a forma de tratados acabados, enquanto outras se parecem mais com notas de aulas ou esboços de obras futuras. Embora a natureza inacabada dos textos de Aristóteles possa tornar difícil resumir suas concepções sobre alguns temas, nas áreas essenciais subsiste uma visão clara e vigorosa da filosofia e do mundo conhecidos como "aristotélicos".

> *Se o olho fosse um animal, a visão seria sua alma, já que essa é a essência definidora de um olho.*
>
> Aristóteles, *De Anima*

A metafísica

Na pintura de filósofos mais famosa, o afresco *A Escola de Atenas*, de Rafael, Aristóteles e Platão são retratados no centro de um grupo de filósofos gregos. Platão aponta para o alto, enquanto a mão de Aristóteles se conserva no nível da cintura, paralela ao chão. Essa imagem sintetiza simbolicamente a diferença entre os dois: enquanto Platão dizia que o genuinamente real está fora do mundo da experiência, no mundo das "formas" platônicas, Aristóteles acreditava que as coisas reais, que ele chamava de "substâncias", estavam no mundo em redor. É por isso que parte tão grande da sua obra abrange tópicos que hoje são tema da ciência empírica – biologia animal, clima, movimento dos planetas etc. Por seu compromisso com a realidade das coisas comuns que experimentamos e sua necessidade incansável de classificar, Aristóteles foi o primeiro grande cientista sistemático do mundo ocidental.

A ideia de que as substâncias são as realidades fundamentais foi proposta em sua famosa obra *A Metafísica*. Nela, Aristóteles analisa o que significa ser, descrevendo a natureza dos seres mais fundamentais, a que chamou de "substâncias". A palavra "substância" foi usada de muitos modos em filosofia, mas, em sua acepção mais importante, uma substância é algo individual e específico, como um ser humano em particular, por exemplo. Esse uso do termo deriva de Aristóteles. Para ele, cada substância individual é uma combinação de "matéria" informe organizada no que chamou de sua "forma". (A noção aristotélica de que as formas das coisas estão nas próprias coisas é assim uma diferença central entre suas concepções e as de Platão. *Ver também p. 11*).

Aristóteles e a filosofia medieval

As obras de Aristóteles se perderam na Europa após o fim do Império Romano. Elas foram redescobertas no início da Idade Média, preservadas pela tradição islâmica nos comentários de seus filósofos – em especial Avicena (Ibn Sina, 980-1037) e Averróis (Ibn Roschd, c. 1126-98). Conforme as obras de Aristóteles foram se tornando mais conhecidas no Ocidente, os filósofos se empenharam em compreendê-las e conciliá-las com a doutrina cristã. Como muitos desses filósofos moravam nas universidades ou "escolas" medievais de Oxford, Paris e Bolonha, ficaram conhecidos como"escolásticos". O maior deles foi Tomás de Aquino (*ver p. 112*), cuja obra forneceu à Igreja cristã (e, mais tarde, à católica romana) sua filosofia oficial – um tipo de aristotelismo –, que persiste até hoje.

Uma questão premente para os filósofos escolásticos era como conciliar a teoria aristotélica da alma com a doutrina cristã da vida após a morte (*ver também pp. 119-120*). Segundo Aristóteles, forma e matéria são inseparáveis. Como a alma é a forma da matéria do corpo (*ver abaixo*), há um problema na noção cristã de que, com a morte, a alma se separa do corpo e sobrevive a ele. Os escolásticos responderam enfatizando que as almas se reúnem aos corpos no Dia do Juízo Final. No entanto, isso não explica como as almas dos mortos podem viver sem o corpo após a morte, antes do Juízo Final, e a engenhosidade dos escolásticos foi grandemente desafiada por esse problema. A solução adotada por muitos – de que a alma adquire um "corpo espiritual", no qual reside antes do Dia do Juízo – provavelmente teria sido rejeitada por Aristóteles.

Para Aristóteles, a forma de uma substância é o que a faz ser o que é; por isso, também é chamada de "essência" da substância. Por exemplo, um machado é feito de matéria organizada por sua forma de modo a poder ser usado para cortar; assim, *ser usado para cortar* é a essência de um machado. Se ele perdesse a capacidade de cortar, seria um machado "apenas no nome", como diz Aristóteles. A essência de uma substância se expressa por sua atividade característica – no caso, cortar. Mais que isso, uma substância tem essa atividade característica como objetivo. Para Aristóteles, então, tudo o que é real tem um propósito. Por essa razão, a teoria aristotélica da substância, que dominou a metafísica até as revolucionárias ideias de Descartes, no século XVII (*ver pp. 48-49*), às vezes é chamada de teoria teleológica: ela descreve uma substância em termos de seu objetivo (*telos*) característico.

A alma

Aristóteles usou sua distinção entre forma e matéria para responder à questão da relação entre alma e corpo. Segundo sua visão geral, a alma é a forma da matéria do corpo. Mas a concepção de alma de Aristóteles era muito diferente da que mais tarde se desenvolveu a partir das inovações de Descartes.

Para Aristóteles, todas as coisas vivas têm alma, mas as almas não são todas do mesmo tipo: a alma nutritiva (ou vegetativa) é responsável pelo crescimento e reprodução; a alma sensitiva, pela percepção e sensação; e a alma racional, pelo pensamento e raciocínio. As plantas têm apenas a alma nutritiva, os animais têm almas nutritiva e sensitiva e os seres humanos têm ambas mais a alma racional. Esses três tipos de alma (ou, nos humanos, as três partes da alma) podem ser considerados as "formas" ou princípios regentes das atividades características de uma coisa viva. É difícil classificar a noção de mente e corpo de Aristóteles em termos da moderna distinção entre materialismo e dualismo. Por um lado, a alma precisa ter uma base material no corpo: ela é a forma da matéria do corpo. Mas, por outro, a alma (ou mente) não deve ser identificada com a matéria do corpo: Aristóteles explicava o funcionamento do corpo a partir da alma, e não o contrário.

Lógica e silogismo

A abordagem sistematizadora de Aristóteles se estendeu ao próprio raciocínio. Ele foi o primeiro filósofo a desenvolver um sistema para estudar a estrutura do pensamento lógico, e por centenas de anos suas ideias constituíram o cerne da lógica (no século XVIII, Kant observou que não houvera progresso na lógica desde Aristóteles). Hoje, no entanto, considera-se que as teorias lógicas de Bertrand Russell e Gottlob Frege (*ver p. 58*) suplantaram a lógica aristotélica.

> *O bem humano vem a ser a atividade da alma em conformidade com a virtude, e, se houver mais de uma virtude, com a melhor e mais completa.*
>
> Aristóteles, *Ética a Nicômaco*

Uma das mais conhecidas das muitas realizações de Aristóteles em lógica é a análise do silogismo, definido por ele como um "enunciado em que, tendo certas coisas sido estabelecidas, algo mais se conclui necessariamente delas". O que Aristóteles tentou fazer ao considerar os diferentes estilos de silogismo foi classificar modelos de raciocínio apenas pela forma – ou seja, sem considerar o conteúdo específico das palavras. Por exemplo, um silogismo pode ter esta forma geral:

Todos os A são B
Todos os B são C
Portanto: Todos os A são C

Todo raciocínio com essa forma geral é correto, porque se conclui que "todos os A são C", não importa que palavras substituamos por A, B e C. Aristóteles pensava que qualquer raciocínio em que a conclusão resulta das premissas pode ser representado como um silogismo.

No entanto, hoje se sabe que isso é falso: um silogismo, no sentido aristotélico, somente pode conter termos gerais – ou seja, não nomes específicos de coisas individuais, como "Aristóteles", mas apenas palavras que se aplicam a muitas coisas, como "branco". Ironicamente, talvez o exemplo mais famoso de "silogismo" de todos os tempos – "Todos os homens são mortais; Sócrates é um homem; portanto, Sócrates é mortal" – não é de modo algum um silogismo no sentido aristotélico, já que contém o nome "Sócrates".

A felicidade

A filosofia de Aristóteles não se ocupava apenas de questões abstratas de lógica e metafísica. Nos escritos éticos, ele também se preocupava profundamente com questões práticas relacionadas ao modo de viver. Sua teoria ética busca fornecer uma explicação sobre a *eudaimonia* – ou seja, o bem-estar ou a felicidade. Na visão de Aristóteles, deve-se alcançar a felicidade vivendo de acordo com as virtudes – traços de caráter como a coragem, a generosidade e a humildade. As virtudes são identificadas como um "meio-termo de ouro", situado a meio caminho entre dois vícios. Assim, a coragem está entre os dois vícios da imprudência e da covardia; a humildade, entre a falsa modéstia e a arrogância; e a generosidade, entre a mesquinhez e o esbanjamento. Essa atraente concepção de felicidade não depende das características particulares que Aristóteles tomou como virtudes: uma versão aristotélica desenvolvida no presente sem dúvida tomaria coisas diferentes como virtudes, mas isso não abala a explicação geral.

As ideias políticas de Aristóteles se desenvolveram seguindo linhas similares a suas concepções éticas. Uma cidade-estado tem como objetivo seu próprio bem-estar. Aristóteles afirmava que, para alcançar esse propósito, a democracia seria melhor que a oligarquia (o governo por uma pequena elite).

Como muitas concepções de Aristóteles, essas ideias éticas e políticas tiveram reflexos e adeptos nos tempos modernos. No entanto, não deveríamos perder de vista o fato de que as noções de Aristóteles estavam enraizadas em sua própria época: é improvável que alguém endossasse hoje sua ideia de que a escravidão é justificável em termos práticos.

O mundo físico

Somos todos seres físicos que vivem num mundo físico. Mas em que consiste esse mundo? Ele é feito apenas das coisas que podemos ver e tocar, ou tudo o que é descrito pela ciência – e até entidades sobrenaturais – deveria também ser incluído nele?

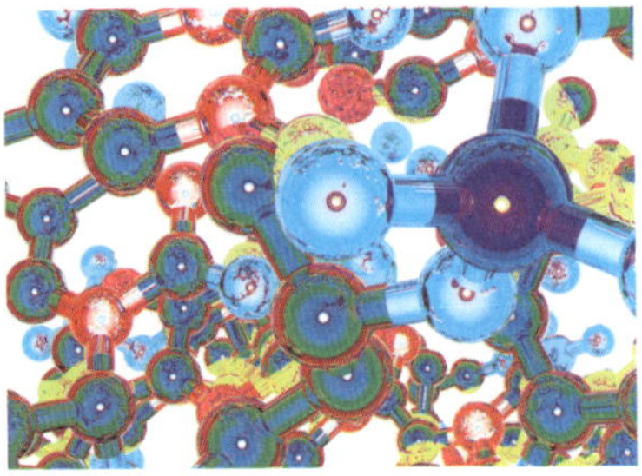

Átomos e moléculas são os componentes do mundo físico. Mas o que mais a realidade contém?

Que é o mundo físico? Em sentido comum, é o mundo dos objetos físicos do dia a dia à nossa volta. Em sentido mais científico e estrito, é o mundo como concebido pelas ciências físicas. De acordo com nossa concepção cotidiana, as coisas e os objetos físicos são materiais, ou seja, feitos de matéria. Já na concepção científica mais estrita, as coisas físicas não precisam ser feitas de matéria no sentido comum. Um campo elétrico e uma força como a gravidade não são feitos de matéria e, no entanto, são coisas físicas.

Essas duas concepções do mundo físico correspondem a duas doutrinas filosóficas distintas: materialismo e fisicalismo. O materialismo, segundo o qual tudo é matéria, remonta (em linhas gerais) aos gregos antigos e se tornou uma doutrina ontológica proeminente no século XVII. Nessa época, os filósofos materialistas tinham concepção definida sobre a matéria: é sólida e impenetrável, conserva-se em interações e interage apenas por contato e deterministicamente. Aos poucos, no entanto, os físicos começaram a demolir essa concepção filosófica de matéria. A teoria da gravitação de Newton destruiu a ideia de que ela precisa estar em contato para interagir, porque a gravidade atua entre corpos tão separados como a Terra e o Sol. Durante o século XX, os físicos estabeleceram uma teoria da matéria de acordo com a qual ela não é sólida (no nível atômico, consiste em partículas muito separadas que vibram num espaço vazio), nem impenetrável (pode ser penetrada por radiação, por exemplo), nem se conserva (pode se converter em

Supomos que o mundo físico é feito de matéria, mas na verdade a física moderna reconhece que coisas como forças e campos fazem igualmente parte dele. No espaço longínquo pode existir até mesmo material mais exótico, como "matéria escura" invisível.

> *Há um corpo unificado de teorias científicas, do tipo atualmente aceito, que fornece uma explicação verdadeira e exaustiva para todos os fenômenos físicos... O que os cientistas dizem hoje em contrário é derrotismo ou filosofia.*
>
> David K. Lewis, "Um Argumento para a Teoria da Identidade", em *Journal of Philosophy* 63 (1966)

energia), e suas interações fundamentais (como descrito na mecânica quântica) são mais probabilísticas que determinísticas. E, no nível mais fundamental já descoberto, encontramos entidades cuja própria natureza é ambígua: por exemplo, os fótons, constituintes da luz, podem ser tratados como partículas e como ondas.

Fisicalismo

Dadas essas descobertas sobre a matéria, um materialismo propriamente científico deveria se tornar uma forma de fisicalismo – a ideia de que tudo o que existe é físico no sentido científico estrito, e assim as forças e campos existem em termos iguais aos da própria matéria. Com efeito, a física moderna inclui as forças entre as coisas mais fundamentais que existem. Segundo a opinião ortodoxa corrente, há quatro forças fundamentais, não explicáveis a partir de outras: gravidade, eletromagnetismo e as forças nucleares forte e fraca (essas forças menos famosas mantêm unido o interior do átomo). A tentativa de explicar essas quatro forças em função de uma força última é às vezes chamada de "teoria da grande unificação" (GUT, na sigla em inglês) ou, num exagero absurdo, de "teoria de tudo" (TOE).

Mas o mundo inteiro é físico? Alguns dizem que existem fenômenos totalmente fora do mundo natural: fantasmas, anjos, espíritos etc. Muitas dessas ideias, no entanto, carecem de formulação clara e base empírica. Uma alternativa mais séria é a ideia de que os fenômenos mentais (pensamentos, sentimentos etc.) não são físicos. Dado o conceito de "físico" descrito acima, é realmente improvável que algum fenômeno mental seja físico, já que eles não figuram nas categorias da física corrente e aceita. No entanto, os fisicalistas alegam que há modos de vincular estados da mente, descritos em termos mentais, a estados do cérebro descritos em termos físicos. Por exemplo, alguém pode identificar certa experiência visual com um estado do córtex visual. Essa estratégia busca mostrar que a mente existe, mas que é na verdade algo físico. Se estiver correta, o mundo físico pode realmente ser tudo o que existe.

Os enigmas da teoria quântica

Desde sua criação por Bohr, Schrödinger, Heisenberg e outros, a teoria quântica – a física do muito pequeno – sempre foi filosoficamente controvertida, devido à sua natureza não determinística. E, quando consideramos como os sistemas quânticos podem interagir com um sistema "macroscópico" (ou seja, com objetos da experiência comum), a teoria se torna paradoxal.

Por exemplo, suponha que tenhamos um instrumento que detecta o momento em que certo átomo sofre decaimento radiativo; quando o átomo decai, deflagra a explosão de uma bomba atômica e destrói uma cidade inteira. Se o átomo decair, a cidade será destruída; se não decair, ela não o será. Porém, segundo as leis da mecânica quântica, o átomo pode ficar numa "superposição" de estados em que fica ao mesmo tempo decaído e não decaído. O que acontece então com a bomba e a cidade? Não existe algo como explodir e não explodir – embora a teoria quântica permita isso no nível quântico.

Uma solução famosa e radical ao paradoxo da conexão entre o nível quântico e o dos objetos macroscópicos consiste em dizer que é nosso ato de medir o estado quântico que o leva a ficar em um ou outro estado. Segundo outro argumento, defendido por Einstein e outros, a solução deve estar relacionada a algum fator ainda não descoberto ou a uma "variável oculta", e por isso, apesar de seu sucesso empírico, a teoria quântica ainda não está completa.

O sobrenatural

Há algo fora do mundo natural? Fantasmas, espíritos e outros fenômenos "sobrenaturais" existem de fato? Esclarecer o que essas questões realmente significam é o primeiro passo para respondê-las.

O sobrenatural é o que se supõe estar acima, além ou fora do natural. Porém, essa ideia não é mais clara que a de "natural", também algo vaga. Uma descrição plausível de natural é: toda a realidade. Mas essa solução não funcionará neste contexto, porque aqueles que acreditam no sobrenatural creem que a realidade contém tanto os fenômenos naturais como os sobrenaturais. Assim, a "natureza" não pode significar toda a realidade, mas algo que é parte dessa totalidade.

Os que acreditam no sobrenatural muitas vezes dizem que há mais na realidade do que a ciência considera. Assim, os fenômenos sobrenaturais poderiam simplesmente ser aspectos da realidade que estão além do alcance da ciência? Isso, no entanto, apenas troca uma questão por outra: que é a ciência e que disciplinas ela abrange? Defensores da controvertida disciplina da parapsicologia muitas vezes gostam de enfatizar seu *status* científico, salientando que ela usa métodos científicos (experiências, estatísticas, teorias) na investigação de fenômenos como "percepção extrassensorial" e "psicocinese". Assim, se essas coisas existem, os parapsicólogos certamente não objetariam a que sua disciplina fosse chamada de ciência – e nesse caso deixaria de dizer respeito ao sobrenatural. Mas, se elas não existem, a parapsicologia não está estudando absolutamente nada.

Desse modo, não há muito sentido em tentar definir o sobrenatural nos termos da ciência em geral. Os parapsicólogos, porém, muitas vezes dizem que investigam fenômenos inacessíveis à ciência ortodoxa. Mesmo assim, isso não dá aos fenômenos "psíquicos" o *status* de "sobrenaturais"; mais propriamente, trata-se apenas de uma crítica a algumas hipóteses da ciência ortodoxa em particular e uma proposta de substituí-las por outras hipóteses. No máximo, a parapsicologia estaria afirmando que o restante da ciência ignorou algo que genuinamente existe na natureza; assim, não deveria precisar da ideia de sobrenatural.

A crença em seres sobrenaturais, como anjos, é popular ainda hoje – mas, diversamente do que ocorria em outros tempos, temos agora boas razões para questionar esse tipo de ideia quando entra em conflito com o que conhecemos graças à ciência moderna.

Fantasmas

Muitas pessoas parecem acreditar que fantasmas existem: numerosas páginas na internet relatam regularmente aparições. Haverá alguma verdade nessas histórias? A famosa discussão de David Hume sobre milagres (*ver também p. 114*) se volta para a questão.

Hume admitia que os milagres não são impossíveis lógica e conceitualmente. Apesar disso, duvidava de que pudéssemos ter boas razões para acreditar na real ocorrência de um deles. Ele argumentava engenhosamente que, quando nos apresentam o relato de um evento sobrenatural, como a aparição de um fantasma, temos sempre mais razões para pensar que

ocorreu alguma confusão ou elucubração do que para acreditar que algo tão incompatível com nossa experiência normal e as leis da física tenha acontecido de fato. "Nenhum testemunho é suficiente para demonstrar um milagre", escreveu Hume, "a menos que o relato seja de tal natureza que sua negação seja mais miraculosa que o fato que ele se empenha em demonstrar." E há sempre muito mais evidências a atestar as alegações da física do que as que podem ser reunidas num relato típico de visão de fantasma. Ao lembrar onde repousa o peso da evidência, a análise de Hume tem muito a nos dizer sobre a natureza de nosso mundo.

A ideia toda de sobrenatural, então, é bastante difícil de esclarecer. Seria melhor deixar de lado a questão da definição de "sobrenatural" e considerar alguns exemplos de coisas que os que acreditam em sobrenatural geralmente alegam existir, como fantasmas, espíritos, anjos e assemelhados. Os céticos dizem às vezes que esses fenômenos são impossíveis. Deveríamos distinguir aqui entre a impossibilidade lógica da existência de uma coisa (como algo ser simultaneamente quadrado e não quadrado) e ela ser incompatível com o que conhecemos. Não é logicamente impossível, por exemplo, que, saltando de uma janela, você voe pelas nuvens sem ajuda, mas é incompatível com o que sabemos sobre gravidade. De modo similar, embora a ideia dos (ditos) espíritos possa não ser logicamente contraditória, se as características supostas dessas criaturas são incompatíveis com o que conhecemos graças à ciência devemos negar sua existência, mesmo que em algum sentido sejam logicamente possíveis.

Evidentemente, os que acreditam em sobrenatural poderiam dizer que a questão é exatamente esta: os fenômenos sobrenaturais mostram que as leis correntes da ciência são falsas. Se formos considerar isso, precisaremos de provas sérias da existência do sobrenatural. Mas qualquer evidência que exista dos fenômenos sobrenaturais é decididamente inconsistente com a evidência esmagadora das teorias científicas dominantes – a teoria atômica da matéria, a teoria genética do DNA etc. Além disso, a tecnologia moderna foi construída sobre essas teorias. Em contrapartida, nenhuma consequência tecnológica dos fenômenos sobrenaturais foi demonstrada.

Este último ponto pode ser levado ainda mais adiante. Muitas pessoas afirmam acreditar em fantasmas e anjos, mas quantas estariam dispostas a investir dinheiro numa companhia que explorasse as habilidades sobrenaturais de anjos para alguma finalidade tecnológica?

> “*Há mais coisas no céu e na terra do que sonha a sua filosofia.*”
>
> William Shakespeare, *Hamlet*

É razoável especular que uma companhia de telecomunicações "baseada em anjos" não seria um empreendimento muito promissor. Se isso é correto, sugere que a crença nessas coisas muitas vezes tem menos a ver com ser algo praticável que com o desejo de embalar-se em uma ilusão.

Causa

Em nosso mundo há causas e efeitos – coisas fazendo outras acontecer. A causalidade, que Hume chamou de "cimento do Universo", é o que mantém unido o mundo. Mas, filosoficamente, a natureza desse "cimento" é profundamente enigmática.

Quando algo importante ocorre, queremos saber o que o causou. A ideia de um evento sem causa não é obviamente contraditória, porém nos parece bastante estranha. Em geral, quando tentamos descobrir por que algo aconteceu, o que fazemos é buscar sua causa. Mas que significa para uma coisa causar outra?

Podemos ser tentados, a princípio, a pensar na causação em termos puramente físicos, como força ou energia passando entre corpos. Mas é claro que a transferência de energia é apenas um exemplo de causação e não pode constituir sua essência. Na vida diária, não temos dificuldade em compreender afirmações como "a moeda forte do país causou a saída dos investidores de seu mercado", que não envolvem transferência física de energia. Isso acontece não porque o mundo contenha alguma "energia não física" misteriosa, mas porque a causação é uma ideia que tem aplicação muito mais ampla do que apenas a transferência de energia ou o trabalho feito por uma força física.

Causa e efeito

Consideremos um exemplo concreto de busca de causas. Imagine que um incêndio destruiu uma casa e os investigadores busquem sua origem. Que tipo de coisa eles procurariam, nos termos mais gerais? Obviamente, algo que aconteceu antes do incêndio, porque todas as causas precedem seus efeitos. Mas o mero fato de que um evento, B, se siga a outro evento, A, não é suficiente para fazer de A a causa de B. Por exemplo, alguém poderia ter sido visto fumando dentro da casa antes do incêndio; o fato de que isso tenha ocorrido antes do incêndio não é suficiente para torná-lo sua causa. Admitir como certa uma relação causal aqui é uma falácia conhecida como *post hoc ergo propter hoc* ("depois disso, portanto devido a isso").

Assim, além de acontecer antes do efeito, a causa é algo que produz o efeito. Um modo tradicional de pensar nisso é em termos de necessidade – ou seja, se a causa ocorreu, então o efeito tem de acontecer. Assim, se o intruso jogou um cigarro numa pilha de jornais, dadas as propriedades da combustão e outras condições, eles irão queimar. Aqui, a necessidade é vista mais como característica do funcionamento do mundo que da lógica. Mas essa "necessidade natural" parece uma coisa muito estranha, e explicar a causação em termos dela é algo semelhante a explicar uma ideia obscura em termos de outra. David Hume (*ver pp. 24-25*), com quem as modernas discussões sobre causação começaram, era cético quanto à existência da necessidade causal. Ele argumentava que a necessidade deriva simplesmente de expectativas induzidas por nossas experiências. Pensamos que há algum tipo de conexão necessária entre fogo e fumaça, mas há apenas fogo seguido de fumaça, e nossas experiências passadas nos levam a esperar que o fogo seja seguido de fumaça. Fogo e fumaça estão "constantemente juntos" e isso é tudo o que a causação implica.

Poucos filósofos se satisfizeram com a explicação de Hume da causação como uma conjunção constante, porque às vezes uma correlação é uma simples correlação e não um sinal direto de causação. Por exemplo, o dia é sempre seguido da noite, mas o dia não causa a noite; na verdade, tanto o dia como a noite são causados pela rotação da Terra. Assim, a conjunção constante não pode ser tudo na causação.

Então, que teoria alternativa podemos oferecer? Uma proposta influente desenvolvida no século XX se inicia com a ideia muito natural de que a causa é "a coisa que produz a diferença". Jogar o cigarro nos jornais foi a causa do incêndio porque foi a coisa que produziu a diferença entre haver ou não incêndio: se tudo mais houvesse sido igual

Parece que, nas instâncias únicas da operação dos corpos, nunca conseguimos, com nosso exame mais pormenorizado, descobrir nada além de um evento seguindo-se a outro, sem conseguir compreender nenhuma força ou poder por meio do qual a causa atua. [...] Um evento se segue a outro, mas nunca conseguimos observar um vínculo entre eles. Parecem estar juntos, mas nunca conectados.

David Hume, *Investigação sobre o Entendimento Humano*

Causação e determinismo

Desde o século XVII é largamente aceito por filósofos e cientistas que a causação é determinística – ou seja, tudo o que acontece é estabelecido por eventos anteriores e pelas leis da natureza. De acordo com isso, se você conhecer todas as leis da natureza e o estado do universo inteiro em dado momento, poderá deduzir toda a sua história subsequente.

Uma consequência disso é que as mesmas causas sempre levarão aos mesmos efeitos. Mas será mesmo esse o caso? Dizemos que fumar causa câncer, por exemplo, mas nem todos os que fumam ficam com câncer; assim, como pode o fato de fumar determinar que alguém tenha câncer? Os defensores do determinismo respondem que fumar causará câncer apenas na presença de outros fatores – talvez certos genes ou hábitos. Em outras palavras, quando algum desses fatores adicionais (muitas vezes desconhecidos) falta, não reproduzimos na verdade a causa e, assim, não obtemos o mesmo efeito.

Isso é plausível, à primeira vista. Porém, como saber se há fatores adicionais escondidos quando um evento parece não ser causado deterministicamente? Especificamente, os físicos descobriram que eventos no nível subatômico, como o decaimento radiativo, ocorrem apenas com certa probabilidade. Aqui, nenhum fator adicional oculto foi jamais encontrado.

Então, o que acontece com a causação quando o determinismo não parece funcionar? Alguns dizem que eventos que não são determinados não são causados; isso, porém, implica que as explosões nucleares (produzidas pelo decaimento radiativo) não são causadas, o que certamente é implausível. A teoria alternativa é que há causação não determinística: as causas não determinam os efeitos, mas apenas os tornam mais prováveis. Por essa teoria, poderia se dizer que uma explosão nuclear foi causada por decaimento radiativo, embora o processo de decaimento seja baseado apenas no acaso. E o mesmo poderia ser afirmado sobre fumo e câncer: o fumo torna mais provável que uma pessoa tenha a doença, e isso é suficiente para torná-lo uma causa dela.

e o cigarro não tivesse sido jogado, não teria havido incêndio. Isso é chamado de teoria da causação "contrafactual", porque analisa a causação em função do que teria acontecido se outras coisas tivessem ocorrido; ou seja, em função de motivos que são opostos ao fato real.

Na teoria contrafactual, nossos investigadores podem citar o fato de o intruso deixar cair um cigarro nos jornais como uma causa porque, se isso não houvesse acontecido, o incêndio não teria ocorrido. Mas a teoria também incluirá outras coisas como causas do incêndio: se o jornal não estivesse seco, ou o ambiente não estivesse cheio de oxigênio, o fogo tampouco teria acontecido. Assim, todos esses fatores são causas do incêndio, de acordo com a teoria contrafactual.

Isso só é problema se um evento precisa ter apenas uma causa – mas não há boas razões para acreditar nisso. É certo que dizemos coisas como: "A causa da morte da vítima foi...", mas isso é conversa à toa. Na verdade, a vítima morreu porque seu coração parou, mas também porque recebeu um tiro; talvez também porque sabia demais. É um erro supor que apenas uma dessas seja a causa "real" de sua morte. Todo evento tem muitas causas, e assim não é objeção à teoria contrafactual que outros fatores além de jogar um cigarro sejam a causa genuína do incêndio.

> *"A razão por que a física parou de buscar causas foi que, na verdade, essas coisas não existem. A lei da causalidade, acredito, [...] é uma relíquia de uma era passada que sobrevive, como a monarquia, apenas porque se supõe erroneamente que não faz mal."*
>
> Bertrand Russell, "Sobre a noção de causa", em *Misticismo e Lógica*

No entanto, apesar de seu apelo evidente, a teoria contrafactual é vulnerável a um tipo decisivo de contraexemplo. Digamos que um homem tem dois inimigos, cada um dos quais planeja sua morte. O homem atravessa o deserto numa viagem. O primeiro inimigo enche seu cantil de veneno. O segundo inimigo, à parte do primeiro, faz um furo minúsculo no cantil. A água envenenada se escoa lentamente e o homem morre de sede. Que inimigo matou o homem? Obviamente, o segundo. Porém, a teoria contrafactual nega isso. Porque não é verdade que, se o segundo inimigo não houvesse feito o furo, o homem não morreria, já que teria sido envenenado.

Como isso mostra, de acordo com a teoria contrafactual, o fato de haver sido feito um furo não pode ser a causa da morte do homem. Mas isso está claramente errado, e assim a teoria contrafactual é insatisfatória, já que acarreta um erro de julgamento óbvio.

Conceitos fundamentais

A teoria contrafactual não foi capaz de vencer essa objeção, e não temos à disposição nenhuma teoria alternativa de causação adequada. Isso significa que deveríamos tentar eliminar a noção de causação de nossa compreensão da realidade? Os que pensam assim às vezes afirmam apoiar-se na ideia de Bertrand Russell de que a ciência não emprega mais a noção de causa. Russell afirmou que as leis da ciência física usam equações, e nenhuma delas menciona a palavra "causa". No entanto, não deveríamos assumir que algo não existe apenas porque a ciência não o menciona.

Na verdade, a física descreve o mundo por meio de equações matemáticas, mas o que essas equações descrevem é o mundo familiar de causas e efeitos.

A noção de causa não pode ser eliminada de nossa compreensão do mundo. Se não conseguimos analisá-la em termos de outras noções, talvez a conclusão correta seja que a causação é uma noção fundamental para nós. Muitos filósofos alegaram que termos como "verdade" e "realidade" não podem ser definidos, mas estão entre os conceitos mais importantes que temos. É similar o que ocorre com "causa": talvez não haja modo de explicá-la ou defini-la em termos de conceitos mais básicos.

Uma causa é o que "faz a diferença" – assim, sem a causa não haveria efeito. Mas qual é a causa de o garçom derrubar os pratos: a tacada inábil, a pilha alta demais ou o fato de estar na direção em que a bola é lançada – ou tudo isso?

Hume

David Hume nasceu em Edimburgo em 1711. Depois de ter estudado direito, desenvolveu forte interesse por filosofia ao ler Cícero. Em 1734, deixou a Escócia para passar algum tempo na França. Lá, escreveu seu *Tratado sobre a Natureza Humana*. Publicado em 1739-40, esse livro – hoje amplamente reconhecido como obra-prima – teve uma recepção invulgarmente fraca; o próprio Hume escreveu que "saiu natimorto do prelo". Mais tarde, obtendo melhor êxito com os *Ensaios de Moral e Política*, em 1741-42, Hume decidiu reutilizar o material do *Tratado sobre a Natureza Humana* em suas duas obras seguintes: *Investigação sobre o Entendimento Humano* (1748) e *Investigação sobre os Princípios da Moral* (1751); elas alcançaram maior sucesso e são uma introdução mais acessível a sua filosofia. Hume voltou a Edimburgo em 1769, onde veio a morrer em 1776.

Era um homem um tanto mundano, com grande charme pessoal, que desfrutou de boa vida e teve muitos amigos.

David Hume 1711–1776

David Hume foi um dos pensadores mais brilhantes e importantes da língua inglesa. Um dos principais filósofos do Iluminismo escocês, estabeleceu uma rigorosa combinação de empirismo e ceticismo que exerce muita influência ainda hoje.

Impressões e ideias

Hume era um empirista – ou seja, acreditava que todo conhecimento deveria ser justificado por meio da experiência. Ele dividia todo o conteúdo da mente em impressões (essencialmente, as percepções dos sentidos) e ideias (as "débeis cópias" das impressões criadas no pensamento, na imaginação e também na reflexão).

Um princípio fundamental da filosofia empirista de Hume era que todas as ideias devem derivar de impressões antecedentes, de modo que não podemos ter ideia adequada de algo de que não exista impressão correspondente obtida pela percepção sensorial.

Uma das principais questões que todo filósofo empirista deve enfrentar é como explicar o conhecimento que não parece se justificar em termos de experiência – como o da matemática. Não justificamos nossa crença em que dois mais dois são quatro buscando montes de exemplos de duas coisas adicionadas a duas outras e verificando se dão quatro. Hume respondeu que esse conhecimento – o "conhecimento *a priori*" – não era realmente conhecimento do mundo, mas apenas de ideias e das relações entre elas e, assim, não precisava derivar diretamente da experiência. Além de fornecer uma explicação do conhecimento *a priori*, essa noção lhe permitiu descartar como falsas muitas discussões tradicionais em metafísica e teologia.

Muitas das concepções de Hume derivam de sua teoria de impressões e ideias. Um exemplo admirável é sua análise da causação – de uma coisa que faz outra acontecer. Hume argumentou que não temos experiência de uma conexão necessária (algo que *tem de* acontecer) entre causa e efeito. Considere uma bola de bilhar que bate em outra: tudo o que a experiência nos dá é o movimento de uma bola e então o da outra. Não vemos a primeira fazendo a segunda se mover. "Todos os eventos parecem livres e separados", escreveu Hume. "Um evento se segue ao outro mas nunca conseguimos observar nenhum vínculo entre eles." Hume concluiu disso que nossa noção de causação é simplesmente a ideia de coisas similares que ocorrem em sucessão, uma depois da outra.

Essa ideia – a teoria da causação como "conjunção constante" – foi notavelmente influente na história da filosofia subsequente, apesar de muitas tentativas de resistir a ela.

> "Eu era, posso dizer, um homem de disposições brandas, controlado, de humor alegre e sociável, capaz de afeiçoar-se, mas muito pouco suscetível ao antagonismo, e de grande moderação nas paixões."
>
> David Hume, *My Own Life*

Razão e natureza

A filosofia de Hume foi dominada por sua opinião cética quanto ao poder da razão para discernir a real natureza das coisas. Filósofos como Descartes (*ver pp. 48-49*) e Spinoza (*ver pp. 66-67*) tentaram usar apenas a razão para descobrir a natureza fundamental da realidade. Hume tinha dúvidas no que diz respeito a essas tentativas, e sua teoria de ideias e impressões pretendia em parte mostrar como eram vazias.

Ele estendeu seu ceticismo à religião e escreveu uma crítica ao cristianismo famosa e influente, *Diálogos sobre a Religião Natural* (c. 1755), em que fez um exame devastador dos argumentos tradicionais da existência de Deus (*ver também p. 110*). Hume era conhecido como cético religioso, e a tranquilidade com que enfrentou a própria morte foi descrita por James Boswell com um tanto de reverência. Mas Hume também foi naturalista, no sentido de alguém que pensa que os métodos experimentais das ciências naturais são os meios de adquirir o verdadeiro conhecimento. É esse naturalismo que torna a filosofia de Hume tão atraente para muitos filósofos hoje.

A filosofia moral de Hume é sem dúvida uma de suas melhores realizações. Nossos juízos morais, Hume pensava, derivam do que chamava de senso moral. "A moral e o juízo", ele escreveu, "são objeto mais do gosto e do sentimento que do entendimento." Os juízos e práticas morais não derivam da razão, ele pensava, porque a razão sozinha não pode mover alguém à ação. Se você simplesmente julgar que alguém está atormentando uma criança num parque, isso não o fará reagir a não ser que você também tenha um desejo, ou "paixão", de evitar ações desse tipo. Esse é o argumento por trás da famosa afirmação de Hume de que a razão é a "escrava das paixões".

A filosofia moral de Hume condiz com seu ceticismo e seu naturalismo, porque reconhece os limites sobre o que pode ser alcançado pela razão, e é baseada naquilo que ele toma como os fatos da psicologia humana.

No entanto, não é um subjetivismo ou relativismo insensível – uma teoria da moralidade "qualquer coisa". A vida e a personalidade de Hume tornam claro que ele não era o tipo de pessoa que endossaria uma explicação da vida moral tão fraca e apequenada.

O Princípio de Hume

Hume dividia todo o conhecimento em dois tipos: conhecimento de fatos, adquirido pela experiência ou por experimentos; e conhecimento de relações de ideias, cujo exemplo primordial é o conhecimento matemático. Segundo ele, grande parte da filosofia e da teologia tradicionais afirmava que havia conhecimento que não pertencia a nenhuma dessas duas categorias. No final de sua *Investigação sobre o Entendimento Humano*, Hume atacou com veemência a ideia de que houvesse outro tipo de conhecimento:

"Se tivermos em mãos algum volume sobre divindade ou metafísica escolar, por exemplo, vamos perguntar-nos: 'Ele contém algum argumento abstrato que diga respeito a quantidade ou número?' Não. 'Contém algum argumento experimental que diga respeito a fatos ou à existência?' Não. Jogue-o ao fogo, pois não tem nada além de sofismas e ilusão".

Essa escolha forçosa entre os dois únicos tipos possíveis de conhecimento se tornou conhecida como Princípio de Hume. Foi o ataque de Hume à pretensão da razão em obter algum conhecimento substancial do mundo que estimulou Immanuel Kant (*ver p. 120*) a defender a possibilidade desse conhecimento em sua obra-prima, *Crítica da Razão Pura*. Como o próprio Kant disse, Hume o despertou de seu "sono dogmático".

Idealismo

Em filosofia, idealismo é a noção de que a realidade é fundamentalmente mental, em vez de material. Apesar de sua aparente estranheza, o idealismo pode ser visto como resposta inteligível a alguns dos problemas mais profundos da filosofia.

Há vários tipos de idealismo filosófico, da teoria de Berkeley de que "ser é ser percebido" (*ver pp. 28-29*), passando pela noção de Kant de que o mundo empírico é uma espécie de aparência construída pela mente (*ver quadro abaixo*), até a teoria de Hegel de que o mundo deve ser entendido em termos da manifestação do *Geist*, ou espírito do mundo, ao longo da história (*ver p. 30*). Mas o que é comum a todas as formas de idealismo é a negação do materialismo – a noção de que a matéria constitui a natureza fundamental do mundo. Poderia se objetar que essa visão é incompatível com a ciência moderna. A ciência não nos disse que o mundo é material? Mas isso é interpretar mal a natureza do idealismo. Os idealistas não negam nenhuma teoria científica. Na verdade, eles afirmam que as teorias científicas, e a realidade que elas descrevem, devem ser interpretadas, em última instância, em termos mentais.

Então, por que alguém acreditaria nisso? Um argumento deriva da distinção entre aparência e realidade. Alguns idealistas (como Berkeley) alegam que somente a aparência das coisas nos é dada a conhecer de modo imediato, e não o que realmente são; no entanto, um objeto pode apresentar aparências conflitantes a partir de diferentes pontos de vista – portanto, não pode haver uma coisa real e única que tenha essas propriedades conflitantes. Tudo o que pode ser real são as próprias aparências, e elas são entidades puramente mentais (chamadas às vezes de ideias ou percepções).

Mas esse argumento é implausível. Por que suporíamos que exatamente porque as aparências podem conflitar não pode ser real aquilo de que elas são aparências? Um prato pode parecer redondo de um ângulo e elíptico de outro: por que se seguiria que não existe algo como o prato material real? Tudo o que parece se deduzir é que as coisas podem parecer diferentes de ângulos diversos – mas isso é uma verdade óbvia que ninguém, idealista ou materialista, negaria.

Os poderes físicos e a mente

Outro caminho do idealismo, mais contemporâneo, começa com reflexões sobre a própria ciência, e a ideia de que a ciência física descobre apenas os

O idealismo transcendental de Immanuel Kant

Immanuel Kant é o idealista mais famoso e influente da filosofia ocidental (*ver pp. 141-143*). Kant pretendia revolucionar nossa compreensão da realidade colocando a mente humana em seu centro, assim como Copérnico revolucionou a compreensão do Universo colocando o Sol, em vez da Terra, em seu centro.

Em vez de perguntar como nosso conhecimento pode se conformar a um mundo dado de objetos, dizia Kant, deveríamos perguntar como os objetos podem se conformar a nosso conhecimento. A resposta de Kant era que tudo o que podemos conhecer são "aparências" ou "fenômenos", e que a natureza desses fenômenos é determinada pela estrutura de nossa mente. Por exemplo, é necessário que percebamos os objetos no espaço e no tempo porque o espaço e o tempo são as formas necessárias de nossa percepção. A natureza espaço-temporal dos objetos é assim explicada por algo mental: a natureza de nossa percepção. No entanto, Kant também dizia que estamos certos em acreditar que deve haver algum tipo de realidade além dos fenômenos – a "coisa-em-si" ou o mundo dos "númenos" –, mas negava que pudéssemos algum dia conhecer essa realidade. Kant chamava sua doutrina de idealismo transcendental; aqui, "transcendental" se refere à perspectiva fora de toda experiência possível.

Para alguns idealistas, a realidade não está no mundo exterior, mas em nossas percepções e em nossa experiência subjetiva.

poderes ou capacidades das coisas. Por exemplo, a massa de um objeto é seu poder de afetar a própria aceleração e a de outros corpos; o mesmo se aplica, de modo mais ou menos complexo, a todas as propriedades físicas. Mas, intuitivamente, deve haver mais na realidade que o simples poder: um universo de poder puro seria meramente "potencial", sem nada acontecendo de fato. Os idealistas contemporâneos alegam que as únicas características do mundo que não podem ser compreendidas como poder são mentais: uma experiência subjetiva de uma pessoa consiste em algo mais que poder. Então argumentam que todas as propriedades físicas do mundo devem, em última análise, ser entendidas em termos do modo como afetam a experiência subjetiva. Assim, a massa, por exemplo, deve ser em última instância compreendida em função de como dá origem a sensações subjetivas de pressão, e assim por diante.

Esse argumento idealista, no entanto, parece combinar o que existe no mundo com o modo como o conhecemos. Embora conheçamos o mundo experimentando os poderes que os objetos têm, isso não implica que as propriedades físicas sejam meros poderes. Por exemplo, a base da solubilidade do açúcar – seu poder de dissolver – pode ser encontrada em sua estrutura molecular, algo que não é um poder.

O idealismo é um conceito de realidade profundamente estranho. Sua força principal como sistema filosófico está no desafio que apresenta à concepção comum de que o mundo consiste num reino de objetos materiais perceptíveis como árvores, tigres e mesas.

> *O que os objetos são em si mesmos [...] permanece totalmente ignorado por nós. Só sabemos nosso modo de conhecê-los – um modo que é peculiar a nós.*
>
> Kant, *Crítica da Razão Pura*

Berkeley

George Berkeley é um dos mais controvertidos dos grandes filósofos. Nascido na Irlanda em 1685, estudou em Dublin e ordenou-se ministro anglicano em 1709. Tornou-se deão de Derry em 1724 e passou alguns anos na América, tentando fundar uma congregação missionária nas Bermudas.

O projeto falhou e ele voltou em 1732 para a Irlanda, onde se tornou bispo de Cloyne. Ali permaneceu até 1752, quando se mudou para Oxford. Morreu em 1753.

As principais realizações filosóficas de Berkeley datam de quando era relativamente jovem: sua primeira grande obra, *Ensaio para uma Nova Teoria da Visão*, foi publicada em 1709, *Princípios do Conhecimento Humano*, em 1710, e *Três Diálogos entre Hilas e Filonous*, em 1717.

> *"Quanto ao que se diz da existência absoluta de coisas não pensantes, sem nenhuma relação com o fato de ser percebidas, isso parece totalmente incompreensível. [...] tampouco é possível que tenham alguma existência, fora da mente ou das coisas pensantes que as percebem."*
>
> George Berkeley,
> *Princípios do Conhecimento Humano*

O restante de sua produção é de interesse principalmente histórico – por exemplo, *Siris*, excêntrico tratado de 1744 sobre os benefícios medicinais da "água de alcatrão" (água em que se macerou alcatrão) –, embora em *O Analista* (1734) tenha realizado uma crítica perspicaz sobre o uso contemporâneo de quantidades infinitesimais em cálculos matemáticos. Apesar dessas outras investidas, Berkeley será lembrado principalmente por seu idealismo – a notável noção de que as únicas coisas reais são as mentais, ou seja: as ideias e as mentes que as percebem.

Para compreender o idealismo de Berkeley é essencial vê-lo como reação às ideias de John Locke (*ver pp. 82-83*).

Locke pensava que os objetos materiais têm dois tipos de qualidades: primárias, como forma e tamanho (que os objetos têm independentemente da percepção), e secundárias, como cor e odor, que dependem de ser percebidas. Ele acreditava que deveria haver algo subjacente às qualidades, algo que as contivesse. Essa coisa era conhecida como "substrato", mas Locke teve dificuldade em explicar o que era o substrato. Isso porque, se dissermos qualquer coisa sobre ele, estaremos lhe atribuindo qualidades, mas o substrato é por natureza algo à parte de suas qualidades. Locke concluiu que a base dos objetos materiais é "algo, não sei o quê".

A compreensão equivocada de Berkeley pelo doutor Johnson

Quando lhe falaram pela primeira vez sobre a doutrina de Berkeley de que tudo é uma ideia, Samuel Johnson, escritor inglês do século XVIII conhecido pela perspicácia, deu o famoso pontapé numa pedra, afirmando: "Eu o refuto assim". Hipócrita ou não, a resposta do doutor Johnson expressa uma compreensão errada e bastante comum de Berkeley. Ele nunca negou a existência de pedras, nem, portanto, a possibilidade de chutá-las. Na verdade, propunha uma teoria sobre o que as pedras e outros objetos físicos são mais fundamentalmente.

A reação do doutor Johnson é natural, e muitas pessoas a apresentam quando defrontadas com teorias filosóficas de aparência esquisita. Mas, para entender essas teorias, precisamos em vez disso tentar refazer o raciocínio que levou a essas estranhas conclusões. Certo ou errado, o idealismo de Berkeley é um modo de tentar responder a algumas das questões mais difíceis que existem, e deve assim ser visto com seriedade. Refutá-lo – como certamente devemos – requer descobrir o que está errado em sua argumentação. O doutor Johnson foi rápido demais em anunciar sua rejeição.

George Berkeley 1685–1753

Berkeley é um dos maiores filósofos de língua inglesa. Diferentemente de seus contemporâneos empiristas David Hume e John Locke, no entanto, era idealista: pensava que apenas as coisas mentais existem, e sua controvertida filosofia é bem expressa na famosa frase "ser é ser percebido". Essa doutrina aparentemente absurda foi defendida por ele com brilhantismo.

Berkeley considerou isso afrontoso. Definir um objeto como algo desconhecido por nós era, a seu ver, contrário ao bom senso e fonte de confusão filosófica desnecessária. Ele também pensava que a teoria de Locke gerava ceticismo – pois, se não podemos conhecer o que é a base dos objetos materiais, como podemos saber se eles têm algum tipo de base, ou se na verdade os objetos comuns são algo mais que ilusões?

O modo de evitar essas conclusões, pensava Berkeley, era rejeitar os fundamentos da teoria da matéria de Locke: a distinção entre qualidades primárias e secundárias. Os defensores dessa distinção muitas vezes argumentaram que num mundo sem qualidades secundárias, como as cores, ainda existiriam qualidades primárias, como a forma. Mas Berkeley contestava isso: se imaginarmos um mundo sem cor (incluindo preto e branco), estaremos imaginando também um mundo sem forma, pois, de outro modo, onde se perceberiam as beiradas dos objetos?

Tendo descartado a distinção entre qualidades primárias e secundárias, Berkeley afirmou que as qualidades deveriam na verdade ser ideias. Ele tinha muitos argumentos para essa concepção, mas um deles, especialmente admirável, se baseia na alegação de que apenas uma ideia pode ser como uma ideia. Se isso é correto, e se Locke estava certo ao dizer que as ideias de qualidades secundárias se parecem com as qualidades, então se segue que as próprias qualidades devem ser ideias. Em seus *Três Diálogos entre Hilas e Filonous*, Berkeley estabelece a seguinte argumentação. O calor extremo é doloroso – mas ninguém acha que a dor está no objeto que a causa; assim, por que deveríamos pensar que o calor extremo está num objeto material? Berkeley concluiu que "nenhum objeto existe fora da mente; a mente é, portanto, a realidade mais profunda". Ele pensava que isso estava mais próximo da visão sensata do mundo que o misterioso "algo" subjacente de Locke.

Mas, poderíamos objetar, a sensatez não leva a pensar que a existência dos objetos dependa de eles serem percebidos por mentes humanas. Não é certo que uma árvore num quintal continua a existir quando ninguém a está percebendo? Berkeley dizia que sim. Como, a seu ver, uma árvore é apenas uma ideia, e todas as ideias são percebidas, ele concluiu que a existência contínua da árvore é devida ao fato de ser percebida por Deus.

Esse argumento não era frívolo ou *ad hoc*: pelo contrário, era parte do objetivo de Berkeley colocar Deus de volta no centro da filosofia. A filosofia de Locke, ele pensava, dava muita força ao ateísmo.

Naturalmente, é muito difícil acreditar no sistema de Berkeley, e poucos filósofos subscrevem algo assim hoje. No entanto, há um aspecto em que Berkeley está absolutamente certo, quanto ao mérito de suas noções: é o único tipo de concepção que refuta de modo conclusivo a visão cética de que não temos conhecimento do mundo. Todos os argumentos céticos atacam visões que postulam a divisão entre a mente pensante e o mundo externo à mente. Eles nos desafiam então a defender nossa visão de que temos efetivamente conhecimento desse mundo.

Mas, se, como Berkeley, negamos essa separação entre a mente pensante e o mundo externo – já que o mundo é simplesmente constituído de ideias da mente pensante –, o desafio colocado pelo ceticismo desaparece.

O preço que se paga por essa vitória sobre o ceticismo, no entanto, é o idealismo de Berkeley. Muitos o consideram alto demais.

Hegel

Georg Hegel 1770–1831

Georg Wilhelm Friedrich Hegel foi um dos pensadores mais sistemáticos e arrojados de todos os tempos. Sua obra trata de alguns dos problemas filosóficos mais profundos – a realidade última da natureza, os fundamentos da moral e a natureza da razão.

Hegel nasceu em 1770 numa família protestante alemã de classe média, em Stuttgart. De início pensou em ser pastor da igreja, mas desistiu dessa ambição e trabalhou algum tempo como tutor, conferencista e, depois, como jornalista, antes de se tornar, em 1818, professor de filosofia em Berlim, onde morreu em 1831.

Suas obras mais importantes são *Fenomenologia do Espírito* (1807), *Ciência da Lógica* (1812-16) e *Princípios da Filosofia do Direito* (1821). Seu objetivo nessas obras alentadas e profundamente eruditas era nada menos que repensar o conjunto da filosofia. Hegel dizia que o pensamento ou raciocínio humano é essencialmente determinado pelas forças da história. Com efeito, ele considerava que a realidade última é o que chamava de *Geist* (traduzido variadamente como "Mente", "Espírito" e às vezes "Espírito do Mundo"). *Geist* é uma das ideias mais complexas da filosofia de Hegel: é tanto a força que opera por meio da história como algo de que as mentes humanas particulares participam. Hegel é um idealista porque para ele é o *Geist* que constitui a realidade mais fundamental.

Segundo a concepção de Hegel da história, seu desenvolvimento é guiado por um propósito. O objetivo para o qual a história caminha é a autorrealização do *Geist*, o conhecimento de si próprio. O processo todo tem uma estrutura lógica que Hegel chamou de "dialética". A dialética de Hegel se desenvolve detectando tensões ou conflitos internos nas ideias, que devem ser resolvidos com a passagem para um nível mais alto – e, segundo Hegel, mais real – de ideias. Conflitos são encontrados então nessas ideias e resolvidos num nível ainda mais alto, e assim por diante, até alcançarmos a realidade última que não contém conflitos, chamada de "Absoluto".

A dialética é às vezes descrita como o movimento que parte de uma tese inicial, em que uma ideia é afirmada, passa por uma antítese, que se opõe a ela, e se resolve numa síntese que de certo modo transcende a tese e a antítese e combina elementos das duas. Por exemplo, ao teorizar sobre moral, podemos começar, como tese, com a ideia de que o bem é simplesmente o que maximiza o prazer. Essa ideia, no entanto, é crivada de tensões e contradições, a que podemos escapar passando, como antítese, para a moralidade do dever de Kant, que baseia a moral na razão pura. Mas isso, também, é inadequado, fornecendo apenas uma noção de moral formal e vazia, e somente ficaremos satisfeitos quando nos movermos, na síntese, para a moral totalmente coletiva, historicamente situada, que Hegel recomenda.

A extraordinária visão do mundo de Hegel teve uma influência de longo alcance – em particular por meio da obra de Karl Marx (*ver pp. 210-211*). A doutrina de Marx é chamada "materialismo dialético" porque combina a visão dialética da história de Hegel com o reconhecimento da base material da existência. Para Marx, isso estava intimamente ligado com a importância de a filosofia se dedicar aos problemas do mundo, notadamente o sofrimento das classes trabalhadoras.

> “ *A filosofia é o seu próprio tempo elevado ao nível de pensamento.* ”
>
> Hegel, *Princípios da Filosofia do Direito*

Fenomenologia

O movimento fenomenológico, fundado por Husserl, trouxe para a filosofia a nova ideia radical de analisar a estrutura da própria experiência. Esse movimento também foi o ponto de partida para a tradição intelectual conhecida hoje como filosofia continental.

A palavra "fenomenologia" significa literalmente "teoria da aparência" (*phainomenon* é "aparência", em grego). O termo foi criado por um dos correspondentes de Kant, o cientista alemão do século XVIII J. H. Lambert, mas ganhou significado especial na filosofia de Edmund Husserl (1859-1938) e seus seguidores. Segundo Husserl, a fenomenologia era um método novo e fundamental para o conjunto da filosofia. Embora poucos filósofos continuassem a praticar o método fenomenológico de Husserl tal como ele o desenvolveu, muitos dos filósofos europeus mais influentes do século XX – como Derrida, Heidegger e Sartre – começaram como seguidores ou intérpretes de Husserl e desenvolveram as próprias ideias como reação às dele.

A fenomenologia tem suas origens nas concepções do mestre de Husserl, Franz Brentano (1838-1917). Em sua obra mais famosa, *Psicologia de um Ponto de Vista Empírico* (1874), Brentano dizia que a psicologia devia se basear numa clara distinção entre fenômenos mentais e físicos, a ser buscada no que chamava de "intencionalidade" da mente. Esse termo diz respeito ao fato de que qualquer ato da mente é direcionado a um objeto: ou seja, sempre que alguém quer, deve querer algo, sempre que alguém pensa, deve pensar algo, e assim por diante, para todos os fenômenos mentais. Os fenômenos físicos, dizia Brentano, não exibem nada como essa intencionalidade.

Husserl desenvolveu a ideia de intencionalidade de Brentano, declarando que é a característica que distingue a consciência e que "a consciência é sempre consciência de algo". Mas, enquanto Brentano estava interessado no estudo da intencionalidade como fenômeno empírico, Husserl descartou a investigação científica da consciência e desenvolveu seu "método fenomenológico"

Filosofia continental

A tradição de pensamento que vai de Husserl, passando por Heidegger, até filósofos contemporâneos como Derrida e Lyotard é classificada hoje como "filosofia continental". Ela se contrapõe à "filosofia analítica", corrente principal de filosofia do mundo de língua inglesa (representada pela obra de Frege, Russell, Wittgenstein e, mais recentemente, Quine, Kripke e Donald Davidson). Essas classificações são inexatas e em muitos sentidos inadequadas: os filósofos analíticos Wittgenstein e Frege são respectivamente austríaco e alemão, e não está claro que a palavra "analítico" denote um conteúdo muito específico. Apesar disso, há amplas diferenças de método, doutrina e estilo entre as duas tradições, por mais difícil que seja defini-las com precisão. Algumas diferenças óbvias são a preocupação da filosofia analítica com a construção da teoria, com frequência regida pelo desejo de harmonizar filosofia e ciência, sua visão da importância da lógica formal e a separação geral que faz entre questões filosóficas e históricas. Esses traços contrastam com a preocupação da filosofia continental europeia em questionar se a filosofia é possível e com o consequente ceticismo quanto à possibilidade de teorias filosóficas. Contrastam também com sua tendência a conduzir os debates por meio de "leituras" de outros filósofos e com a visão de que a filosofia tem um papel na cultura intelectual mais ampla. Os filósofos continentais também tendem a ser céticos quanto ao modo como a filosofia analítica favorece a ciência como a fonte mais importante de conhecimento. Há, entretanto, exceções a todas essas tendências tanto no campo analítico como no continental.

Sonho de uma Donzela com um Lago, de Max Ernst (1940). Os pintores surrealistas partilhavam com os fenomenólogos o interesse pelo que existia na mente, independentemente de isso estar também presente na realidade.

como análise filosófica da essência da consciência. Husserl afirmava que, ao estudar tanto os estados de consciência (que ele chamava de *noesis* – de "perceber", em grego) quanto o que está na consciência (*noema*), o filósofo ganhará conhecimento do que permite à consciência referir-se a objetos fora dela.

Segundo Husserl, o estudo da consciência, que chamava de "redução fenomenológica", deveria envolver a reflexão sobre os conteúdos dos atos conscientes da mente em seu estado puro. Ou seja, já que a mente pode pensar em objetos mesmo que eles não existam, o modo apropriado de estudar os conteúdos da mente era não assumir a real existência de nada fora da mente. Ele se referia a isso como "colocar entre parênteses": ao investigar a consciência fenomenologicamente, a existência das coisas no mundo deveria ser "colocada entre parênteses", ou posta de lado. O estado da mente uma vez que a realidade do mundo estivesse entre parênteses era o que Husserl chamava de *epoché* ("em suspenso"). A redução fenomenológica de Husserl é assim reminiscente da posição do inquiridor das *Meditações* de Descartes, que tentou estabelecer as bases do conhecimento sem assumir a existência de nada fora da mente (*ver pp. 48-49*).

> "*Muito mais perto de nós que quaisquer sensações estão as coisas em si mesmas. Ouvimos a porta bater na casa e nunca ouvimos sensações acústicas de simples sons.*"
>
> Martin Heidegger, *A Origem da Obra de Arte*

Husserl reconhecia essas origens cartesianas, quase solipsistas, de sua fenomenologia; mas essa perspectiva era inaceitável para muitos de seus seguidores.

Seu discípulo mais famoso, Martin Heidegger (1889-1976), rejeitou esse ponto de vista como base para uma teoria da intencionalidade. Em seu *Ser e Tempo* (1927), Heidegger afirmou que a filosofia tinha perdido o contato com o que chamava "a questão do Ser", e a filosofia de Husserl não era exceção. Para Heidegger, não poderia haver uma redução fenomenológica, porque não há perspectiva a partir da qual se possa dar explicação para os dados da consciência, abstraída da natureza real de nosso modo de ser humano (que ele chamava de *Dasein*). Fomos lançados no mundo do dia a dia e não podemos adotar o ponto de vista do espectador cartesiano distante e desinteressado sobre os incorpóreos "objetos da consciência". Quando damos uma explicação de nosso modo comum de ser, nossa "cotidianidade", damo-nos conta de que a natureza fundamental de nossa intencionalidade é revelada por nossa imersão no mundo, mais do que por algo que poderia se manifestar na *epoché* husserliana. De acordo com Heidegger, não experimentamos meras sensações abstraídas dos objetos reais do mundo; em vez disso, nossas experiências são de objetos do cotidiano em toda a sua riqueza e complexidade.

Fenomenologia existencial

Assim, embora Heidegger fosse profundamente influenciado por Husserl e tenha adotado muitos de seus pressupostos – por exemplo, a ideia de que a Consciência e o Ser devem ser investigados fenomenologicamente, em vez de cientificamente –, acabou tendo uma posição filosófica muito diferente da de Husserl. Outro filósofo influenciado por Husserl, e pelo próprio Heidegger, que tentou conciliar algumas das ideias de ambos foi Jean-Paul Sartre (*ver pp. 156-157*). Sartre concordava com Husserl em que a consciência é sempre consciência de algo, mas rejeitava a ideia de Husserl de *noema*. Maurice Merleau-Ponty (1907-61), que editou a publicação *Les Temps Modernes* com Sartre, rejeitou o que considerou cartesianismo (separação da mente da pessoa corporificada) da abordagem da intencionalidade de Sartre, enfatizando, em vez disso, o envolvimento do corpo em toda consciência. Nisso, sua abordagem foi similar à insistência de Heidegger na primazia do "ser-no-mundo" – nosso engajamento ativo no mundo – como base da intencionalidade.

A filosofia de Heidegger, Sartre e Merleau-Ponty é conhecida como "fenomenologia existencial" ou "existencialismo" (*ver também pp. 154-155*). Os nomes talvez sejam algo vagos para ajudar a entender suas doutrinas complexas e conflitantes, mas o que esses pensadores têm em comum é a rejeição à noção husserliana de colocar entre parênteses a existência do mundo e a insistência em que as verdadeiras descobertas fenomenológicas só acontecem quando começamos com os fenômenos reais de nossa existência, em vez de alguma noção preconcebida do que o sujeito humano é. Trata-se de um modo de entender o alusivo bordão existencialista: "A existência precede a essência".

Heidegger e o nazismo

A natureza e a extensão da relação de Heidegger com o nazismo têm sido matéria de controvérsia. Mas os seguintes fatos são indiscutíveis. Em 1933, ano em que Hitler assumiu o poder, Heidegger se tornou reitor da Universidade de Freiburg. No mesmo ano ele se filiou ao Partido Nazista, do qual foi membro até 1945. Enquanto Heidegger foi reitor, Husserl (que era judeu) foi proibido de usar a biblioteca da universidade; Heidegger também emitiu um decreto negando ajuda financeira a estudantes marxistas, judeus e outros "não arianos". Ele renunciou ao cargo de reitor em 1934, mas nunca se retratou publicamente de suas crenças nazistas anteriores, mesmo depois da guerra. A atitude evasiva de Heidegger em discussões sobre o tema, após a guerra, não ajudou a tornar menos obscuro seu envolvimento com o nazismo. Seus defensores dizem que a admiração pelo nazismo foi de curta duração e o uso que fez de suas doutrinas na universidade foi meramente por prudência. Outros acham que essa inclinação condiz com seu aparente nacionalismo, a idealização da vida camponesa e a proclamada aversão à tecnologia e à sociedade moderna.

Verdade

Os filósofos se interessam pela verdade porque – como outros que buscam o conhecimento – estão engajados em descobrir verdades sobre o mundo. Mas, mais fundamentalmente, também estão interessados em compreender a natureza da própria verdade.

Como devemos entender a natureza da verdade? É comum dizer-se que o amplo desacordo sobre o assunto mostra que a verdade é relativa a cada comunidade ou mesmo a cada indivíduo. Segundo essa visão, nada é verdadeiro em termos absolutos: apenas "verdade-para-mim" ou "verdade-para-nós". Essa concepção, porém, se baseia numa confusão. Considere duas pessoas que discordam quanto ao número de indivíduos que atravessaram o canal da Mancha a nado. O desacordo não acarreta que não haja um dado absolutamente certo. Digamos que 3 mil pessoas tenham feito essa travessia – nesse caso, se alguém diz que foram apenas 2.999 pessoas, está, sim, errado. O desacordo não implica relatividade: talvez a verdade seja difícil de descobrir, mas isso não significa que seja relativa a qualquer outra coisa além de fatos, ou a como as coisas são.

A questão da natureza da verdade é muito distinta da questão de como sabemos o que é verdadeiro. Consideremos, por exemplo, uma teoria tradicional da verdade: que ela consiste na coerência de um conjunto de crenças. Dada essa definição, decidir quais crenças são "verdadeiras" significa identificar as que são coerentes. Na prática isso pode se provar difícil, o que no entanto não constitui argumento contra a ideia subjacente de que a verdade não é nada além de coerência. Na realidade, essa teoria não é mais amplamente aceita, mas não porque torne verdades particulares difíceis de conhecer.

Há uma análise alternativa da verdade em termos da correspondência entre uma declaração e um fato ("o que é"). No entanto, o problema dessa "teoria da correspondência" da verdade é que parece ser vazia de conteúdo. Se a noção de um "fato" é fornecer uma análise informativa da verdade, então ele deve ter algum conteúdo independente da noção de verdade; mas é difícil definir "fato" a não ser como "o que uma afirmação verdadeira declara". A teoria da correspondência da verdade parece assim ser apenas outro modo de dizer que afirmações verdadeiras são verdadeiras devido à forma como as coisas são no mundo. Isso é inegável, mas dificilmente merece ser chamado de análise ou teoria da verdade.

Minimalismo e pragmatismo

Alguns filósofos afirmaram que é inútil esperar

O paradoxo do mentiroso

Segundo São Paulo, Epimênides, o cretense, declarou que todos os cretenses eram mentirosos. Se Epimênides dizia a verdade, então – já que ele próprio era cretense – deveria estar mentindo. Esse paradoxo pode ser expresso claramente assim: se alguém diz "estou dizendo agora algo falso", o que a pessoa diz é verdadeiro apenas se estiver dizendo algo falso – o que é uma contradição.

Além de ser intrinsecamente intrigante, o paradoxo do mentiroso coloca um problema a toda tentativa sistemática de construir uma teoria semântica – aquela que relaciona língua e realidade. Como diz respeito à realidade, toda teoria desse tipo deve usar o conceito de verdade e encontrar, assim, um modo de lidar com o paradoxo do mentiroso.

O lógico polonês Alfred Tarski (1902-83) observou que, se uma língua não contém palavras que se refiram a suas próprias sentenças (como "estou dizendo agora..."), o paradoxo do mentiroso não se manifesta nela. A proposição de Tarski não se aplica a línguas "naturais", como o inglês ou o francês, porque elas obviamente contêm essas palavras, mas forneceu uma solução poderosa para as linguagens formais da matemática e da lógica. Uma solução do paradoxo que se aplique a todas as linguagens não foi ainda encontrada.

Segundo o pragmatismo, o fato de uma ponte funcionar estabelece a verdade dos princípios subjacentes a sua construção.

que a verdade possa ser analisada. Segundo a influente teoria minimalista da verdade, ela não é uma propriedade substancial ou característica de crenças e afirmações (diferentemente, por exemplo, da propriedade de ser interessante ou moralmente importante), e assim não há uma "natureza oculta" que uma teoria da verdade devesse revelar. Os minimalistas alegam que declarar que uma afirmação específica é verdadeira é só outro modo de fazer essa mesma afirmação; a expressão "é verdade que os peixes nadam" não diz nada diferente de "os peixes nadam"; a crença em que os peixes nadam poderia ser manifesta com qualquer uma das duas frases.

Um problema da teoria minimalista da verdade é que, se a verdade não é uma característica substancial de nossas crenças, por que então deveríamos tentar buscá-la? E parece que as pessoas de fato buscam a verdade: ela é o objetivo de muitas de nossas atividades. Então, como o minimalista pode explicar isso? Uma resposta, chamada pragmatismo, vincula o valor da verdade ao papel que as crenças verdadeiras têm em fazer que nossas ações deem resultado: "A verdade é o que funciona", como disse William James.

> *Verdadeiro e falso são atributos do discurso, não de coisas. E onde não há discurso não há verdade nem falsidade.*
>
> Thomas Hobbes, *Leviatã*

Essas duas abordagens, minimalismo e pragmatismo, podem ser combinadas do seguinte modo: uma crença é verdadeira quando as ações baseadas nela dão resultado, já que isso implica que as coisas são como a crença diz que são. Essa abordagem combinada concorda com a visão pragmatista de que o valor que damos à busca da verdade é explicado pelo papel das crenças verdadeiras em ajudar nossas ações a ser eficazes; e com a visão minimalista de que não há necessidade de postular alguma "natureza oculta" para a verdade. Assim, a explicação definitiva da natureza da verdade pode se basear em algo tão pouco misterioso como a economia linguística e as realidades práticas da ação humana.

Matemática

Contar coisas é algo tão comum em nossa vida diária que é fácil deixar de notar quanto os números são enigmáticos. Matemáticos e filósofos se empenharam em definir o conceito de número de modo que tivesse um sentido intuitivo e fosse matematicamente válido.

Do que trata a matemática? A resposta natural é: números. Mas o que são eles? O que, por exemplo, é o número três? Podemos contar três maçãs numa mesa – mas elas são só três coisas, não o próprio número três. Não mudamos o número três comendo as maçãs ou alterando qualquer outro agrupamento de três objetos. Assim, o número três deve ser algo distinto de todos os agrupamentos de três objetos; mas que tipo de coisa ele é?

Segundo uma visão filosófica tradicional, os números devem ser coisas reais e não físicas, situadas fora do espaço e do tempo. Essa é uma concepção do platonismo, doutrina de Platão segundo a qual a realidade última se encontra fora da experiência comum (*ver pp. 76-79*). O problema do platonismo é que, se os números existem num domínio próprio platônico, como alguém pode vir a conhecê-los? Podemos não saber que o número três é primo ao vê-lo, uma vez que, segundo a ideia platônica, não há onde vê-lo, pois está fora do espaço e do tempo.

De fato, já que não podemos interagir de modo causal com coisas que não estão no espaço e no tempo, não podemos ter nenhum tipo de interação causal com os números.

Não há nada de enigmático num conjunto qualquer de três objetos – mas o que exatamente é o próprio número três?

Alguns filósofos e matemáticos reagiram a esse problema afirmando que a matemática é questão de convenções que regem o uso de certos símbolos. Essa visão é chamada de formalismo, já que trata as afirmações matemáticas como se só dissessem respeito a certos símbolos ou formas. O problema dessa noção é como explicar por que as verdades matemáticas (como a de que dois mais dois são quatro) parecem ser necessariamente verdadeiras. Se a matemática diz apenas respeito a convenções sobre como usar símbolos, por que não poderia haver diferentes convenções, de modo que diferentes verdades matemáticas fossem verdadeiras? Além disso, não é claro se o formalismo pode explicar por que a matemática se aplica ao mundo – ou seja, por que, por exemplo, pontes construídas com o uso de cálculos matemáticos se sustentam de pé.

Essas questões são respondidas pela única filosofia da matemática séria que subsiste. Trata-se do logicismo, concepção associada originalmente a Bertrand Russell e Gottlob Frege (*ver p. 58*). O logicismo tenta explicar toda a matemática em termos de verdades lógicas evidentes por si mesmas. Isso explica a necessidade da matemática em termos da necessidade da lógica; e a matemática se aplica ao mundo, dizem os logicistas, porque o próprio mundo tem uma estrutura lógica. Infelizmente, no entanto, Russell mostrou que essa abordagem levava a uma contradição, e portanto o logicismo não pode estar correto.

Dado o fracasso do logicismo e do formalismo, não há alternativa, parece, além de retornar à visão platônica de que os números são reais. Com efeito, é isso que muitos matemáticos assumem ao lidar com provas e números. O matemático Paul Erdos costumava se referir às melhores provas matemáticas como se viessem de um livro escrito por Deus.

O infinito

O infinito é real ou apenas uma invenção de nossa mente? O infinito foi objeto de desconfiança entre filósofos e matemáticos por séculos – embora seja um conceito essencial em matemática e no estudo do espaço e do tempo.

A disposição das estrelas, tal com as vemos, é representada neste globo celeste. Mas, como o globo, o próprio espaço tem extensão finita?

A ideia de infinito foi muitas vezes tratada com ceticismo por filósofos e matemáticos. O matemático alemão Karl Gauss disse que "o infinito é apenas uma figura de linguagem". Aristóteles distinguia entre o realmente infinito (algo que continua para sempre) e o potencialmente infinito (como uma série de números que poderia continuar para sempre), e negava que houvesse algum infinito real. Esse modo de pensar teve influência duradoura, embora filósofos dos séculos XVII e XVIII tendessem a entender a infinitude como algo que emana da mente de Deus. Isaac Newton, no entanto, foi ousado o bastante para declarar que o espaço é infinito, e sua invenção do cálculo diferencial usava a ideia de uma quantidade infinitesimal, maior que zero mas menor que qualquer número finito. No século XIX, esse conceito relativamente misterioso foi substituído pelo conceito bem definido de limite. Mais tarde, no mesmo século, alguns dos mistérios do infinito em matemática foram resolvidos pelo matemático alemão Georg Cantor (1845-1918), que realmente inventou a matemática do infinito, junto com a teoria dos conjuntos. Apesar disso, a matemática do infinito continua profundamente intrigante – por exemplo, parece que pode haver infinitos de diferentes tamanhos.

Também deparamos com o infinito ao pensar em espaço e tempo no universo. Se a idade do universo é finita – com começo e fim no tempo –, temos de perguntar: o que aconteceu antes dele e o que acontecerá depois? Kant certamente estava correto ao afirmar que essas questões suscitam um dos paradoxos mais profundos em nossa reflexão sobre o mundo.

É interessante que o infinito, em espaço, não seja o mesmo que não ter bordas ou limites. Considere a superfície de uma esfera de tamanho limitado: onde quer que estejamos em sua superfície, sempre poderemos ir adiante – embora a superfície seja finita. (E, é claro, se continuarmos andando na superfície na mesma direção, chegaremos por fim ao mesmo lugar, o que não acontece com um infinito verdadeiro, como a série de números 1, 2, 3, 4... etc., em que nunca encontraremos o mesmo número.) Assim, por analogia, o fato de que onde quer que estejamos no espaço sempre poderemos seguir adiante não mostra que o universo é infinito: o espaço poderia ser, por assim dizer, a superfície tridimensional de um universo quadridimensional; ele seria finito mas sem bordas. É assim, com efeito, que muitos cosmólogos pensam que o universo é.

> “*Algo é infinito se, ao considerá-lo um tanto por vez, sempre podemos tomar algo além.*”
>
> Aristóteles, *Física*, livro III

Leibniz

Além de brilhante filósofo e matemático, Leibniz foi inventor, diplomata e cortesão. Há notável contraste entre as sofisticadas abstrações de seu pensamento filosófico e a política prática que o ocupou em grande parte da existência. Ele nunca teve um posto em universidade, mas trabalhou a maior parte da vida para os duques de Mainz e Brunswick, viajando com frequência em missões diplomáticas. Também se interessava muito por tecnologia e fez experiências com inventos de engenharia, como um esquema de drenagem de minas que usava energia eólica.

Leibniz foi homem de considerável charme e sofisticação. Referindo-se a ele, a duquesa de Orleans observou: "É tão raro um intelectual ser bem-vestido, e que não cheire, e que entenda gracejos". Sua filosofia, em contrapartida, era resolutamente abstrata. Leibniz nunca escreveu um tratado longo ou substancial, mas apresentou suas ideias filosóficas em cartas, breves artigos e comentários sobre a obra de outros. A partir dessas centenas de peças espalhadas – muitas ainda por publicar –, emerge um sistema metafísico de grande originalidade e estranha beleza.

A descoberta do cálculo

Leibniz fez muitas descobertas matemáticas, mas a mais importante, sem dúvida, é o método conhecido como cálculo. Ele ainda é amplamente usado para calcular as taxas de mudança de qualquer quantidade variável, ou para encontrar sua soma total com o passar do tempo. Leibniz descobriu o cálculo alguns anos depois de Isaac Newton (1624-1727), embora tenha publicado seus resultados antes dele. A notação de Newton era complicada, e hoje usamos a de Leibniz. Embora suas descobertas tenham sido independentes, Newton e seus seguidores acusaram Leibniz publicamente de plágio, o que este, irritado, negou. A Sociedade Real de Londres constituiu um comitê para avaliar o caso e decidiu em favor de Newton, conforme um artigo anônimo publicado no jornal da sociedade. Mais tarde se soube que tanto o relatório do comitê como o artigo foram escritos pelo próprio Newton, na condição de presidente da sociedade.

Gottfried Wilhelm Leibniz 1646–1716

Leibniz é um dos maiores gênios da Europa. Seu sistema filosófico é bastante abstrato e difícil de compreender, mas deriva de modo sistemático de uns poucos princípios simples, motivados por uma visão de mundo basicamente teológica.

Mundos possíveis

Como ocorre com muitos filósofos da época, a noção de Deus é central na filosofia de Leibniz. Ele acreditava que Deus escolheu criar nosso mundo dentre uma infinidade de outros "mundos possíveis" – ou seja, modos como o mundo poderia ser. Por exemplo, Deus escolheu criar o mundo em que César cruzou o Rubicão, em oposição àquele em que ele não o faria. Além disso, Leibniz afirma que Deus deve ter tido uma razão para criar este mundo em vez de qualquer outro. Isso é consequência de seu "princípio de razão suficiente", segundo o qual, quando algo é verdadeiro, há sempre uma razão para que seja assim, em vez do contrário. Então, como Deus é totalmente bom, sua razão para criar este mundo deve ter sido moral. E seria incompatível com a bondade de Deus não trazer à existência o melhor mundo possível, do que decorre a bem conhecida concepção de Leibniz de que este é o melhor dos mundos possíveis. (No entanto, isso não faz dele um mundo perfeito: Leibniz acreditava que apenas Deus poderia ser perfeito, e assim qualquer coisa distinta de Deus tem de ser de algum modo imperfeita.)

A noção de que Deus não poderia ter criado um mundo melhor conduz a um problema central para Leibniz: como sua filosofia pode dar sentido à ideia de que as coisas poderiam ter sido diferentes do que são? Por exemplo, o que teria acontecido na Segunda Guerra Mundial se o conde Von Stauffenberg tivesse conseguido matar Hitler em 1944? Essas especulações têm muito sentido para nós, mas pressupõem que muito da história é contingente; ou seja, poderia ter sido diferente do que realmente foi. Verdades que não são contingentes são necessárias: não poderiam ser de outro modo. (As verdades matemáticas, como 7 mais 5 é igual a 12, são exemplos de verdades necessárias: não tem sentido especular como essas verdades poderiam ser diferentes.)

O problema da filosofia de Leibniz é que ela parece tornar todas as verdades necessárias; dada a bondade de Deus e o princípio da razão suficiente, Deus não poderia criar um mundo diferente do nosso. Além disso, Leibniz acreditava que cada pessoa ou objeto individual genuíno (ambos referidos como "substâncias" por Leibniz) tinha o que ele chamava de "noção completa": tudo o que é, foi ou será verdadeiro no indivíduo. A noção completa é o que faz cada um ser o que é. Assim, segue-se que Von Stauffenberg não poderia ter conseguido matar Hitler; se tivesse feito isso, não teria sido o mesmo indivíduo. Essa teoria parece implicar que nada poderia ter sido diferente do que é: a contingência é impossível. Uma consequência adicional disso é que a liberdade humana é impossível: a noção completa de um indivíduo parece tornar impossível a qualquer um ter agido de modo diferente do que agiu.

Leibniz era, é claro, plenamente consciente dessas dificuldades. Ele percebia que seu compromisso com certos princípios fundamentais – como o princípio de razão suficiente – requeria que explicasse como pode haver verdade contingente. Sua explicação apelava à natureza de Deus. Leibniz sustentava que, como o alcance da mente de Deus é infinito, ele logicamente pode deduzir qualquer verdade de outra, mesmo que isso exigisse um número infinito de passos. No entanto, nossa mente é finita e há, portanto, algumas verdades que não podem ser deduzidas apenas por nossa razão. Essas verdades, que precisamos conhecer por outros meios (por exemplo, nossos sentidos), são as verdades contingentes. Assim, a razão por que o fato de Stauffenberg não ter matado Hitler é contingente é que não podemos deduzi-la com um número finito de passos. Essa solução do problema da contingência demonstra a interconexão e unidade do pensamento de Leibniz.

> *Há um mundo de criaturas [...] na menor parte de matéria. Cada porção de matéria pode ser pensada como um jardim cheio de plantas ou um lago repleto de peixes. Mas cada ramo de planta, cada parte de animal e cada gota de seus fluidos vitais é outro jardim ou lago semelhante.*
>
> Leibniz, *Monadologia*

Tempo e espaço

Desde a Grécia antiga pensadores discutem a natureza do espaço e do tempo. Hoje, os físicos tratam o tempo como a quarta dimensão do "espaço-tempo", mas questões intrigantes se mantêm: por que, por exemplo, experimentamos o "movimento" do tempo apenas em uma direção?

O universo poderia ter começado cinco minutos antes? Poderia ser movido 1 quilômetro para a direita? E essas espantosas perguntas têm algum sentido? Leibniz (*ver pp. 38-39*), que primeiro levantou essas questões, pensava que não, e argumentava que o espaço e o tempo são construções derivadas das relações espaciais e temporais entre objetos e eventos, não entidades em si mesmas. Sem eventos, não haveria tempo; e, sem objetos, não haveria espaço; assim, não tem sentido supor que o universo poderia ter começado cinco minutos antes.

A concepção de Newton de espaço e tempo, é claro, foi substituída pela teoria da relatividade de Einstein, que trata o tempo como a quarta dimensão de uma entidade única, o "espaço-tempo". Dizer que o tempo é a quarta dimensão do espaço-tempo é o mesmo que dizer que ele é um modo como as coisas não coincidem, da mesma forma

Muitas vezes representamos o tempo usando uma dimensão espacial, como nesta sequência de imagens que mostra as fases da lua dia a dia.

Leibniz estava atacando as concepções de Isaac Newton, que considerava espaço e tempo coisas reais – os "recipientes", por dizer assim, nos quais os objetos existem e os eventos ocorrem. Kant (*ver pp. 141-143*) deu um importante argumento em defesa da concepção de Newton de espaço: se a única coisa no espaço fosse uma luva, haveria a questão se seria da mão direita ou esquerda. No entanto, as relações espaciais entre as partes são as mesmas, para uma luva da mão direita ou esquerda; portanto, os fatos espaciais (como se uma luva é direita ou esquerda) não podem ser reduzidos a relações espaciais entre as partes como Leibniz supunha.

que não coincidem estando em diferentes localizações em uma das três dimensões espaciais. No entanto, o tempo parece diferir das dimensões espaciais por ter uma direção: os eventos dão a impressão de "se mover" no tempo do passado para o presente e o futuro. Mas o que realmente significa isso? Um evento não pode se mover no tempo no sentido em que uma pessoa se move no espaço, então talvez devêssemos dizer que o tempo "flui". Mas essa ideia também é estranha: se o tempo flui, qual é o cálculo de como isso acontece? A resposta óbvia e jocosa – "a um segundo por segundo" – realça a vacuidade da questão: "fluir"

O paradoxo de Zenão

Zenão de Eleia (c. 470 a.C.) foi um dos primeiros filósofos ocidentais cujas ideias chegaram a nós. Ele é conhecido principalmente por seus famosos "paradoxos do movimento" (um paradoxo é uma conclusão inaceitável tirada de pressupostos aparentemente verdadeiros por meio de raciocínio supostamente lógico). Esses argumentos buscam provar que o movimento é impossível e ridicularizar a ideia de que o espaço e o tempo são infinitamente divisíveis.

No mais famoso deles, Aquiles corre com uma tartaruga, à qual deu uma vantagem. Para ultrapassá-la, Aquiles tem de percorrer a distância que os separa, mas nesse tempo a tartaruga avança um pouco, de modo que agora ele tem de vencer a nova distância até ela, e assim por diante. O que se conclui é que Aquiles nunca poderá alcançá-la e menos ainda ultrapassá-la. Esse paradoxo ainda não teve solução aceita, evidenciando a estranheza subjacente à ideia de que espaço e tempo são infinitamente divisíveis.

é um processo que demanda tempo; o próprio tempo não pode demandar tempo.

Viagem no tempo

Embora seja difícil entender e esclarecer, algo afim à ideia de que o tempo flui ou tem uma direção está profundamente incutido em nosso pensamento. Por exemplo, sabemos que é possível viajar em qualquer direção nas três dimensões espaciais ao nosso redor. Mas, por mais que tentemos, só conseguimos viajar numa direção no tempo: para o futuro, mas não para o passado. Essa impossibilidade indica um fato metafísico profundo sobre o tempo ou apenas a inadequação atual de nosso poder de viajar? Falar em viajar para o passado ou o futuro, como na ficção científica, supõe que a distinção entre passado, presente e futuro tem base na realidade, mas alguns filósofos influentes afirmaram que isso é ilusão. No começo do século XX, J. M. E. McTaggart disse que todo evento tem a propriedade de ser passado, presente ou futuro em algum momento. Como essas propriedades são incompatíveis, e nada pode ter propriedades incompatíveis, o passado, o presente e o futuro não existem.

A quadridimensionalidade proposta pela física moderna também nega a realidade de passado, presente e futuro. Nesse quadro, pode-se dizer que os eventos são anteriores ou posteriores uns aos outros, mas nenhum deles nunca pode ter o privilégio de estar no "presente" ou no "passado". Isso porque estar no presente é o mesmo que acontecer agora. Na quadridimensionalidade, algo acontecer agora é análogo a acontecer aqui, e a realidade objetiva não contém mais uma qualidade-aqui que uma qualidade-agora: para um evento, tanto estar "aqui" como estar "agora" dependem da perspectiva de uma pessoa sobre a realidade, e não da própria realidade.

Assim, o modo quadridimensional de pensar o espaço e o tempo revela por que não há algo como o fluxo do tempo. Mas, para ser definitivamente satisfatório, esse quadro precisa revelar por que vivemos a ilusão de que o tempo, em algum sentido, flui.

Capítulo 2

MENTE E CORPO

O que é a mente?

Há muitas coisas diferentes no mundo – como tigres, furacões e partidas de futebol. Há também coisas que são mentais: sensações, pensamentos, ideias etc. Essas coisas mentais existem em "pacotes" que chamamos de mente. Mas qual o lugar da mente no mundo físico?

A íntima relação entre mente e cérebro é bem conhecida. É frequente lermos sobre cientistas que descobrem áreas do cérebro vinculadas a capacidades mentais. Mas como eventos eletroquímicos nas células cerebrais se relacionam a nossos prazeres e frustrações, nossas intuições e ansiedades? Esse é um modo de colocar o que os filósofos chamam de "questão mente-corpo".

A questão mente-corpo é desafiadora porque a mente tem propriedades que não parecem se encontrar em outras partes do mundo natural. Em primeiro lugar, muitos de nossos episódios mentais são conscientes: algo como ouvir uma música favorita ou refletir sobre as opções de jantar. Em contraste, isso não se parece nada, por certo, com ser uma pedra ou uma xícara. Os estados mentais também têm a propriedade de representar coisas – ou seja, de ser sobre objetos ou eventos. Enquanto podemos perceber um pôr do sol ou ficar bravos com um insulto, pedras e xícaras não abrigam estados internos sobre nada. Então, como a consciência e a representação nascem num mundo físico?

Muitos filósofos do passado eram dualistas: eles afirmavam que mente e corpo são fundamentalmente distintos. René Descartes (*ver pp. 48-49*) é o autor da mais famosa argumentação em defesa do dualismo. Ele começa com a observação de que podemos duvidar da existência de nosso corpo, ou mesmo de todo objeto físico no mundo – mas não da existência de nosso pensamento, porque a própria dúvida seria um estado mental e, portanto, confirmaria a existência do pensamento. Essa é a ideia essencial expressa pelo "*Cogito ergo sum*" ("Penso, logo existo") de Descartes. Uma vez que os corpos são duvidosos e os pensamentos não, raciocina Descartes, eles devem ser distintos. Nessa argumentação, Descartes tenta ir direto da diferença concebível para a diferença real, mas esse movimento é inválido. O fato de

Outras mentes

Como disse Descartes, nenhum de nós pode duvidar da existência da própria mente, porque a experimentamos diretamente. Mas isso não acontece em relação aos pensamentos de outros – então, como saber se eles também têm mente? O solipsismo – segundo o qual cada pessoa pode julgar-se a única dotada de mente no universo – é amplamente considerado exorbitante pelos filósofos, mas também é difícil refutá-lo. Assim, é um problema central para a filosofia.

John Stuart Mill (*ver pp. 139-140*) e Bertrand Russell (1872-1970) pensavam que poderíamos provar que outras mentes existem usando a analogia. Por exemplo, sei que tenho uma mente, e que, ao sentir dor, contraio o rosto, e posso assim inferir por analogia que você sente dor quando seu rosto se contrai. O problema desse argumento é que posso observar a correlação entre meus estados mentais e comportamento, mas não entre estados mentais e comportamento de ninguém mais. Partindo de um único caso, o argumento da analogia é muito fraco.

Em vez de ver o comportamento de outros como evidência de que têm mente, Gilbert Ryle (1900-76) argumentou que o comportamento tem uma conexão necessária com a mente. Nessa abordagem "behaviorista", a contração do rosto não é apenas uma evidência de dor: ela em parte a constitui. Com um espírito similar, Wittgenstein afirmou que aprendemos palavras para estados mentais apenas por referência ao comportamento de outros – assim a contração do rosto é parte do significado de "dor". Se esses autores estão certos, podemos literalmente observar estados mentais de outros e o problema das outras mentes se desfaz.

Mas mesmo que estados mentais estejam intimamente ligados ao comportamento, mantém-se o fato de que cada um de nós também tem um modo especial direto de acessar a mente: não precisamos ver nossa expressão para saber que estamos com dor. E, como podemos duvidar se os outros têm esse modo especial de conhecimento, o problema de outras mentes permanece.

> *A alma por meio da qual sou o que sou é inteiramente distinta do corpo e mais fácil de conhecer que ele.*
>
> René Descartes, *Discurso do Método*

poder duvidar da existência de nosso corpo mas não da do pensamento não prova que ela poderia existir sem o corpo. Afinal, alguém que saiba pouco de química poderia duvidar de que haja H_2O no rio Amazonas, mas não de que haja água lá – mas é claro que não é possível haver água sem H_2O. Assim, o fato de que possamos conceber as duas coisas existindo separadas uma da outra não prova que são na verdade distintas.

Pensamento, cérebro e corpo

Muitos filósofos hoje pensam que há outras razões para rejeitar o dualismo. Intuitivamente, sabemos que os estados mentais podem ter efeitos no mundo físico – como quando minha decisão de levantar o braço faz que ele se levante. Mas não é claro como os estados mentais poderiam ter efeitos físicos se existissem em um domínio totalmente separado. Mais ainda, cada mudança em meu corpo tem uma causa física identificável, devido aos vínculos entre o corpo e o sistema nervoso. Quando minha mão se levanta para levar uma xícara a meus lábios, há um estado anterior dos neurônios no cérebro e no sistema nervoso que pode explicar essa ação, de modo que a intenção mental de levantar a xícara se afigura irrelevante. O dualismo parece implicar que os estados mentais, já que não são idênticos aos estados físicos do cérebro, são causalmente inertes e portanto supérfluos.

Alguns dos contemporâneos de Descartes adotaram esse raciocínio. Leibniz (*ver pp. 38-39*) aventou a ideia de que mente e corpo são causalmente independentes, e que Deus cria uma harmonia preestabelecida entre eles para que pareçam interagir. Outros filósofos trataram a questão da interação mente-corpo rejeitando o dualismo, preferindo uma visão "monista" em que apenas um tipo de substância existe. Berkeley (*ver pp. 28-29*) defendeu o idealismo, de acordo com o qual a única substância que existe é mental. Segundo essa visão, corpos "físicos" não são nada além de ideias na mente, e assim não é de admirar que possam ser influenciados por nossos pensamentos e intenções.

Essas concepções podem parecer estranhas para leitores modernos, e hoje outra forma de monismo é mais popular: o materialismo, segundo o qual só existe matéria ou substância física. Mas, novamente, como as coisas materiais podem ter consciência – como obter a mente a partir da matéria? O debate corrente sobre a questão mente-corpo se relaciona muito a essa indagação.

Sabemos hoje que há grande correspondência

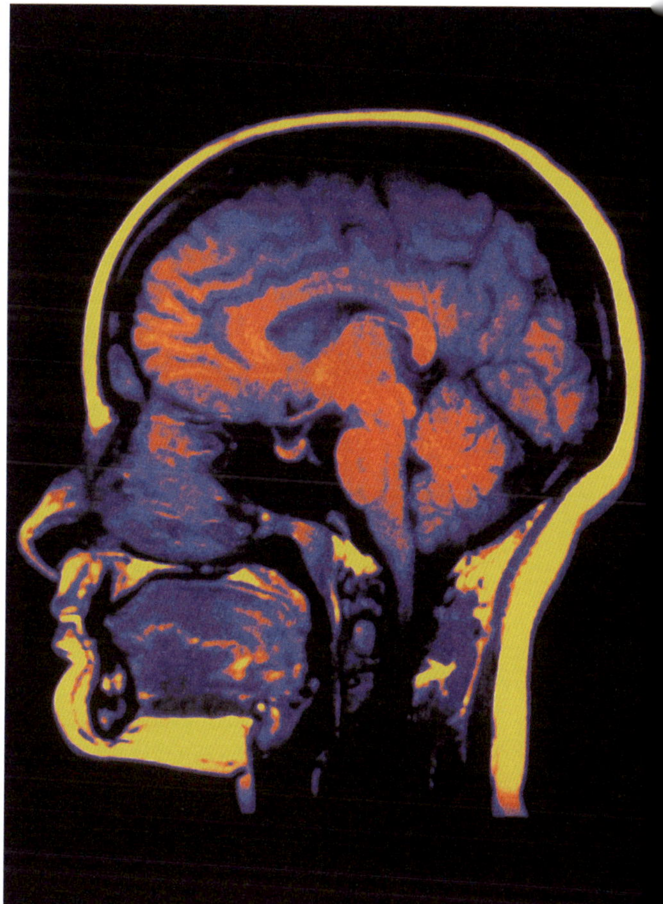

Técnicas modernas de produção de imagens do cérebro permitem vê-lo funcionando – mas onde está e o que é o pensamento?

Inteligência artificial e a "sala chinesa"

Os computadores podem fazer previsões, diagnosticar doenças e derrotar mestres do xadrez. Em resumo, podem ter um desempenho que parece muito inteligente. Mas deveríamos concluir que são inteligentes e podem na verdade pensar?

O filósofo John Searle é cético. Ele nos pede que imaginemos ser uma pessoa que só fala inglês numa sala com um enorme número de livros de regulamentos que juntos podem fornecer uma resposta em chinês para qualquer pergunta escrita em chinês. Se alguém fora da sala passasse uma pergunta desse tipo sob a porta, você poderia procurá-la num dos livros de regulamentos, encontrar a resposta e mandá-la de volta – mas não teria ideia nem da pergunta nem da resposta dada. Manipular símbolos assim, que é tudo o que os computadores fazem, não confere compreensão. Searle conclui que os computadores não podem ser inteligentes, e que a verdadeira inteligência requer cérebro biológico.

O argumento de Searle pode ser refutado. Uma pessoa que só fale inglês presa dentro do cérebro de alguém que só fale chinês não compreenderia chinês, mas daí não se segue que o falante de chinês não entenderia chinês. Além disso, há um forte argumento em favor de computadores pensantes. Suponha que substituíssemos cada neurônio de seu cérebro, um por um, por um *chip* de silicone. Você terminaria com um computador como cérebro – mas, intuitivamente, não haveria um ponto no processo em que você pararia de pensar, o que demonstra que a inteligência não depende de materiais biológicos. Isso solapa a conclusão principal de Searle e abre a possibilidade de criarmos inteligência artificial.

entre os fenômenos mentais e os processos cerebrais. Parece que cada episódio mental tem relação com atividade em alguma área do cérebro. Por exemplo, a impressão de ver "contornos ilusórios", em certas ilusões ópticas, se relaciona à atividade em uma área chamada V2, na parte de trás do cérebro, enquanto guardar um número de telefone depois de discar se associa à atividade no córtex frontal. Essas notáveis correspondências pdem indicar que os estados mentais seriam idênticos a estados do cérebro. Os materialistas que pensam que podemos identificar estados mentais e cerebrais são chamados de teóricos da identidade.

Uma dificuldade da teoria da identidade é que não há dois seres humanos com cérebros idênticos. A crença de que a neve é branca se relaciona a diferentes padrões de ativação neuronal em pessoas diferentes, mesmo que sejam gêmeos idênticos. Portanto, essa crença (e todas as outras) não pode ser idêntica a um estado particular do cérebro. Outra dificuldade é que os estados mentais podem existir em criaturas cujo cérebro é totalmente diferente do nosso. Suponha que descubramos uma espécie de alienígenas inteligentes cujo cérebro seja feito de cristais vibrantes e encontremos um desses alienígenas que esteja muito triste e se queixe de que a vida não vale a pena. Certamente deveríamos descrevê-lo como deprimido – mas os teóricos da identidade não poderiam fazer isso, porque o cérebro do alienígena não contém os mesmos componentes bioquímicos de um cérebro humano deprimido.

> *"... pode ser a verdadeira natureza de nossas experiências internas, como mostra a ciência, ou constituir processos cerebrais, assim como ser um movimento de cargas elétricas é a verdadeira natureza do raio, o que ele realmente é."*
>
> J. J. C. Smart, *Philosophy and Scientific Realism*

Função e experiência

Essas conexões levaram os materialistas a adotar uma teoria da relação mente-corpo chamada funcionalismo. De acordo com essa ideia, o que faz algo ser considerado uma experiência interna particular ou estado mental não é sua composição bioquímica, mas o papel que desempenha em nossa vida mental e consequente comportamento. Em contraste com os teóricos da identidade, que identificam os estados mentais com tipos específicos de estados do cérebro, os funcionalistas identificam os estados mentais com quaisquer estados físicos que venham a desempenhar o papel apropriado. Os cristais vibrantes dos alienígenas se qualificam como estados de depressão quando desempenham o papel associado à depressão; os padrões de ativação neuronal em humanos se qualificam como a crença de que a neve é branca se desempenham o papel associado com essa crença. Assim, o que faz algo ser considerado água é sua constituição química, H_2O. Mas o que faz algo ser considerado coração é o papel que ele desempenha no sistema circulatório – quer seja feito de músculo, plástico ou outra coisa. Os teóricos da identidade pensam que os estados mentais são como água e os funcionalistas pensam que os estados mentais são como corações.

O funcionalismo supera os problemas da teoria da identidade, mas enfrenta uma objeção própria. Suponha que tomemos dois gêmeos no nascimento e implantemos lentes especiais que invertem o espectro de cor nos olhos de um deles. Assim, quando um gêmeo tem uma experiência vermelha, o outro tem o que chamaríamos de experiência verde. Como eles ignoram a cirurgia, essas experiências distintas acabam desempenhando o mesmo papel funcional: ambos os gêmeos andam com o farol verde e param no farol vermelho. Mas suas experiências internas não são absolutamente as mesmas – assim, experiências diferentes podem desempenhar o mesmo papel. Se o funcionalismo estivesse certo, isso seria impossível: o papel deveria determinar a experiência.

O funcionalismo e a teoria da identidade são as duas formas principais de materialismo, e ambas apresentam problemas. Mas uma combinação dessas teorias pode ser melhor que cada uma sozinha. Alguns estados mentais podem ser identificados pelo modo como são sentidos e outros pelo papel que desempenham. Muitos estados mentais têm ambos os atributos: a dor, por exemplo, envolve tanto uma sensação como a disposição de buscar remédio. Podemos usar a teoria da identidade para explicar sensações e o funcionalismo para explicar papéis. Nessa abordagem, o funcionalismo e a teoria da identidade não são competidores igualmente falhos, mas parceiros compatíveis que dão explicação para diferentes aspectos da vida mental.

Esta imagem do Grande Canal de Veneza, de J. M. W. Turner (1775-1851), é profundamente subjetiva e expressa como ele experimentou internamente esse cenário. O modo como a experiência interior se liga a estados do cérebro é tema controvertido.

Descartes

René Descartes nasceu em 1596 em La Haye (hoje chamada Descartes), na província francesa da Touraine. Ele se formou em direito em 1616 e viajou para a Holanda dois anos depois. Lá conheceu Isaac Beeckman, um holandês engajado num projeto para explicar fenômenos físicos de modo mecânico, em termos de matéria em movimento.

Entusiasmado com a descoberta da "notável ciência" de Beeckman, Descartes decidiu desenvolver um sistema de conhecimento unificado, sobre novas bases. Em 1629, instalado na Holanda, começou a trabalhar no manuscrito *O Mundo*, no qual planejava explicar todos os fenômenos naturais em termos de matéria cujo movimento obedece a leis fixas estabelecidas por Deus. Por volta de novembro de 1633, a obra se ampliara, incluindo uma explicação da fisiologia humana, e estava quase pronta. Mas, naquele mesmo mês, Descartes recebeu as chocantes notícias sobre a condenação de Galileu em Roma por afirmar que a Terra estava em movimento. Isso mudou totalmente seus planos: em *O Mundo*, Descartes via o sistema solar como um fluido gigante em que a Terra e os outros planetas eram transportados em volta do Sol num vórtex rodopiante. O movimento da Terra era tão fundamental em sua descrição que ele decidiu suprimir a obra em vez de publicá-la de forma mutilada. Em vez disso, Descartes dedicou-se a uma longa campanha para obter aceitação para seu novo sistema científico e filosófico.

A construção de novas bases

Em 1637, o *Discurso do Método* foi publicado anonimamente. Com a intenção de "preparar o caminho e sondar o ambiente", essa obra semiautobiográfica expressa a insatisfação de Descartes com as constantes discussões da filosofia existente e apresenta os resultados de sua busca por bases filosóficas mais estáveis para a ciência. Essas investigações são descritas de modo mais completo nas *Meditações sobre Filosofia Primeira*, publicadas em 1641.

Nas *Meditações*, Descartes guia o leitor para que descubra as ideias de pensamento, extensão e Deus inatas ao entendimento. O objetivo declarado das *Meditações* era fornecer provas da existência de Deus e da alma condizentes com a ortodoxia religiosa. O objetivo oculto era lançar os fundamentos metafísicos de sua física mecânica e substituir a filosofia medieval corrente – uma fusão de teologia cristã e pensamento aristotélico – por seu próprio sistema. Nessa obra, Descartes constrói uma engenhosa argumentação que dá validação divina às faculdades intelectuais humanas, em particular às ideias "claras e distintas" inatas à nossa mente. Essa conclusão deu a Descartes bases seguras a partir das quais poderia afastar-se da filosofia teológica de então.

Em sua grande obra seguinte, *Princípios da Filosofia*, Descartes usa Deus para validar sua

René Descartes 1596–1650

Considerado com frequência o pai da filosofia moderna, Descartes propôs um sistema de conhecimento que rompeu com as ideias medievais. Ele é mais conhecido hoje por suas ideias sobre o pensamento e seu "método da dúvida", que buscou dar uma base segura à filosofia. Seu objetivo era revolucionar a física.

concepção de matéria como "extensão pura" e para estabelecer as leis básicas que regem o movimento. Como Deus é imutável, diz Descartes, mantém a mesma quantidade de movimento na matéria do universo. Essa visão do universo físico regido por leis matemáticas simples influenciou o desenvolvimento da física newtoniana.

> *... esta proposição – eu sou, eu existo – é necessariamente verdadeira todas as vezes que a enuncio ou que a concebo em meu espírito.*
>
> René Descartes, *Meditações sobre filosofia Primeira: Meditação II (3)*

Ainda mais profundo foi o impacto de Descartes no desenvolvimento da filosofia. As dúvidas céticas apresentadas nas *Meditações* para limpar o terreno ganharam vida própria, fornecendo as bases de uma teoria nova e racional do conhecimento. Mas suas ideias também suscitaram novos problemas: em especial, não era claro que vínculo poderia haver entre os dois domínios separados da matéria e da mente. A última obra de Descartes, *As Paixões da Alma*, publicada em 1649, foi uma tentativa de abordar essa questão e explicar como uma mente imaterial poderia atuar num corpo material.

Descartes morreu de pneumonia em 1650, quando estava na Suécia a convite da rainha Cristina. Embora sua física esteja superada, o problema de acomodar a mente consciente num universo material revelou-se um legado duradouro.

As *Meditações*

A obra-prima de Descartes, *Meditações*, foi concebida para levar o leitor à descoberta das ideias de mente, matéria e Deus inerentes ao entendimento.

Na primeira meditação, destinada a eliminar ideias preconcebidas, Descartes apresenta razões para duvidar do que nos parece mais evidente. Ele afirma que não há indícios seguros para distinguir o estado desperto dos sonhos, e que toda a nossa experiência pode ser uma ilusão. Para reforçar essa dúvida, Descartes imagina que está sendo enganado por um demônio muito astuto.

Na segunda meditação, Descartes faz a descoberta de que a própria dúvida produz a certeza de sua existência: mesmo para ser enganado ele precisa pensar, e para pensar precisa existir (daí "penso, logo existo"). Já que pode estar certo da própria existência ao duvidar da existência das coisas materiais, Descartes conclui ser uma coisa cuja natureza inteira consiste em pensar. Em resultado, ele diz na meditação final que pensamento e extensão são substâncias distintas que podem existir separadas, o que lhe permite concluir que a alma é imortal.

Na terceira meditação, Descartes afirma ser a criação de um Deus benevolente e não ludibriador. Encontrando em si mesmo a ideia de um ser perfeito, Deus, ele sustenta que apenas um ser como esse pode provocar tal ideia: a ideia de Deus inata à nossa mente é a marca que Deus deixou em sua obra. O argumento não nos convence porque repousa numa suposição

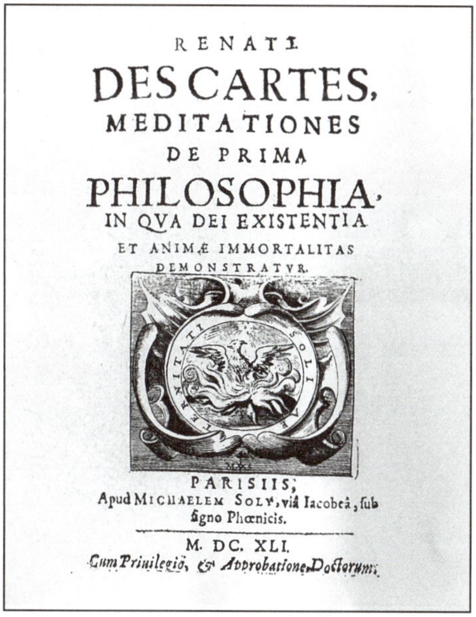
RENATI DES CARTES, MEDITATIONES DE PRIMA PHILOSOPHIA. IN QVA DEI EXISTENTIA ET ANIMÆ IMMORTALITAS DEMONSTRATVR.

PARISIIS, Apud MICHAELEM SOLY, via Iacobea, sub signo Phœnicis.

M. DC. XLI.

Cum Priuilegio, & Approbatione Doctorum.

duvidosa sobre a causação de ideias, mas sua conclusão – a de que, desde que nos baseemos em ideias claras e distintas, não podemos estar errados, já que Deus não é enganador – é de profunda importância para Descartes.

Pensamento

Os pensamentos deslizam por nossa mente sem parar, mas sua natureza é um tanto evasiva. Eles são imagens no olho da mente ou narrativas verbais no ouvido da mente? E a linguagem é essencial ao pensamento – ou apenas uma conveniência dispensável?

A maioria das coisas vivas passa pela vida sem pensar. As plantas certamente não pensam, e é muito questionável se os insetos o fazem. Essas formas de vida são capazes de obter alimento e reproduzir-se sem o benefício do pensamento. Mas isso não significa que pensar é inútil. Animais que pensam podem adaptar-se a novas situações de modo flexível, e os humanos consideram os pensamentos algo em si mesmo valioso. A maioria de nós aprecia refletir sobre coisas e tentar dar sentido ao mundo em que vivemos. A filosofia talvez seja o exemplo mais acabado disso. Mas o que exatamente é pensar?

Uma resposta tradicional, defendida por David Hume (*ver pp. 24-25*) e outros filósofos da escola empirista britânica, é que os pensamentos são imagens mentais – quadros no olho da mente. Segundo essa concepção, eles são cópias de experiências sensoriais. Isso não significa que não possamos pensar em coisas de que nunca tivemos percepção. Novos pensamentos são criados combinando imagens familiares de novos modos: podemos pensar em montanhas de ouro combinando a imagem de ouro com a de montanha.

Nem todos se convenceram com a teoria de pensamento de imagem. Alguns de nossos pensamentos parecem abstratos demais para ter base perceptual. Que quadro corresponde ao pensamento de que a honestidade é uma virtude, ou de que a democracia é uma forma estável de governo? Mesmo alguns pensamentos concretos parecem ir além das imagens. Como diz o filósofo Jerry Fodor (*ver p. 52*), um quadro precisa de uma legenda que nos diga o que significa. Tomemos a imagem mental de um gato num tapete, por exemplo. Esse pensamento é de um gato sobre um tapete ou de um tapete sob um gato, ou de que os gatos podem sentar em tapetes? Podemos também perguntar se tal imagem corresponde à crença, ao desejo ou ainda a uma fantasia

Os animais pensam?

Somos muitas vezes tentados a atribuir crenças complexas e semelhantes às humanas aos animais. Isso não é incompreensível: afinal, os mamíferos não humanos têm cérebros organizados de modo muito parecido ao nosso, e mesmo o cérebro de uma abelha metaboliza substâncias neuroquímicas similares. Apesar disso, há diferenças mentais óbvias entre humanos e animais. Não há filósofos, físicos e poetas entre as feras. Assim, qual é a linha mental divisória entre animais e humanos?

Uma possibilidade intrigante de resposta é que o pensamento humano é qualitativamente diverso do animal devido a sua tendência a ir além das aparências superficiais. Ao ver uma ferramenta, automaticamente pensamos em suas potencialidades: como a ferramenta vai funcionar? E ao ver outras pessoas, automaticamente lhes atribuímos estados mentais internos: se notamos uma pessoa olhando numa direção, imaginamos o que está vendo. Essa habilidade de ir além das aparências pode faltar em outras espécies – mesmo chimpanzés. O primatologista Daniel Povinelli mostrou que estes com frequência não conseguem entender propriedades simples de objetos físicos (como a de que um anzol resistente é melhor que um fraco) e não reconhecem nem o fato de que os olhos são usados para ver: um chimpanzé fará gestos de quem pede algo na frente de uma pessoa vendada.

Em contraste, os humanos buscam de modo incansável e habitual explicar tudo a seu redor. Se os animais não pensam dessa forma, seus pensamentos são muito diferentes dos nossos. Talvez não haja animais filósofos e físicos porque essas atividades são manifestações de um estilo de pensamento tipicamente humano: nossos pensamentos vão além da superfície das coisas.

Quantas listras são? É possível ver os detalhes – e contar as listras – na foto de um tigre, mas podemos fazer isso numa imagem mental? Daniel Dennett afirma que não, porque as imagens mentais carecem do detalhamento necessário. Sua conclusão de que os pensamentos não são, assim, "fotografias internas" é contrária ao que muitos pensadores anteriores supuseram.

passageira de que o gato está sobre o tapete, e assim por diante.

Outros pensadores duvidaram se o conceito de imagem mental tem sentido. Poderia literalmente haver imagens na cabeça, se não há um olho da mente para vê-las? O filósofo americano Daniel Dennett disse que, quando pensamos estar imaginando a figura de algo, apenas a descrevemos a nós mesmos com grande detalhe. Para apoiar a tese, ele afirma que há diferenças fundamentais entre quadros reais e pretensos quadros mentais – você pode contar as listras na foto de um tigre, mas não pode contá-las num tigre que simplesmente imagine. Assim como as descrições verbais, a imaginação deixa muitos detalhes de fora.

Linguagem e pensamento

Se os pensamentos não são apenas imagens, o que poderiam ser? Dennett aventa uma sugestão: talvez eles sejam linguísticos? Diversamente das imagens, pensamentos e sentenças podem expressar fatos com muita precisão, e ambos se prestam a inferências lógicas. Esses paralelos levaram alguns filósofos a concluir que pensamos usando linguagem.

Se for assim, a língua pode ter um efeito profundo sobre o modo como compreendemos o mundo. Schopenhauer (*ver p. 173*) afirmou que ela impõe uma ideia distorcida da realidade, com limites espúrios e um falso senso de ordem. A ideia de que a língua determina os pensamentos também se encontra na hipótese da relatividade linguística de Edward Sapir e Benjamin Lee Whorf, segundo os quais diferentes línguas resultam em modos diversos de experimentar o mundo. Por exemplo, Whorf disse que, como experimentam a neve de modo diferente das pessoas que falam apenas inglês, os inuítes têm muitas palavras para neve. O que se verifica, no entanto, é que as diferenças em extensão do vocabulário para neve foram muito exageradas e não foram encontradas diferenças cognitivas entre falantes de inuíte e de inglês. Se tais diferenças fossem encontradas, elas poderiam ser explicadas pela cultura ou por diferenças ambientais. Considerando tudo, embora diferenças linguísticas possam ter efeitos sutis no que percebemos ou lembramos, há pouca evidência de que a língua dê forma ao pensamento. Isso indica que talvez não pensemos na língua que falamos. Dizer que o pensamento tem forma linguística não exige que pensemos em inglês, francês ou suaíli. Talvez pensemos numa linguagem universal da mente.

> “*A suposição alimentada por tantos de que podem pensar, e mesmo raciocinar, sem a linguagem é uma ilusão.*”
>
> Edward Sapir, *A Linguagem*

Fodor

Jerry Fodor foi um dos primeiros filósofos a enfatizar a analogia entre mente e computador. Fodor pensou que as mentes podem ser qualificadas como computadores, no sentido de que contêm símbolos internos e uma lógica interna mental. Essa ideia é chamada de teoria da mente computacional.

A ideia de que a mente contém símbolos pode soar estranha: se olhamos dentro do cérebro, não vemos nenhuma marca ou inscrição. Mas o mesmo vale para computadores, que não contêm nada além de circuitos elétricos. Num computador, um padrão de pulsos elétricos corresponde a um símbolo, que forma uma instrução numa linguagem de programação. Do mesmo modo, na mente, os símbolos são eventos eletroquímicos no cérebro. A mente pode assim ser entendida como um programa que o cérebro roda.

Segundo Fodor, o principal objetivo da psicologia deveria ser descrever o programa que constitui a mente, não os materiais físicos que rodam esse programa. Assim como os computadores podem ser feitos de válvulas ou *chips* de silicone, a mente poderia se constituir de algo diferente de neurônios e neurotransmissores. Para descrevê-la, precisamos apenas descrever o programa, e podemos deixar de lado os detalhes de *hardware*. Assim, acredita Fodor, a psicologia nunca será substituída pela neurociência.

Se pensamos em símbolos, seria natural inferir que usamos as próprias línguas que falamos; elas, afinal, são feitas de símbolos, conhecidos como palavras. Fodor resiste a essa conclusão. Para aprender uma língua, ele acredita, devemos poder traduzir as palavras em um sistema de símbolos que já entendemos e, assim, precisamos ter uma linguagem inata. Fodor a chama de linguagem do pensamento.

Fodor também sustentou uma teoria influente sobre o modo como a mente se organiza. Ele nos pede que consideremos uma ilusão de óptica em que uma linha parece maior que outra, embora tenham o mesmo comprimento. O mais notável na ilusão é que ela persiste mesmo depois de sabermos que as linhas são iguais: nosso conhecimento não consegue corrigir a experiência.

Fodor usa evidências como essa para afirmar que os sistemas perceptivos são modulares – ou seja, são separados do conhecimento contido em nossos "sistemas centrais", em que o julgamento e o raciocínio têm lugar. Os módulos, segundo Fodor, são rápidos, inatos e dedicados a tipos particulares de apreensão linguística.

Alguns filósofos e psicólogos dizem hoje que a mente toda é modular; mesmo os sistemas de raciocínio se subdividem em sistemas de processamento isolados para realizar tarefas específicas, como relacionar-se socialmente, pensar em números ou evitar perigos. Ferimentos no cérebro podem levar a danos em habilidades cognitivas particulares, como o traquejo social ou a matemática, sugerindo que essas habilidades podem realmente ser modulares. Mas Fodor é cético: ele acredita que apenas os sistemas da percepção e do controle motor são modulares, e diz que precisamos de um sistema central para decidir que módulo usar para dada tarefa.

Jerry Fodor 1935–

Segundo o filósofo americano Jerry Fodor, a mente é em essência um computador – usa sequências de símbolos de acordo com regras. Esses símbolos e regras não são os de uma linguagem de programação de computador, mas os do "pensamento" – uma linguagem interna inata que todos partilhamos.

> “ *Acredito que só se pode aprender uma língua quando já se sabe outra – a linguagem do pensamento é conhecida [...] mas não aprendida. Ou seja, é inata.* ”
>
> Jerry Fodor, *The Language of Thought*

Consciência

Como é possível experimentar, na massa cinzenta, eventos elétricos e químicos como rosas vermelhas e sinfonias harmoniosas? Mesmo uma explicação neurológica completa da consciência não resolveria esse problema fundamental.

A consciência ocorre de várias formas. Por exemplo, podemos ter consciência de nossas percepções, como quando notamos um farol vermelho; ou podemos ter consciência de nós mesmos, como quando refletimos sobre nossos pensamentos. Em anos recentes, filósofos e cientistas vêm buscando uma teoria da consciência, mas até agora têm obtido limitado sucesso.

Um problema central é que, mesmo se os neurocientistas pudessem apresentar uma boa teoria sobre como e quando a consciência ocorre, ainda haveria um grande mistério. Suponha que saibamos que a consciência ocorre apenas quando os neurônios são acionados 40 vezes por segundo. Isso ainda não explica absolutamente por que nosso cérebro produz experiências subjetivas internas.

O filósofo americano Thomas Nagel expressa o desafio de explicar a consciência fazendo uma pergunta: como é ser um morcego? Digamos que tenhamos lido todos os estudos científicos sobre o sonar dos morcegos e adquirido uma compreensão total dos processos neuronais envolvidos. Sabemos então como é experimentar o mundo do ponto de vista de um morcego? Parece que não. Há uma lacuna entre entender o mundo físico e entender as experiências conscientes.

É possível responder a esse mistério de diversos modos. Pode-se abandonar a ideia de que a consciência tem uma base física que pode ser identificada a processos cerebrais particulares. Ou, então, continuar tentando explicar isso. A ciência do cérebro ainda está na infância e talvez as teorias neurais da consciência se tornem mais satisfatórias quando conhecermos mais sobre o cérebro. Outra opção é aceitar o mistério. O filósofo britânico Colin McGinn diz que nossa inabilidade em compreender como a consciência pode originar-se de processos físicos talvez só reflita uma limitação do entendimento humano. Assim como cães nunca compreenderão cálculo, podem nos faltar engrenagens mentais para entender como a consciência emerge num mundo físico.

Como é ser um morcego? Como diz o filósofo Thomas Nagel, mesmo que conhecêssemos tudo sobre o cérebro dos morcegos e soubéssemos que certos processos cerebrais ocorrem quando um morcego usa o sonar, ainda assim não poderíamos inferir como é ser um morcego. Isso torna a experiência subjetiva – a consciência – profundamente misteriosa.

Sensações e emoções

Nossa sensibilidade é despertada de duas formas básicas. Temos sensações, percebidas por meio dos sentidos, e temos emoções. Mas como ambas se relacionam? E como sensações e emoções se relacionam aos pensamentos?

Você pode se sentir com fome, animado ou tonto. Pode sentir uma impressão de *déjà vu*, um ímpeto de entusiasmo ou o sol nas costas. À primeira vista, nossa sensibilidade parece englobar muitas coisas diferentes. Assim, é só um acidente de linguagem que usemos o verbo "sentir" para nos referir a tudo isso?

> “ *Emoções são julgamentos. Se não acreditar que fui ofendido, não poderei ficar bravo.* ”
>
> Robert Solomon, "Emotions and Choice"

Numa análise mais detalhada, algumas similaridades emergem. O calor provocado pelo sol é uma sensação: ele depende do sentido do tato. Sentir-se tonto, faminto ou animado podem também ser sensações, mas de um sentido voltado a nossa condição interna, em vez do meio externo. A animação e a fome também refletem estados internos e nos estimulam a agir: são motivações. Elas parecem similares ao entusiasmo, que é uma emoção ou estado de espírito. O *déjà vu* pode ser também uma emoção – um sentimento de familiaridade um pouco incômodo. Mas o enigma se mantém. Embora pareça existir um continuum dos sentimentos às sensações, ligados por várias propensões, não há ainda um traço subjacente comum a todos. Então, por que deveríamos colocar na mesma categoria uma picadinha e um ataque de pânico?

No final do século XIX, William James (1842-1910) tentou transpor a divisão sensação-emoção. Ele observou que as emoções com frequência envolvem várias mudanças no corpo. Quando ficamos bravos, nossos músculos se retesam, os batimentos cardíacos aumentam e as sobrancelhas se abaixam; podemos até mesmo mostrar os dentes. É senso comum que todas essas mudanças corporais são efeitos de nossas emoções. Para James, pode ser exatamente o oposto: as emoções são sensações causados por mudanças no corpo, e não o contrário. A raiva é a sensação de punhos se cerrando, o coração se acelerando, as sobrancelhas se abaixando; é a sensação do corpo se preparando para uma luta.

A justificativa de James para essa ideia é simples. Imagine que está num estado emocional, ele diz, e então subtraia de sua mente todas as sensações corporais. Imagine, por exemplo, o terror sem a respi-

Nossas expressões faciais comunicam nossas emoções aos outros – a menos que as escondamos.

Pode haver emoções inconscientes?

Em geral pensamos nas emoções, assim como nas percepções, como estados conscientes. No entanto, estudos psicológicos mostraram que, muitas vezes, percebemos algo de modo inconsciente, como quando captamos informações enquanto prestamos atenção em outras coisas. Então, também há emoções inconscientes?

Sigmund Freud (1856-1939) afirmou que as emoções inconscientes são impossíveis. Uma pessoa pode se sentir ansiosa e não saber por quê; mas, para Freud, isso ocorre porque as emoções são tipicamente causadas por pensamentos, e estes podem ser inconscientes: somos conscientes do sentimento, mas inconscientes do pensamento por trás dele.

Desde Freud, muitos estudos experimentais mostraram que é frequente agirmos segundo preferências das quais estamos inscientes. Por exemplo, um experimento famoso mostrou que as pessoas julgam um rosto mais atraente quando as pupilas dos olhos estão dilatadas, ainda que não reparem de modo consciente nisso. Mas se isso é realmente uma emoção inconsciente, ou só uma emoção consciente com causa inconsciente, permanece obscuro.

Evidências mais convincentes de emoções inconscientes surgiram de um estudo recente sobre dependência de drogas. Viciados em cocaína foram autorizados a tomar injeções intravenosas de duas soluções, das quais somente uma continha mínimas quantidades da droga. Depois de experimentar repetidamente as soluções, os viciados concluíram que nenhuma delas tinha a droga, mas, sem se dar conta disso, tomaram mais injeções da solução que continha cocaína. Esse comportamento dá a entender que eles inconscientemente acharam uma solução melhor, o que implica que na verdade podemos experimentar prazer inconscientemente.

ração forçada, os olhos arregalados, o coração acelerado etc. Sem as mudanças corporais, diz James, não sobraria nada que se pudesse chamar de emoção. Se o argumento de James estiver correto, as emoções são apenas uma classe especial de sensações corporais. Essa teoria, que foi recentemente retomada pelo neurologista Antonio Damasio, tem a virtude de unificar as emoções com outros tipos de sensações. Para apoiar sua ideia, Damasio cita evidências de que os circuitos emocionais do cérebro incluem estruturas associadas com a percepção e a regulação dos estados corporais.

A teoria cognitiva das emoções

Apesar de suas vantagens, a teoria jamesiana foi contestada sob a alegação de que não faz total justiça à natureza das emoções. Observe algumas diferenças entre uma emoção como a raiva e uma sensação como a de tontura. A raiva pode ser justificada ou injustificada, como quando uma pessoa fica brava devido a uma suposta injustiça, enquanto a tontura não pode. A raiva em geral se relaciona a algo, como quando se fica com raiva porque alguém não respondeu a um telefonema; a tontura não é sobre nada. A raiva pode ocorrer sem perturbação corporal óbvia, como quando dizemos estar com raiva devido a novos impostos; a tontura é constituída por uma perturbação corporal. Esses contrastes indicam que as emoções podem ter uma dimensão essencial cognitiva (baseada em pensamentos). Aristóteles aventou que a raiva surja apenas quando acreditamos ter sido insultados. De modo similar, o medo pode envolver a conclusão de que se está em perigo, enquanto a satisfação ocorre quando constatamos ter alcançado um objetivo. Nessa visão, o contraste tradicional entre ter uma emoção e pensar é demolido: emoções são pensamentos.

A teoria cognitiva tem algumas vantagens sobre a teoria corporal de James, mas deixa duas coisas sem explicação. Primeiro, se as emoções são pensamentos, por que dizemos que as sentimos, como ocorre com as sensações? E, segundo, por que as emoções são com frequência associadas a mudanças corporais? Alguns psicólogos e filósofos dão uma resposta simples: as emoções são estados psicológicos complexos que contêm pensamentos ligados a sensações do corpo. A experiência consciente de raiva é um componente cognitivo (o pensamento de que você foi insultado) combinado a uma sensação corporal (o coração acelerado). Às vezes, esses dois componentes vêm separados. Em estados de agitação suave, podemos ter algumas das sensações corporais de raiva sem os pensamentos; e, quando ouvimos que o governo ignorou algo com que nos preocupamos, podemos ter "pensamentos irados" sem na verdade nos sentirmos com raiva (os diplomatas são mestres nisso). Segundo essa abordagem, as emoções não demolem a dicotomia entre sensação e pensamento: elas apenas mostram que os dois com frequência andam juntos.

Linguagem

Os filósofos se interessam há muito pela linguagem. No século XX, diversas questões filosóficas foram reinterpretadas como problemas sobre o significado de palavras. Com essa transição, a própria linguagem se tornou um tópico de intensa investigação filosófica.

É difícil responder a questões filosóficas usando os métodos da ciência. Se você quiser saber o que é a bondade, ou que ações são consideradas livres, não há um experimento óbvio a fazer. Os filósofos propriamente investigam essas questões analisando conceitos – por exemplo, perguntando o que as pessoas querem dizer quando usam a palavra "bem". No século XX, a análise linguística começou a dominar a metodologia filosófica – uma tendência impulsionada pelos avanços da lógica. Os filósofos também começaram a ver a linguagem como um fenômeno de interesse por seu próprio direito. Além de perguntar o que uma palavra específica significa, eles passaram a interessar-se muito pela natureza do próprio significado.

Como as palavras, que são apenas sinais numa página, sons ou gestos, chegam a significar algo? A palavra "*cat*" representa um gato quando emitida pela maioria dos falantes de inglês, mas o som quase idêntico significa "adequado" em francês ("*quate*"). É natural admitir que as palavras adquirem seu significado a partir das intenções de quem as fala. O filósofo Paul Grice desenvolveu uma versão influente dessa ideia nos anos 1950. Uma palavra, dizia ele, significa o que quer que o falante, ao emiti-la, pretenda que os ouvintes entendam.

A teoria de Grice é intuitivamente muito atraente, mas se revela vulnerável a contraexemplos. Assim, se você usar de modo incorreto palavras de uma língua estrangeira que mal conhece, mas com intenção específica, elas manterão seu significado real na língua apesar do que você pretendia. Uma resposta a esse problema defendida por muitos filósofos é dizer que o significado é determinado não pelas intenções correntes de quem fala, mas pelas intenções e práticas linguísticas de toda uma comu-

Desconstrução da linguagem: Jacques Derrida

Filósofos de língua inglesa com frequência assumem que a linguagem nos permite facilmente transmitir pensamentos e referir-nos ao mundo objetivo ao nosso redor. No final dos anos 1960, o filósofo francês Jacques Derrida desferiu um ataque a essa suposição. Para ele, a linguagem não é uma janela para um mundo objetivo; em vez disso, ela impõe estrutura ao mundo criando divisões que não existiriam sem ela. Não somos capazes de pensar sem a linguagem, de modo que não temos acesso direto ao mundo objetivo. Nesse sentido, o próprio mundo é um texto – um conjunto de objetos, propriedades e eventos que adquirem significado por meio da linguagem.

Derrida também acredita que não há uma verdade absoluta sobre o que nossas palavras significam. Os significados mudam de um contexto para outro, e em qualquer contexto particular o significado de uma palavra pode ser inelutavelmente ambíguo. Derrida também critica a suposição de que quem diz uma palavra (ou o autor de um texto) tenha um papel privilegiado na determinação do que ela significa. Os significados são determinados, em parte, pelos ouvintes e por práticas sociais que o emissor não pode controlar.

A metodologia filosófica de Derrida é inovadora. Mais que tentar defender suas concepções usando argumentos analíticos claros, ele tenta "desconstruir" a linguagem. Ele usa palavras de modos novos, faz trocadilhos, quebra palavras em lugares inusitados, explora ambiguidades e traça etimologias inventivas para revelar conexões entre palavras que não eram óbvias antes. Esse método é conhecido como desconstrução porque é concebido para minar pressupostos sobre significado e aniquilar tentativas de alcançar clareza por meio da linguagem. Alguns leitores acham sua obscuridade deliberada e seus jogos de linguagem frustrantes. Seu estilo se aproxima mais, às vezes, da poesia de vanguarda que da filosofia tradicional. Mas a obra de Derrida apresenta um desafio a suposições muito difundidas que é difícil de ignorar.

Grandes oradores, como o estadista John F. Kennedy, exploram de modo hábil os significados das palavras. Mas o que exatamente é o significado?

nidade de usuários da língua. Segundo essa visão, uma palavra recebe seu significado do fato de ser normalmente usada com certas intenções.

Referência e sentido

O que são então os significados? Ao desenvolver uma teoria do significado, é natural começar pela suposição de que uma palavra não significa nada além do que aquilo a que se refere. Pode-se especificar o que uma palavra significa, nessa visão, simplesmente apontando para seu referente – o objeto que a palavra designa. Muitos filósofos, no entanto, consideram essa teoria do significado inadequada. O lógico Gottlob Frege elaborou um forte argumento para essa conclusão. Considere a sentença "Lewis Carroll é Lewis Carroll". Isso é obviamente verdade. Mas considere agora "Lewis Carroll é Charles Dodgson". Isso é verdade, já que Lewis Carroll era o pseudônimo de Charles Dodgson. Mas, se o referente fosse todo o significado, a verdade desta última sentença também deveria ser evidente por si mesma. Mas não é universalmente conhecido que os dois nomes se referem à mesma pessoa. Assim, deve haver mais no significado. Qual, então, é o ingrediente que falta?

> “*Um pintor, um cavaleiro e um zoólogo provavelmente associam imagens diversas ao nome Bucéfalo. Assim, a imagem é fundamentalmente diferente do sentido do signo, que pode ser a propriedade comum de muitas pessoas.*”
>
> Gottlob Frege, "On Sense and Reference"

Uma hipótese natural é que o significado de uma palavra é a ideia que ele expressa, em que são consideradas ideias as imagens na mente. O problema dessa proposta é que as imagens podem variar de pessoa para pessoa, mas quando duas pessoas usam a mesma palavra parecem capazes de transmitir o mesmo significado. Os significados são compartilhados; as imagens mentais não. Esse problema levou Frege a postular algo chamado "sentidos". Os sentidos não são objetos do mundo, como os referentes, ou ideias na mente, como imagens. Embora nem sempre seja claro o que são os sentidos na obra de Frege, pode ser útil pensar neles como conjuntos de propriedades graças às quais uma palavra específica denota seu referente. "Lewis Carroll", por exemplo, distingue a pessoa que tem a propriedade de ser o autor de *Aventuras de Alice no País das Maravilhas*; já "Charles Dodgson", a pessoa que ensina lógica em Oxford. Esses dois conjuntos de propriedades pertencem ao mesmo indivíduo, e assim os nomes podem ser correferentes, mas diferir em sentido.

A teoria de Frege foi alvo de ataques em décadas recentes. Uma objeção é que, assim como as imagens variam de pessoa para pessoa, diferentes pessoas podem associar o significado de uma palavra a diferentes conjuntos de propriedades. Se os significados compreendem sentidos, e os sentidos variam de pessoa para pessoa, então não fica claro como o significado pode ser compartilhado por usuários da mesma língua. Outra preocupação é que os sentidos são muito difíceis de restringir. As pessoas muitas vezes associam diversas propriedades a palavras que usam. Por exemplo, sabemos uma infinidade de coisas sobre gatos – sua dieta, comportamentos etc. Mas que aspectos desse conhecimento enciclopédico constituem o sentido da palavra "gato"? Parece não haver um modo fundamental de separar o conhecimento que é parte do significado da palavra dos fatos que por acaso sabemos sobre gatos. O sentido de uma palavra começa a parecer um pouco canhestro. Se o sentido abrange tudo o que conhecemos sobre uma classe de objetos, como trazemos os sentidos à nossa mente ao processar o significado das palavras que ouvimos?

Um terceiro problema na teoria de Frege diz respeito à relação entre sentido e referência. Frege afirmou que o sentido determina a referência e, assim, duas palavras quaisquer com o mesmo sentido têm de se referir à mesma coisa. O filósofo americano Hilary Putnam desenvolveu um experimento mental para refutar a suposição de Frege. Eis uma versão de seu argumento: imagine uma ilha isolada onde vivesse uma espécie de animais semelhantes ao gato. Os "mimiaus", como os ilhéus chamam essa espécie, não são gatos; embora indistinguíveis dos gatos por fora, têm genoma e história evolutiva diferentes. São uma espécie diferente, e assim nossa palavra "gato" não se refere a eles e a palavra dos ilhéus "mimiau" não se refere aos gatos. Apesar disso, os falantes de português e os ilhéus conceitualizam essas criaturas exatamente do mesmo modo, e "mimiau" e "gato" têm o mesmo sentido – mas referentes diferentes. Disso se conclui que o sentido não pode determinar o referente.

Se o sentido de uma palavra não determina seu referente, precisamos de outra explicação sobre o modo de referência das palavras. Muitos filósofos pensam atualmente que a referência é determinada por relações históricas. Segundo essa visão, "gato" se refere a gatos e não a mimiaus porque a palavra "gato" foi originalmente introduzida para indicar gatos. Quando alguém enuncia a palavra "gato" hoje, seu uso da palavra pode ser traçado até a introdução original da palavra.

Essa teoria assume a ideia de que as palavras significam o que os membros de uma comunidade linguística em geral pretendem, e o significado literal de uma palavra usualmente é o que as pessoas que a cunharam pretendiam que transmitisse. Assim, o significado normalmente é determinado não pelos conteúdos correntes de nossa mente, mas pela história. Os que se enganam quanto ao que certas palavras significavam no passado podem estar enganados quanto ao que dizem hoje.

Linguagem e lógica: a influência de Frege

O matemático e filósofo alemão Gottlob Frege (1848-1925) teve grande impacto no curso da filosofia do século XX. Sua obra forneceu as bases para o estudo filosófico da linguagem e preparou o terreno para a emergência da filosofia analítica, que usa as ferramentas da lógica para distinguir os significados das palavras.

Frege se interessava por lógica porque estava convencido de que ela fornecia o fundamento de alguns ramos da matemática. Muitos dos contemporâneos de Frege pensavam que a matemática e a lógica tinham bases psicológicas e que, se tivéssemos tipos diferentes de mente, a lógica poderia ser diversa. Frege se opunha a essa visão, acreditando que as regras da lógica são absolutas e universais. Ele buscou traduzir as regras básicas da aritmética na linguagem da lógica e daí derivar todas as verdades aritméticas. Era um esforço arrebatadoramente ambicioso, que cativou os filósofos na virada do século XX. Embora o projeto não tenha afinal obtido resultado, ao longo dele Frege mostrou que a lógica poderia ser usada para construir provas de teoremas matemáticos. Isso evitou a necessidade de provas escritas na linguagem do dia a dia, sabidamente difíceis de comprovar.

Se as inovações de Frege em lógica foram revolucionárias, sua influência em outras áreas da filosofia foi igualmente significativa. Frege demonstrou que uma pessoa pode intuir o significado de uma palavra fragmentando-a em seus componentes lógicos. Onde os filósofos antigamente faziam perguntas como: "o que é a existência?" ou "o que é o conhecimento?", eles começaram a perguntar, por exemplo, "o que significa 'existe'?" e "o que significa 'conhecimento'?" Isso pode parecer um recuo do mundo para a linguagem, mas se provou uma abordagem muito valiosa.

A análise lógica permite aos filósofos formular respostas precisas e esclarecedoras a questões que originalmente pareciam vagas e impenetráveis.

Wittgenstein

Wittgenstein inspirou duas escolas de pensamento diferentes. Suas primeiras contribuições inspiraram o positivismo lógico (*ver p. 92*), enquanto as últimas inauguraram o movimento chamado de filosofia da linguagem comum e anteciparam temas da filosofia continental como o desconstrutivismo. Wittgenstein fez uma abordagem diferenciada à filosofia escrita, enfatizando conclusões provocativas em vez de argumentos. Suas obras são imensamente desafiadoras e ele levanta questões fundamentais sobre a natureza da própria filosofia.

Ludwig Wittgenstein 1889–1951

Ludwig Wittgenstein talvez seja a figura mais notável da filosofia ocidental do século XX. Seu primeiro livro teve grande impacto sobre a filosofia. Mais tarde, ele se tornou crítico em relação a suas concepções anteriores. Suas novas ideias culminaram num livro publicado postumamente, que mudou a filosofia pela segunda vez.

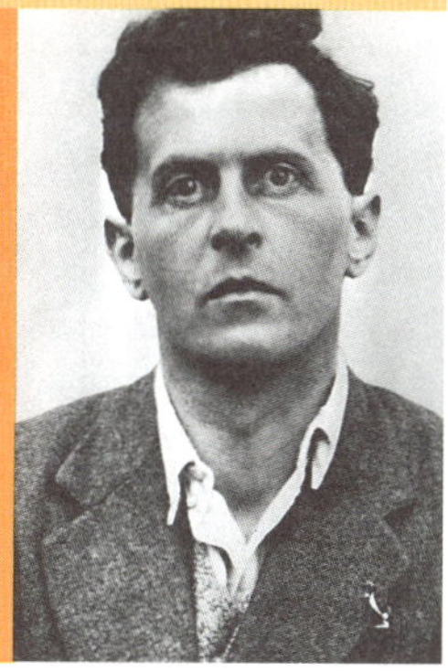

Wittgenstein nasceu numa importante família vienense de ascendência judaica e católica. Era o mais novo de oito irmãos, muitos dos quais dotados de talento artístico. O lado sombrio é que três de seus quatro irmãos homens se suicidaram.

Wittgenstein formou-se inicialmente em engenharia, mas em 1911 estava estudando filosofia com Bertrand Russell em Cambridge. Quando a Primeira Guerra eclodiu, Wittgenstein alistou-se no exército austríaco. Em 1918, durante uma licença, concluiu seu primeiro livro, o revolucionário *Tractatus Logico-Philosophicus*, publicado em 1921.

No *Tractatus*, Wittgenstein afirmava que o mundo é feito de fatos, e não de objetos como normalmente pensamos. Se fosse feito de objetos, a relação entre as sentenças e o mundo seria obscura. Mas as sentenças expressam fatos, e assim, se o mundo é feito de fatos, podemos dizer que as sentenças e o mundo têm forma similar.

Segundo essa visão, entender uma sentença é saber como o fato teria de ser para que a sentença seja verdadeira. Wittgenstein infere disso que as sentenças só podem representar fatos contingentes, fatos que poderiam ser falsos. Isso não significa que não há verdades necessárias – mas apenas que tais verdades não podem ser transmitidas pelo uso de linguagem. Para Wittgenstein, as regras da lógica são assim: elas não são fatos mas princípios dominantes que ditam a estrutura dos fatos. Wittgenstein sugere que as verdades éticas também podem recair nessa categoria de verdades necessárias que pairam acima do mundo cambiante dos fatos.

> “*O mundo é a totalidade de fatos, não de coisas.*”
>
> Ludwig Wittgenstein, *Tractatus Logico-Philosophicus*

O *Tractatus* é uma leitura desafiadora, que desconcerta tanto estudantes como eruditos. Mesmo Bertrand Russell, que escreveu a introdução original, talvez não o tenha compreendido totalmente. O próprio Wittgenstein disse enigmaticamente que a real importância do *Tractatus* reside naquilo que ele não diz e não pode dizer.

As *Investigações Filosóficas*

Na época de sua publicação, Wittgenstein acreditava que o *Tractatus* tinha resolvido os problemas fundamentais da filosofia. Convencido de que esse trabalho estava feito, ele passou os anos seguintes ocupado fora do mundo acadêmico. Em 1929, quando assumiu um posto em Cambridge, suas concepções estavam começando a mudar. As numerosas palestras que deu na universidade sobre suas novas ideias resultaram por fim na obra *Investigações Filosóficas*, publicada postumamente, em 1953.

As *Investigações Filosóficas* consistem numa série de aforismos inter-relacionados e numerados. Wittgenstein raramente apresenta uma argumentação, e insiste, enfaticamente, que não está construindo uma teoria, mas desafiando o leitor a desistir dos pressupostos que permeiam a filosofia. Há considerável controvérsia sobre o que Wittgenstein estava tentando transmitir em muitas passagens, mas pouca discussão sobre a importância da obra, a qual engendrou uma abordagem totalmente nova à filosofia e dominou o mundo filosófico de língua inglesa por anos após sua publicação.

> *"Qual é o seu objetivo em filosofia? Mostrar à mosca a saída da garrafa."*
>
> Ludwig Wittgenstein, *Investigações Filosóficas*

As *Investigações Filosóficas* são, em parte, um desafio às concepções do *Tractatus*. Nele, e ao longo de toda a filosofia, assumiu-se que a língua se ocupa basicamente de representação: as sentenças declaram fatos. Nas *Investigações Filosóficas*, Wittgenstein diz que essa é uma concepção distorcida de língua. O significado de uma palavra é determinado não pelo que representa, mas pelo modo como é usada em jogos de linguagem – os variados contextos de conversação em que pode aparecer. A mesma palavra pode ser usada em diversos jogos linguísticos, e essa variabilidade implica que muitas palavras não podem receber uma definição precisa, porque seu significado varia com o contexto. Porém, no conjunto coletivo de significados de uma palavra eles se parecerão como os membros de uma família. A própria palavra "jogo" é um bom exemplo. Ao tentar definir "jogo" podemos propor que os jogos têm dois lados; isso é refutado pelo exemplo da paciência. Poderia se dizer que todos os jogos podem ser vencidos ou perdidos, mas isso deixa de lado algumas brincadeiras com bola. Para qualquer traço definidor aventado, é possível encontrar um contraexemplo, e não há um comum a todos os jogos. Isso não torna a palavra "jogo" incoerente. Na verdade, é próprio da língua que as palavras se associem a grupos soltos de características, e não a características definidoras específicas.

A nova concepção de língua de Wittgenstein levou-o a concluir que muitos problemas filosóficos se baseavam em confusões. Os filósofos, ele sugeriu, se atolaram na língua ao assumir que cada palavra deve se referir a algo, e passaram gerações tentando imaginar o que essas coisas eram. Wittgenstein diz que a língua não é na verdade uma ferramenta de referência a algo, mas um conjunto de práticas usa-

Pode existir uma língua particular?

Dentre todas as contribuições de Wittgenstein, nenhuma foi mais discutida que o assim chamado argumento da língua particular. Há muitas interpretações desse argumento, mas uma leitura-padrão pode ser sintetizada como segue.

Suponha que uma pessoa decida inventar uma língua que só ela pode entender. Um dia, ela experimenta uma sensação específica e lhe dá um nome. Então, algum tempo depois, experimenta uma sensação que lhe parece exatamente igual à primeira e a designa pelo nome que cunhou na ocasião anterior. Podemos dizer que ela está certa em reaplicar o termo? Wittgenstein diz que não, mas que também não podemos dizer que está errada. As palavras, diz ele, só podem ser correta ou incorretamente aplicadas se houver critérios públicos para seu uso correto. Imagine, por exemplo, que a pessoa se lembrou de modo equivocado da primeira sensação. Podemos ser tentados a dizer que ela está errada em usar sua palavra particular agora. Mas talvez sua palavra privada se refira a uma classe maior de sensações e se aplique corretamente a ambas. Ninguém além dela tem autoridade sobre isso, e ela tampouco pode ter certeza sobre quando a está usando corretamente. Línguas reais são públicas e comunidades de usuários de línguas determinam coletivamente quando as palavras podem ser usadas. Wittgenstein conclui que uma língua realmente particular, utilizável só por uma pessoa, não poderia de modo algum ser considerada língua.

Embora vários filósofos tenham se convencido do argumento de Wittgenstein quando surgiu, hoje muitos o consideram falho. Imagine que uma pessoa tem um sistema olfativo anormal que a faz sentir certo cheiro, inexistente, de vez em quando. Parece totalmente plausível que ela introduza uma palavra para esse cheiro e que a use sempre que ele surja. Mesmo se usar esse termo inadvertidamente para se referir a outras sensações, isso não mostra que ele não tem sentido – apenas que ela pode estar enganada. E se somos capazes de identificar nossas próprias sensações, como parece plausível, as possibilidades de um erro desse são escassas.

Para Wittgenstein, o xadrez é um jogo devido a características que partilha com outros jogos – mas nenhuma é partilhada por todos.

das para coordenar nossas ações com as dos outros. A filosofia, ele disse, deveria se transformar numa forma de terapia cuja função básica é curar os filósofos das confusões causadas por ter compreendido mal a língua.

Essa orientação é colocada em prática por meio da filosofia madura de Wittgenstein. Nos últimos meses de vida, ele escreveu uma série de observações que foram mais tarde publicadas sob o título *Da Certeza*. Wittgenstein afirma aqui que o debate entre céticos e defensores do senso comum é desorientador. Os céticos dizem que não podemos saber se há um mundo exterior, e que devemos duvidar até da existência de nosso próprio corpo. Seus oponentes tentam mostrar que o ceticismo está errado construindo provas da existência do mundo exterior. Mas, diz Wittgenstein, ambos os lados estão errados. Em linguagem comum usamos palavras como "dúvida" e "saber" para descrever coisas sobre as quais podemos estar incertos, e assim é uma violação da linguagem comum dizer "Duvido que tenho duas mãos" ou mesmo "Sei que tenho duas mãos". Do mesmo modo, a palavra "incerto" não se aplica comumente a crenças fundamentais do senso comum, como a crença num mundo exterior. Se queremos saber o que é certo e o que é incerto, precisamos apenas observar como esses termos são normalmente usados. Wittgenstein afirma que tanto os céticos como seus oponentes usam tais palavras de maneira desvirtuada em seus debates, mudando assim seu significado e trocando o tópico de discussão. Os seguidores de Wittgenstein continuam hoje a adotar seu modo de filosofar, e tentam dissolver antigos debates filosóficos mostrando que ambos os lados usam de modo indevido os termos-chave.

"Por liberdade, assim, só podemos entender um poder de agir ou não agir, como determine a vontade; ou seja, se escolhermos ficar parados, podemos; se escolhermos nos mover, também podemos. Hoje se permite que essa liberdade hipotética pertença universalmente a todos os que não estejam presos ou acorrentados. Nisso, portanto, não há matéria de discussão."

David Hume, *Investigação sobre o Entendimento Humano*

Livre-arbítrio

Intuitivamente, sentimos que temos livre-arbítrio: escolhemos o que dizer ou fazer. Mas a religião e a ciência colocam isso em questão, dando a entender que as escolhas são predeterminadas por fatores além de nosso controle. Assim, nossa sensação de livre-arbítrio é uma ilusão?

Historicamente, a questão do livre-arbítrio foi identificada primeiro pelos padres fundadores da Igreja cristã. Eles perceberam que o livre-arbítrio está em choque com a onisciência e a onipotência de Deus. Se Deus é onisciente, deve ter presciência de nossas escolhas, e, se é onipotente, nossas ações devem ter sido determinadas junto com o restante da criação. Em face dessas ameaças ao livre-arbítrio, Santo Agostinho (*ver pp. 116-117*) sustentava que os humanos são pelo menos livres para aceitar a graça divina e a redenção.

Teólogos cristãos posteriores buscaram defender uma liberdade mais completa. No século XIII, Tomás de Aquino (*ver p. 112*) e seus seguidores afirmaram que Deus existe fora do tempo, e assim seus poderes não implicam nenhum tipo de predeterminação. Embora ele saiba tudo, o mundo que criou inclui a prática de livre-arbítrio não restrito por circunstâncias prévias. Assim, o conhecimento de Deus se compara a ver um filme: apesar de ver tudo o que acontece, ele não tem influência sobre a ação.

Embora a existência de Deus fora do tempo possa acomodar bem sua onisciência, a ameaça ao livre-arbítrio imposta por sua onipotência não é tão facilmente removida. No século XVI, tanto Martinho Lutero como João Calvino afirmavam que Deus predestinou todas as nossas escolhas, e que assim está preordenado quem será salvo ou condenado. A ortodoxia católica continuou a sustentar a noção de livre-arbítrio, e o grande concílio eclesiástico de Trento, iniciado em 1545, repudiou enfaticamente a doutrina da predestinação.

Após a revolução científica do século XVII, a ciência substituiu a religião como a principal ameaça ao livre-arbítrio. A filosofia mecânica da nova ciência indicava que movimentos de matéria são sempre determinados por circunstâncias materiais anteriores. Como os seres humanos dependem de seu corpo material, seria de se concluir que todas as nossas escolhas são determinadas por circunstâncias além de nosso controle. Em reação a essa ameaça científica, alguns filósofos aceitaram que nossas escolhas são de fato determinadas e que não temos, assim, livre-arbítrio. Por exemplo, o filósofo holandês do século XVII Spinoza (*ver pp. 66-67*) concluiu que o livre-arbítrio é uma ilusão.

A maioria dos filósofos modernos, no entanto, buscou defender o livre-arbítrio do determinismo científico. Há dois modos bem diferentes de fazer isso. Os libertários concordam com Spinoza em que o determinismo não deixaria espaço para o livre-arbítrio, e negam que os seres humanos sejam de fato determinados. Em contraste, os compatibilistas se dispõem a aceitar que as escolhas humanas são determinadas, mas negam que isso exclua o livre-arbítrio humano.

Autonomia mental?

À primeira vista, pareceria que a visão libertária é confirmada pela descoberta, no século XX, de que o mundo físico é fundamentalmente incerto no nível quântico submicroscópico. (Sabemos que, mesmo com informação completa, o comportamento de partículas subatômicas só pode ser descrito pelas leis da probabilidade, e que, assim, não pode ser previsto com precisão.) Alguns pensadores, como Roger Penrose, afirmaram que essa "lacuna" determinística poderia na verdade ser a base para a liberdade que todos parecemos experimentar em nossa vida mental. No entanto, esse casualismo quântico parece uma base pobre para o livre-arbítrio. Suponha que você escolha um emprego em vez de outro porque, por acaso, um elétron em seu cérebro se mova em uma direção em vez de outra. Isso não parece um exercício de livre-arbítrio, mas mais o resultado de cara ou coroa. O livre-arbítrio genuíno deveria requerer um eu autônomo que ativamente resolva seguir

Na teologia cristã, Deus – o projetista divino da criação, nesta iluminura francesa do século XIII – é onipotente e onisciente, o que põe em questão se há espaço para o livre-arbítrio. Hoje, o mesmo problema é colocado pelo materialismo científico.

um rumo em vez de outro, e não algum método aleatório de decidir a questão.

Para preservar o livre-arbítrio, os libertários precisam ver a mente humana como algo separado do domínio material da ciência moderna. Uma vez que os humanos são considerados seres puramente materiais, não há espaço para o tipo de controle autônomo que os libertários requerem – quer a matéria seja regida por leis determinísticas quer não. Nessa linha, Descartes (*ver pp. 48-49*) defendeu a natureza dual de mente e corpo. Segundo essa visão, mente e corpo são substâncias separadas, mas podem interagir. Em particular, a mente pode decidir de modo autônomo mover o corpo como quiser. Embora visões "dualistas" similares tenham sido defendidas por alguns pensadores modernos, como Karl Popper (1902-94) e John Eccles, essa é hoje uma posição muito minoritária. A pesquisa fisiológica simplesmente mostrou que não há razão para supor que exista um domínio mental separado: mudanças no cérebro físico estão claramente ligadas a mudanças na mente.

Livre-arbítrio como preferência

A maioria dos defensores modernos do livre-arbítrio se encontra no campo compatibilista. A resposta compatibilista ao problema do livre-arbítrio remonta a Thomas Hobbes (*ver pp. 184-185*) e David Hume (*ver pp. 24-25*); defensores mais recentes incluem A. J. Ayer (1910-89) e o filósofo americano contemporâneo Daniel Dennett. Diversamente dos libertários, os compatibilistas não resistem ao determinismo, mas buscam um lugar nele para o livre-arbítrio. Para entender como isso poderia ser, compare escolhas que intuitivamente estão sob seu controle, como entre duas ofertas de emprego, com coisas que intuitivamente estão além de sua capacidade, como correr 1 quilômetro em dois minutos ou fazer a paz no mundo. A diferença óbvia é que a escolha entre empregos depende de suas preferências, ao passo que correr 1 quilômetro em dois minutos não.

> “ *... do fato de minha ação ser causalmente determinada não se conclui necessariamente que eu seja obrigado a executá-la; e isso equivale a dizer que não se conclui necessariamente que eu não seja livre.* ”
>
> A. J. Ayer, "Freedom and Necessity", em *Philosophical Essays*

Observe que esse contraste não exige que seus próprios desejos sejam indeterminados. Talvez seus genes e história pessoal tornem inevitável que prefira um emprego a outro. Mesmo assim, sua escolha dependerá de sua preferência. Seus atos podem ser determinados, mas ao menos a definição passa pelos seus desejos e não é independente deles. Assim, uma vez que suas ações decorrem de suas preferências, alegam os compatibilistas, você é livre, mesmo que suas preferências sejam determinadas por seu passado.

> “*A vontade é por sua natureza livre, de modo que nunca pode ser constrangida.*”
>
> René Descartes, *As Paixões da Alma*

Nem todo mundo está convencido dessa versão compatibilista do livre-arbítrio. Intuitivamente, quando dizemos que as pessoas agem livremente, nós as responsabilizamos por seus atos e as culpamos, elogiamos, premiamos ou punimos de modo condizente. No entanto, se seus atos forem determinados por sua história prévia, mesmo que esse processo seja mediado por seus desejos, então atribuir culpa ou elogiar parece indevido – algo como elogiar alguém por ter sido bem-criado. Nesse sentido, a versão compatibilista parece omitir um traço essencial do verdadeiro livre-arbítrio.

O problema do livre-arbítrio resistirá assim a toda solução fácil. Por um lado, os libertários buscam o tipo de livre-arbítrio que produz uma diferença autônoma no curso da natureza, mesmo que não seja claro se a ciência moderna deixa algum espaço para isso. Por outro lado, o tipo de liberdade compatibilista que resta parece a muitos uma sombra pálida da coisa real.

Livre-arbítrio e justiça

Se as preferências segundo as quais agimos são predeterminadas, podemos de fato responsabilizar as pessoas por suas ações? O advogado americano Clarence Darrow (1857-1938) usou isso como linha de argumentação padrão ao defender seus clientes. Ele instava os jurados a lembrar “que somos todos produto da hereditariedade e do ambiente; que temos pouco ou nenhum controle, como indivíduos, sobre nós mesmos, e que os criminosos são como nós, nesse sentido”. Nenhum dos clientes de Darrow, em casos de assassinato, recebeu a pena capital.

Alguns compatibilistas, em contraste, defendem reações tradicionais à má conduta. O filósofo americano C. L. Stevenson (1908-79) dizia que os atos que os compatibilistas consideram “livres” – os que derivam das preferências do agente – são precisamente aqueles em que há algum propósito em atribuir louvor e culpa, já que nesses casos podemos influenciar os agentes alterando suas preferências.

Mas o “louvor” e a “culpa” de Stevenson são a questão real? “Culpar” pessoas apenas como um modo de manipular seu comportamento não é o mesmo que realmente ressentir-se de seus atos. O filósofo de Oxford Peter Strawson afirmou que as versões “indiferentes” de Stevenson de culpa e louvor estão bem longe de atitutes genuinamente “reativas” como ressentimento, raiva e gratidão. Strawson observou que essas atitudes reativas são básicas para os relacionamentos humanos, e que seria bastante desumano adotar sempre uma atitude indiferente em relação aos que são próximos, tratando-os como objetos cujo comportamento deva ser manipulado. Ele concluiu que argumentos filosóficos abstratos deterministas talvez não possam demonstrar que seja certo suprimir sempre nossas reações naturais em favor de manipulação indiferente.

Entretanto, embora essas atitudes reativas ocorram naturalmente nos seres humanos, isso não significa que são sempre moralmente justificáveis. Uma vez que os maus atos dos criminosos são um resultado previsível da hereditariedade e do ambiente, pode realmente ser injusto o sistema legal deter criminosos por seus crimes. Strawson está indubitavelmente certo ao dizer que seria desumano adotar uma perspectiva indiferente em todos os nossos relacionamentos pessoais. Mas isso não significa que a supressão indiferente de reações como ressentimento e raiva possa não ser uma atitude apropriada para os que concebem sistemas de justiça e punição.

Spinoza

Spinoza nasceu em Amsterdã, numa família judaica que fugiu de Portugal devido à perseguição da Inquisição espanhola. Ele foi educado na comunidade judaica e estudou o Talmude e filósofos judeus, como Maimônides. Desenvolveu também um intenso interesse pela obra de Descartes. Quando jovem, defendeu publicamente muitas noções em desacordo com a ortodoxia judaica corrente, rejeitando a imortalidade da alma e considerando as histórias bíblicas como parábolas. Em 1656, foi expulso da sinagoga por suas ideias. Ele adotou o nome latino Benedict (Bento) no lugar de Baruch e se dedicou a polir lentes para sustentar-se enquanto continuava a estudar filosofia. Spinoza morreu de uma doença pulmonar aos 44 anos. Sua obra principal, *Ética*, foi publicada postumamente.

Bento (Baruch) Spinoza 1632–1677

Spinoza é considerado, com Descartes e Leibniz, um dos grandes filósofos racionalistas do século XVII. Os racionalistas enfatizam o papel da razão, oposta à experiência, para chegar ao conhecimento. Spinoza usou a razão para deduzir uma concepção radical de mundo, conferindo à mente e ao corpo dois modos diversos de compreender a natureza, que não é nem mental nem física.

A *Ética* é uma leitura intimidante, porque seu estilo é o de um matemático. Spinoza começa com um pequeno conjunto de princípios básicos e definições, e então deriva conclusões usando provas complexas. O livro mistura lições de Descartes a ideias inspiradas pela filosofia judaica e pelo estoicismo grego. O resultado é totalmente original e uma das principais contribuições à história da filosofia ocidental.

A noção de substância é central à *Ética*. Descartes (*ver pp. 48-49*) definia substâncias como coisas cuja existência não depende de nada mais. Segundo ele, mente e corpo são substâncias fundamentalmente diferentes – ou seja, não têm atribu-

A psicologia apaixonada de Spinoza

Na *Ética*, Spinoza propôs uma nova teoria da psicologia humana. Segundo ele, nosso comportamento é guiado pelo empenho em autopreservar-se, ou *conatus*. Isso pode ser compreendido como o esforço para alcançar maior controle ou poder. Os desejos são experiências desse empenho. Para Spinoza, não há distinção entre crença e desejo, nenhum modo de ter um pensamento passivamente. Toda ideia é marcada pela disposição de agir. Algumas de nossas ações levam a um aumento de poder e causam alegria. Outras ações e eventos diminuem o poder e são experimentadas como tristeza. Spinoza via a alegria e a tristeza como emoções fundamentais das quais outras podem derivar. Por exemplo, ele definia a compaixão como tristeza causada quando outra pessoa é magoada, enquanto amor é a alegria acoplada à consciência da coisa que causa alegria.

Para Spinoza, as emoções refletem a desvantagem da condição humana: são respostas a eventos que estão além de nosso controle. Mas sentir desespero com as perdas e júbilo com os sucessos é injustificado, dada a necessidade última de todas as coisas. Reagir emocionalmente é nutrir a ilusão da liberdade; e a única liberdade verdadeira que podemos alcançar é o conhecimento dessa necessidade. Tal conhecimento pode trazer uma espécie de serenidade. Reconhecemos que todas as nossas esperanças e medos são vãos, já que não podemos mudar o curso da natureza. Dada nossa incapacidade de mudar o mundo, devemos nos empenhar em restringir ao máximo as reações emocionais. Essa fuga da paixão remonta a noções dos estoicos (*ver p. 138*) e a algumas tradições do Oriente. Spinoza se vincula a uma longa linhagem de pensadores que julgam as emoções essencialmente confusas.

tos em comum. Spinoza discordou, dizendo que só poderia haver uma substância, e que esta era Deus. Afinal, Deus é perfeito, e coisas perfeitas devem ter todos os atributos. Se as substâncias se distinguem por seus atributos, então não pode haver outra substância além de Deus, porque não pode haver nada com substâncias que faltem a Deus. Mente e corpo, assim, não são substâncias diferentes; na verdade, são dois modos diversos de conceber a única substância verdadeira, Deus. Como, segundo essa visão, Deus é tudo e está em toda parte, Spinoza equiparou-o à natureza como a única substância existente.

A concepção de Spinoza é chamada de monismo neutro, o que significa que apenas uma substância existe e não é nem mental nem física. Em contraste com o dualismo (no qual mente e corpo são substâncias separadas), o materialismo (no qual há uma substância e ela é física) e o idealismo (no qual há uma substância e ela é mental), a explicação de Spinoza para a relação mente-corpo busca evitar as dificuldades com a causação mente-corpo de Descartes. Se mente e corpo são substâncias distintas e as substâncias são, por definição, independentes, então um não poderia afetar o outro. Adotando o monismo, Spinoza eliminou essa barreira, mas a posição resultante pode parecer igualmente estranha. Na visão de Spinoza, mente e corpo não interagem exatamente; na verdade, são perspectivas distintas mas paralelas da mesma coisa.

> *Os homens se enganam se pensam ser livres, uma opinião que consiste apenas em serem conscientes das próprias ações e ignorantes das causas que as determinam.*
>
> Benedict Spinoza, *Ética: Parte II (35)*

Spinoza considerava a alegria e as outras emoções inerentemente enganosas, porque todas as coisas ocorrem por necessidade.

Liberdade num mundo determinado

A teoria da realidade de Spinoza tem implicações importantes sobre o livre-arbítrio. Como tudo o que existe é parte de Deus, os humanos não têm realidade independente: somos apenas "modos" da única substância verdadeira, como pregas num grande tecido. As ações humanas são totalmente determinadas por Deus ou pela natureza, e a liberdade é, em termos estritos, uma ilusão nascida da ignorância. Pensamos ser livres porque não discernimos as causas de nossas ações.

Spinoza não via nossa falta de livre-arbítrio como motivo de desespero. Há, segundo ele, um tipo de liberação que podemos obter pelo conhecimento. Quando não reconhecemos as causas de nossos atos, somos vítimas passivas ou inconscientes delas. Mas quando reconhecemos que tudo o que fazemos é determinado por coisas fora de nós, podemos afirmar ser ativos participantes no fluxo e refluxo causal, em vez de vítimas passivas. Podemos escolher agir como somos determinados a agir. Paradoxalmente, podemos alcançar uma forma de liberdade por meio do conhecimento de que não somos livres.

O eu

Cada um de nós assume ser a mesma pessoa hoje que era na última semana. Mas podemos mesmo fazer essa suposição? Encontrar uma fonte de continuidade que nos conecte a nosso eu passado e futuro se revela muito difícil.

Com o tempo, conforme acumulamos novas experiências e esquecemos as antigas, mudamos psicologicamente. Suponha que, devido a essas mudanças graduais, nossa identidade mude. Se isso estiver certo, uma pessoa diferente habitou meu corpo alguns anos atrás, e outra o ocupará daqui a alguns anos. Devo me preocupar com qualquer uma dessas "outras" pessoas, se não são a mesma que sou hoje?

John Locke (*ver pp. 82-83*) escreveu um texto seminal sobre identidade pessoal no qual dava a entender que a memória é a chave da sobrevivência do eu. Você é a mesma pessoa hoje que era no passado porque se lembra de seu passado. Mas o filósofo do século XVIII Thomas Reid afirmava que a memória, diferentemente da identidade, não é transitiva. Imagine agora que você se lembra de seus anos de juventude, e que, como jovem, se lembrava de sua primeira infância. Daí não se segue que você se lembre de sua primeira infância. Se não se lembra, então Locke teria de dizer que você é seu eu jovem, e seu eu jovem é seu eu pequeno, mas você não é seu eu pequeno. Isso não pode estar certo, porque duas coisas que são idênticas a uma terceira devem ser idênticas entre si.

Alguém poderia tentar explicar o raciocínio de Locke dizendo que somos idênticos a nossos eus passados porque há uma série contínua de lembranças que nos liga. Isso é melhor, mas ainda apresenta dificuldades. O filósofo de Oxford Derek Parfit afirma que não há sentido em que uma pessoa em uma época possa ser a mesma pessoa numa época posterior se esta não tiver lembranças da primeira. Consequentemente, ele diz, devemos aceitar a conclusão de que nosso corpo contém não um único eu contínuo, mas um grupo de sucessivos eus. Pode ser irracional, ele acrescenta, preocupar-se mais com a pessoa que ocupa seu velho "eu" que com outra pessoa, já que nenhuma delas é você.

O filme *As Três Máscaras de Eva*, de 1957, se baseava na história real de uma mulher que vivia três diferentes "eus" – um caso de transtorno dissociativo da identidade.

Em contraste, o filósofo britânico Bernard Williams afirmou que a memória não é essencial à identidade. Imagine, ele diz, que lhe dizem que um cientista malvado vai apagar todas as suas lembranças e em seguida infligir-lhe dores terríveis. Se você se identifica com suas lembranças, a ameaça de dores terríveis não deveria lhe causar mais aflição que saber que um total estranho vai ser torturado. Isso é certamente perturbador, mas seu próprio conforto não estaria em jogo. Mas na situação imaginada parece que a dor infligida seria sua: você seria a pessoa a sofrer. Williams nos convida a considerar a ideia de que nos identificamos com nosso corpo, e não com nossas memórias.

Sanidade e insanidade

Segundo nossas noções normais, as pessoas sãs sabem o que fazem, enquanto as pessoas insanas precisam de tratamento e podem não ser responsáveis por seus atos. Mas essa descrição não esclarece o principal. Afinal, o que exatamente é ser são ou insano?

O termo "são" é inerentemente contrastante: não pode ser definido sem referência a seu oposto. Hoje, raramente usamos o termo "insano". Em vez disso, falamos em transtornos psiquiátricos e vemos essas alterações como doenças. A maioria de nós considera a medicação da insanidade um avanço. Ela tira a culpa daqueles que diagnosticamos como doentes mentais e pode oferecer novas opções de tratamento. Mas a medicação também tem seus críticos: segundo alguns, na verdade a divisão entre normal e patológico no domínio mental é construída pelas culturas, e não descoberta pela ciência como faz crer o modelo médico.

Os defensores do modelo médico muitas vezes tentam mostrar que os transtornos mentais são doenças identificando a base física subjacente aos sintomas psicológicos. Por exemplo, os pesquisadores descobriram padrões anormais distintivos na atividade cerebral de esquizofrênicos e pessoas com psicose maníaco-depressiva. Mas há distúrbios psiquiátricos para os quais não foi encontrado nenhum marcador físico distintivo, e, mesmo se houvesse um sintoma biológico para todos os transtornos psiquiátricos, não poderíamos inferir que eles são doenças, porque a diferença física, em si, não implica patologia. Se liberais e conservadores têm cérebro diferente, não se conclui que um desses grupo esteja doente.

Uma explicação alternativa de transtorno mental é a concepção construcionista social, que atenta para a variabilidade cultural desses conceitos. Por exemplo, na cultura ocidental tem havido um enorme aumento nos diagnósticos de transtorno dissociativo de identidade, e um declínio radical nos de histeria. Segundo os construcionistas sociais, a divisão entre sanidade e insanidade reflete uma decisão de grupo cultural de valorizar certos traços psicológicos em detrimento de outros. Um dos mais vivos defensores da visão construcionista social é o psiquiatra Thomas Szasz. Ele afirma que os transtornos mentais não podem literalmente ser formas de doença porque esta é definida em termos de corpo.

Como a maioria dos transtornos mentais não são patologias físicas, o modelo médico não passa de uma metáfora. Szasz pensa que a metáfora da doença é perigosa porque é usada para defender políticas que suprimem direitos de pessoas consideradas insanas e para absolvê-las de responsabilidade quando violam normas sociais. O filósofo francês Michel Foucault (*ver p. 88*) também defendeu uma visão construcionista social da insanidade e adverte que as pessoas que julgamos insanas têm pontos de vista legítimos sobre o mundo, que merecem ser ouvidos.

A filósofa americana Susan Wolf afirmou que a definição criminal de insanidade talvez apresente vantagens tanto sobre a explicação construcionista como sobre a médica. Ser criminalmente insano é, na verdade, ser incapaz de entender coisas que outros entendem – em especial, o que se faz e o significado moral dos próprios atos. Então, talvez os transtornos mentais num sentido mais amplo sejam algo assim. Suas vítimas têm uma compreensão menos acurada do mundo que os outros: os esquizofrênicos ouvem vozes irreais, os depressivos consideram seus esforços inúteis etc. Se a insanidade envolve erro sistemático, a sanidade talvez seja só uma questão de ser capaz de entender o mundo mais ou menos como ele realmente é.

> “*Estritamente falando, a doença só pode afetar o corpo; portanto, pode não haver doença mental.*”
>
> Thomas Szasz, *O Mito da Doença Mental*

Vida e morte

Que é vida? Que é morte? As respostas a essas questões podem parecer simples ou ao menos fáceis de determinar pela ciência. Na verdade, ambas se revelaram difíceis, e as definições de vida e morte continuam surpreendentemente imprecisas.

Os filósofos são conhecidos por refletir sobre o significado da vida. Eles também têm algo a dizer sobre o significado de "vida". Ou seja, além de questionar o que faz a vida valer a pena, eles fazem uma pergunta mais básica sobre o que é ser uma coisa viva.

Num sentido, a vida apresenta um análogo do problema mente-corpo. Assim como muitos não podem entender como os estados mentais poderiam ser processos eletroquímicos no cérebro, as pessoas questionaram a ideia de que a vida poderia ser explicada por processos mecânicos ou químicos do corpo. Em muitas culturas e épocas, presumiu-se que a vida requer uma força vital especial, não física. Essa ideia, conhecida como vitalismo, foi popular na Europa do século XIX. Os vitalistas dessa época diziam que componentes como ureia e ácido acético só poderiam ser produzidos por uma coisa viva. Quando os cientistas começaram a sintetizá-los em laboratório, muitos concluíram que o vitalismo deveria estar errado. Além disso, quando os cientistas começaram a usar os recursos da biologia e da química para explicar os processos encontrados nos organismos vivos, tornou-se evidente que todos os aspectos das coisas vivas podem ser explicados sem postular uma "força vital" oculta. O vitalismo caiu assim em descrédito na comunidade científica ocidental.

Os vírus parecem estar na fronteira entre vida e não vida: só se reproduzem usando o mecanismo da célula hospedeira.

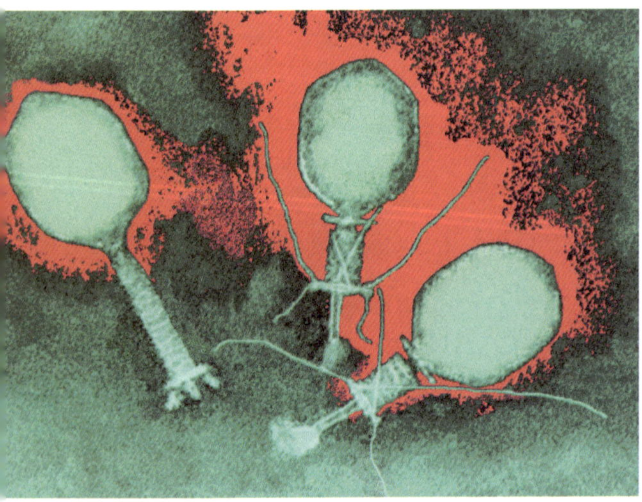

Se não existe algo como a força vital, precisamos de uma definição diferente de vida. Uma estratégia é definir a vida em termos de certos processos físicos. As coisas vivas crescem, se movem, metabolizam e reproduzem. Então, talvez uma coisa viva seja apenas algo que apresenta esses processos? Um problema dessa definição é que algumas coisas vivas podem não se encaixar nela. Considere uma mula velha e que perdeu os movimentos: não pode se mover nem reproduzir e parou de crescer, mas certamente está viva. Um segundo problema é que algumas coisas não vivas também exibem esses processos: os carros metabolizam, na medida em que usam energia e expelem restos; e os vírus de computador podem se reproduzir, mover de um computador a outro e crescer com o tempo. De modo similar, as guerras entre nações podem se alastrar, mudar lugares, deflagrar outras guerras e até consumir energia e produzir restos. Mas não deveríamos aceitar nenhuma definição de vida que nos force a dizer que as guerras estão vivas.

Há ainda outra definição da vida. Intuitivamente, as coisas vivas lutam por objetivos. Elas fazem isso mesmo sem estados mentais – até as plantas se empenham em maximizar o uso da luz do sol, enquanto as pedras e as cadeiras não. Chamada teleologia, essa característica de lutar por um fim pode ser explicada em termos puramente físicos apelando à noção de seleção natural de Darwin. Um traço que amplia as perspectivas de sobrevivência ou reprodução de um organismo tem a probabilidade de ser legado à próxima geração; assim, ele tem um

Medo da morte

Supondo que não há vida depois da morte e que esta é definitiva, é racional sentir medo dela? Para algumas pessoas, a resposta óbvia é sim. A morte é a perda da vida, a que damos o maior valor. Apesar disso, muitos filósofos afirmaram que não deveríamos recear a morte.

Os epicuristas sustentavam que, se a morte é o nada, para os mortos não há o que temer. O medo da morte, supunham eles, era o medo de morrer sofrendo. A própria morte não é ruim para os mortos, porque estão mortos, e não é ruim para os vivos, porque nenhuma pessoa viva pode estar morta. Alguém poderia responder que, embora não estejam mortos, os vivos morrem, e morrer é algo terrível. Acaba com todas as nossas esperanças, ambições e prazeres. Mas isso também não significa que seja racional temer a morte. Os estoicos diziam que a morte não deve ser temida porque não podemos fazer nada a respeito dela. É irracional temer o inevitável, porque o medo nos dá a falsa impressão de que há escapatória. Nietzsche disse que deveríamos aceitar a morte com alegria, decidindo quando morrer. Segundo outros existencialistas, a morte deveria ser uma fonte de terror porque revela o absurdo máximo da existência. De um ângulo mais otimista, eles viam a morte como motivação para viver mais intensamente.

O medo da morte também pode ser relacionado a uma perspectiva darwiniana. Somos programados por nossos genes a procriar e tentar permanecer vivos. O medo da morte pode ser instintivo, destinado a ajudar a atingir esse fim. Pode ser tão natural como o desejo de sexo e, nesse sentido darwiniano, perfeitamente racional. Alguém poderia argumentar, porém, que a seleção natural gera apenas o medo do perigo, não o medo da morte. Voltaire afirmou que somos as únicas criaturas que contemplam a própria morte. Mas não somos as únicas que dão duro para se manter vivas, e então lutar arduamente pela vida evidentemente não exige o medo da morte. Parece mais plausível, assim, que o medo da morte não seja uma adaptação evolutiva, mas um subproduto inevitável de nossa habilidade desenvolvida de pensar e refletir.

propósito evolutivo na medida em que ajudou gerações passadas a sobreviver. Então talvez possamos dizer que estar vivo é ter traços com fins teleológicos no sentido darwiniano. No entanto, essa definição é vulnerável a sérias objeções. Suponha que um organismo seja criado num laboratório. Ele não será o produto de seleção natural, e assim seus traços não terão fins evolutivos. Se ter esses traços é essencial para estar vivo, esse organismo não pode ser qualificado como vivo. Isso é problemático, já que a definição de vida não deveria excluir a possibilidade de que cientistas criassem coisas vivas – logo, ter traços com propósitos evolutivos não pode ser uma condição necessária para estar vivo.

Talvez uma dessas definições de vida seja recuperável ou outra possa ser desenvolvida. Até que isso aconteça, o significado de "vida" permanecerá um problema sem solução.

A definição de morte

Mas o que significa para uma coisa viva deixar de viver – isto é, morrer? Para as bactérias, a morte pode envolver a cessação do movimento e metabolismo. Para os seres humanos, no entanto, esses critérios não parecem apropriados; a perda de movimento não é suficiente para a morte e a perda de metabolismo pode não ser necessária.

A definição de morte aceita pelos profissionais de saúde é a da morte cerebral – a cessação irreversível das funções de todo o cérebro. Se a circulação, a respiração e o metabolismo podem ser mantidos, mas a função cerebral não, uma pessoa é considerada morta. Essa definição é, claro, difícil de conciliar com a intuição de que a vida envolve principalmente processos biológicos como o metabolismo e o crescimento, que podem persistir sem um cérebro. Isso também significa que nossos critérios sobre permanecer vivo são incoerentes: nos humanos, a preservação da função cerebral é crucial, mas em outras espécies critérios diferentes são usados. Isso sugere que, em nosso próprio caso, os conceitos de vida e morte estão estreitamente ligados ao de ter uma mente.

> “*O que tem a Assustadora Morte para*
> *Assombrar o Homem,*
> *Se as Almas, assim como os Corpos, morrem?...*
> *Da aflição e da dor nos libertaremos;*
> *Não iremos sentir, porque não Seremos.*”
>
> Lucrécio, *De Rerum Natura*

Capítulo 3

CONHECIMENTO

O que é conhecimento?

Acreditamos em muitas coisas sobre o mundo, por grande variedade de razões. Mas chamar uma convicção de "conhecimento" significa que ela deve ter certas peculiaridades em sua relação com os fatos. Assim, o que exatamente faz uma convicção ser considerada conhecimento?

Quando busca aconselhamento sobre um assunto, você procura alguém que o conheça. É comum dizermos coisas como "Pergunte a Marina, ela sabe tudo sobre cozinha tailandesa" ou "Foi o que Marcus disse, mas é só sua opinião, ele na verdade não tem conhecimento". Assim, uma razão fundamental para qualificar crenças ou opiniões como conhecimento ou menos que isso reside em nosso interesse em classificar as pessoas como fontes de informação confiáveis ou não sobre tópicos específicos.

Podemos aclarar o que se considera conhecimento atentando para o que não é conhecimento. Crenças falsas obviamente não são conhecimento; mais sutilmente, uma crença verdadeira obtida por conjetura também não é conhecimento. Uma pessoa que adivinhe que uma moeda lançada vai dar cara não sabe isso, mesmo que de fato aconteça. Alguma conexão entre o fato e a crença verdadeira é necessária para o conhecimento. Uma conexão desse tipo é fornecida pela evidência: se uma pessoa vê uma reportagem de jornal entusiástica na janela de um restaurante tailandês pode vincular uma crença verdadeira sobre onde fica o melhor restaurante tailandês com a evidência, remontando aos fatos.

Mundo afora, muito conhecimento é mantido por comunidades, mais que por especialistas. Esse conhecimento "tradicional" é muitas vezes a base de métodos de agricultura e preparo de alimentos, como o peneiramento de grãos feito por estes camponeses egípcios.

Definição de "conhecer": dois escândalos?

O conhecimento é um conceito filosófico central e os filósofos sempre insistem na necessidade de definir seus termos. É assim surpreendente, e talvez chocante, que até o final do século XX quase todos os filósofos usassem as palavras "conhecimento" e "conhecer" sem nem tentar defini-las. A maioria dos filósofos pensava que havia uma definição simples e óbvia: uma convicção é conhecimento se é verdadeira e razoável. Então, nos anos 1960, instigados por um texto curto de Edmund Gettier, os filósofos de repente acordaram para o fato de que essa resposta não era óbvia nem verdadeira. Há muitos casos de convicções verdadeiras e razoáveis que não chamaríamos de conhecimento. Suponha, por exemplo, que um amigo muito confiável lhe conte uma história maliciosa, em que você acredita. Seu amigo está mentindo, pela única vez na vida, mas a fofoca por acaso é verdadeira. Sua convicção é verdadeira e razoável (porque seu amigo em geral é confiável), mas não é conhecimento.

Os filósofos começaram então a trabalhar e produziram muitas definições possíveis de conhecimento, que se provaram vulneráveis a contraexemplos cada vez mais complicados e sutis. Mas, em vez de desistir ou tentar mudar de rumo, numerosos filósofos continuam refinando suas definições e gerando mais contraexemplos.

Será que isso é um escândalo tão grande quanto nem tentar encontrar uma definição?

Evidencialismo e tradicionalismo

Há assim um ideal, o "evidencialismo", segundo o qual a crença de uma pessoa é considerada conhecimento se há evidência suficiente de que seria irrazoável não acreditar nela. Segundo o evidencialismo, uma crença sem esse tipo de evidência é mera opinião, não conhecimento. Mas essa é uma posição bastante extrema: significaria que as crenças que adquirimos a partir do testemunho de outros são excluídas do conhecimento, a menos que tenhamos evidência independente de que o que eles dizem é verdade. Na verdade, de acordo com o evidencialismo, muito pouco do que qualquer pessoa acredita será considerado conhecimento.

> "*O homem por natureza deseja saber.*"
>
> Aristóteles, *Metafísica*

Podemos confrontar o evidencialismo com o tradicionalismo, que propõe um ideal em que os membros de comunidades transmitem informações confiáveis uns aos outros e juntos possuem mais evidência que qualquer pessoa sozinha poderia reunir. O tradicionalismo torna mais fácil entender por que tantas pessoas creem conhecer, por exemplo, os princípios básicos da ciência, embora muito poucas possam citar os dados experimentais em que se baseiam. Mas o tradicionalismo muitas vezes parece tornar o conhecimento fácil demais: qualquer preconceito corrente numa comunidade poderia ser defendido, segundo essa linha. Assim, a maioria dos filósofos assume que o conhecimento deve ser descrito por critérios que se situam entre o rigor do evidencialismo e a condescendência do tradicionalismo.

Um dos principais focos da teoria do conhecimento tem sido a ideia de uma razão racional para a crença. O pressuposto aqui é que uma crença não pode ser considerada conhecimento a menos que seja racional e baseada em raciocínio. Essa suposição, no entanto, pode ser contestada (e o é implicitamente pelo tradicionalismo, porque as próprias comunidades não raciocinam). Um indivíduo acredita em muitas coisas sobre o mundo sem produzir nada tão intelectual como uma cadeia de raciocínios para defendê-las. O exemplo mais simples disso é a percepção. Só vemos e ouvimos como as coisas são, e os processos de percepção são em geral modos confiáveis de aprender sobre o mundo – pelo menos tão confiáveis como nossas capacidades de realizar raciocínios complexos. Também temos reações sociais que nos dizem quando acreditar nos outros, confiar neles ou temê-los, e elas também são mais ou menos precisas, ainda que não infalíveis. Na verdade, é provável que sejam verdadeiras pelo menos tanto as crenças fundamentadas em informações baseadas nos sentidos e intuições sociais quanto as laboriosamente deduzidas de uma pequena quantidade de dados cuidadosamente obtidos. E tem sentido honrar essas crenças "intuitivas" que são verdadeiras com o rótulo de conhecimento, ainda que não envolvam raciocínio.

Platão

Platão é a figura principal da filosofia grega antiga e a fonte original de muitas correntes da tradição filosófica europeia. Ele era de uma família aristocrática ateniense e desconfiava da democracia de sua cidade natal. Seus textos políticos descrevem uma variedade de alternativas à democracia, e Platão fez uma tentativa desastrosa de servir como conselheiro filosófico de um líder político, o tirano Dionísio de Siracusa. A maior influência em sua vida foi seu reverenciado mestre Sócrates, a quem imortalizou como figura central de muitos de seus diálogos. Sua própria atividade como professor aconteceu na Academia, uma ancestral distante das universidades modernas.

Platão c. 429-377 a.C.

Platão contrapunha o mundo das aparências a ideias imutáveis ou "formas", como o bem e as verdades matemáticas. As formas são conhecidas pela razão, que permite compreender a matemática e começar a perceber o que é bom na vida individual e política.

O pensamento de Platão passa de um tópico a outro, abordando os limites do conhecimento humano. E, embora os detalhes variem com os tópicos e de uma obra para outra, Platão entende que o conhecimento genuíno é ao mesmo tempo surpreendentemente alcançável e inatingível. Ele articula um ideal de conhecimento perfeito infalível e diz que sobre certos temas – em especial matemática, ética e metafísica – temos uma possibilidade de alcançá-lo, mas ao mesmo tempo insiste que a maior parte do mundo ao nosso redor simplesmente não é passível de ser conhecida.

O ponto de partida de Platão foram os ensinamentos de Sócrates, cujo tema não era o conhecimento mas a humildade intelectual. Em vez de defender doutrinas filosóficas positivas, Sócrates desmascarava as pretensões de intelectuais de sua época que afirmavam ser capazes de entender a moral, a política e o universo e de transmitir seu conhecimento a outros. Sócrates desenvolveu uma técnica investigativa baseada em perguntas e, submetendo-os a ela, revelou que eles não tinham fundamentação para suas suposições e geralmente não entendiam seus próprios conceitos centrais. Eles não sabiam tanto quanto pensavam saber. Sócrates, por outro lado, afirmava "sei apenas que nada sei". A afirmação de Sócrates não é contraditória: ele não sabia o que as pessoas em geral afirmavam saber, mas tinha um conhecimento de tipo diferente, referente à relação entre a mente e a realidade. Para Sócrates, esse segundo tipo, alcançável, de conhecimento é muito restrito e serve principalmente para limitar nossas ambições na esfera do conhecimento. Nas mãos de Platão, no entanto, a distinção entre o que as pessoas pensam saber e o que os filósofos podem almejar se torna muito mais drástica.

O cognoscível e o incognoscível

O complexo de ideias normalmente considerado "filosofia de Platão" se apresenta numa série de diálogos – discussões fictícias em geral conduzidas pela figura de Sócrates – escritos no meio da carreira de Platão. Seus pontos essenciais são: as "formas" (que veremos adiante), a afinidade que a alma tem com elas e o mundo incognoscível da aparência. Para introduzir as formas, considere a demonstração de Sócrates da ignorância de seus oponentes: eles nem mesmo entendem as ideias, como "virtude", "justiça" ou "coragem", sobre as quais se pronunciam. Entender essas ideias, de acordo com Platão, seria possuir definições adequadas delas e ser capaz de chegar a conclusões absolutamente certas sobre algumas de suas propriedades. Para mostrar que isso é possível, Platão muda o foco para a matemática, em que podemos provar que algumas afirmações são verdadeiras de um modo que nos dá uma firme apreensão delas.

Podemos saber, por exemplo, o teorema de Pitágoras de um modo que é muito menos experimental e especulativo que nosso conhecimento de qualquer coisa no mundo físico. E assim, numa jogada crucial ainda que tendenciosa, Platão estipula que o conhecimento real é tipificado pelo que as provas matemáticas nos dão. O pensamento que resulta em algo menos que isso é incompleto e insatisfatório. Assim, ele afirma, quando sabemos algo, isso não pode ser tirado, uma vez apreendido pela mente. Os objetos desse conhecimento são coisas que não podem mudar (o conhecimento não pode ser des-conhecido): essas são as formas. Elas podem ser pensadas como qualidades abstratas como a triangularidade, a virtude ou a coragem; ou como modelos ideais de coisas tão variadas como seres humanos, sociedades e objetos do cotidiano.

> *"O exercício corporal, quando compulsório, não causa dano ao corpo; mas conhecimento adquirido sob coação não resiste na mente."*
>
> Platão, *República*

Platão mudou, de uma obra para outra, sua descrição das formas, e é muito difícil não ver em seus textos ideias que aparecem no pensamento filosófico posterior. Mas, para Platão, a caracterização essencial das formas é: o que pode ser conhecido. Ou seja, ele insiste que podemos ter conhecimento, mas apenas sobre coisas bem diferentes daquelas em que pensamos na vida diária.

As formas cognoscíveis contrastam assim com o mundo incognoscível ao nosso redor. Pensamos ser rodeados de objetos físicos cujas propriedades conhecemos por meio dos sentidos. Mas na verdade, segundo Platão, esse domínio não pode ser conhecido por duas razões. Primeiro, ele muda. Os objetos têm propriedades num momento e mais tarde apresentam as contrárias: vão do novo ao velho, do pequeno ao grande e ao pequeno, mudam de lugar e disposição. Em resultado, tudo o que concluamos sobre eles pode ter de ser corrigido depois. Em segundo lugar, é um domínio de aparências. As coisas parecem diversas de perto e de longe, numa luz ou noutra, para uma pessoa ou outra. Assim, toda evidência sobre objetos físicos tem de ser experimental, tomada como um parecer de uma perspectiva dentre talvez infinitas outras. Platão não separou claramente esses dois obstáculos a conhecer o mundo. Ele caracterizava o mundo como um lugar de aparência e mudança, hostil à mente. Na verdade, ele às vezes dá a entender que o mundo familiar pode

Amor e conhecimento

O diálogo mais literário de Platão é *O Banquete*, que descreve uma longa festa em que os participantes declaram seus mais profundos pensamentos sobre o amor, de todos os tipos: carnal, homossexual, heterossexual, assexual. A fala de Sócrates na festa visa apresentar os vínculos entre o amor a uma pessoa específica e o amor a algo abstrato, como verdade, beleza ou justiça. (É significativo que Sócrates diga, na atmosfera algo misógina entre seus companheiros homens, que o que sabe sobre amor lhe foi ensinado por uma sábia, Diotima.)

Há dois modos de interpretar o que Sócrates diz. Segundo o que tem uma coerência superficial maior com o restante da filosofia de Platão, na verdade amamos algo muito mais abstrato, como a forma da beleza, quando pensamos amar outro ser humano. Mas outra interpretação, não incoerente, é que quando amamos algo abstrato, como a verdade, trata-se de amor físico real do mesmo tipo que nos empolga em relação a outra pessoa, com as mesmas origens psicológicas. Assim, para Platão, a capacidade humana de saber e a capacidade humana de amar são interdependentes: não podemos ter uma sem a outra.

ser uma ilusão que esconde a realidade imutável. Ele pode pensar isso porque toma o fato de que os objetos parecem diferentes sob circunstâncias diversas como uma propriedade intrínseca a eles, intimamente ligada ao fato de que mudam, e não como uma relação entre objetos e pessoas, mediada pelas impressões sensoriais, como fariam os filósofos modernos. Além disso, é difícil evitar a impressão de que ele pensa que o trabalho confuso e lento de pôr em ordem os dados contraditórios e variados do mundo sensível, para tirar umas poucas conclusões provisórias que ainda não foram refutadas por novas observações ou pontos de vista, está além da dignidade de uma mente nobre.

Fontes de conhecimento

Assim, se não obtemos conhecimento por meio de nossa experiência do mundo, como o conseguimos? Para Platão, a resposta simples é: pelo pensamento. Mas para pensar temos de pensar em algo: e como alcançar uma relação desse tipo com as formas? Parece evidente para Platão que, se a mente ou a alma fosse apenas uma coisa no mundo mutável, ela nunca seria capaz de obter conhecimento. Assim, para que a alma pense sobre as formas, precisa ser distinta do corpo. Enquanto o corpo é parte do mundo físico cambiante, a alma se parece mais com as formas e pode assim interagir com elas. A alma na verdade é tão complexa quanto a realidade: há um aspecto nela semelhante às formas imutáveis e, assim, ela pode conhecê-las; há também um aspecto que é semelhante ao ilusório mundo cambiante e ao corpo e, desse modo, ela pode participar do jogo de imagens e ilusões do mundo sensível.

Platão se interessava muito por imagens e ilusões, e usa com frequência metáforas que fazem uso delas para descrever as relações entre as formas e as coisas perceptíveis. A mais famosa é a metáfora de sombras projetadas que usa, no diálogo da *República*, para explicar como podemos fazer a transição de foco do mundo físico para as formas. Imagine, ele diz, pessoas acorrentadas numa caverna de modo que só possam ver uma parede, iluminada pela luz de uma fogueira, perto da qual são levados objetos de modo que suas sombras aparecem na parede. Elas tomariam essas sombras como coisas reais. No entanto, se suas correntes se rompessem, elas se virariam e reconheceriam os próprios objetos como os originais das sombras: uma espada real é mais parecida com uma espada que sua sombra. Mas, até que fizessem isso, elas não saberiam o que as coisas reais, em oposição às sombras, são. De modo similar, nós, condenados a viver na sala de cinema da vida diária, podemos saber que há formas, mas considerar difícil saber o que são. Tudo o que podemos dizer é que são exemplos mais autênticos de coisas e qualidades – como a triangularidade, a virtude ou a justiça – que qualquer coisa que encontremos na experiência sensorial. Da mesma forma, um marceneiro que faz uma cama tenta fazer um objeto tão parecido com uma cama quanto possível. Platão descreve isso como a tentativa do marceneiro de imitar a forma de "cama". Quando o marceneiro é bem-sucedido, uma cama é produzida. Isso, no entanto, acontece no mundo mutável, e assim essa nunca será uma cama absolutamente perfeita, sendo, para Platão, uma cópia imperfeita da forma cama.

As formas de virtude e justiça nos lembram que Platão se interessa tanto por temas morais e

Imortalidade e matemática

Platão sustenta que podemos conhecer os fatos matemáticos raciocinando, e não por meio da percepção.

Em seu diálogo *Menon*, ele ilustra isso fazendo Sócrates extrair de um escravo que não tinha experiência com matemática um teorema sobre como fazer um quadrado com o dobro da área de outro. Mas como pode uma pessoa sem instrução entender os conceitos necessários para isso? A resposta de Platão é que, antes de nascer, nossa alma está em contato com as formas. Ainda que alguém seja um escravo nesta vida, antes dela sua alma estava misturada às ideias de comprimento, área e forma. Mas, no processo de nascer num corpo humano, esquecemos o que aprendemos sobre as formas, e, para aprender matemática, temos de recordar laboriosamente, sujeitando-nos a provas e demonstrações. Essa doutrina de amnésia metafísica e recordação (*anamnesis*) pode ser vista de duas formas. Pode-se considerar que Platão escapa de uma sinuca filosófica por meio de uma doutrina mística ou que ele defende a existência de uma alma imortal a partir do fato de que somos capazes de entender matemática.

Para Platão, nosso conhecimento do mundo real é muito limitado: é como se só víssemos sombras, e não as próprias coisas.

políticos como pela matemática. Na verdade, ele deseja que os dois estejam intimamente conectados. Na *República*, ele descreve uma cidade-Estado governada por filósofos versados em matemática e temas abstratos de filosofia política. Como resultado, ele diz, esses ditadores benévolos serão capazes de tomar as melhores decisões, redundando na melhor vida para todos no Estado. O Estado todo, na verdade – e a mente de cada pessoa nele –, será uma imagem rudimentar da forma abstrata de justiça.

Para nós hoje isso parece ingênuo politicamente e extravagante metafisicamente, mas há um ponto importante do qual essa reação não deve nos distrair: o pensamento moral tem muitas similaridades com a matemática. Em ambos os casos não estamos tentando descobrir como as coisas na verdade são no mundo ao nosso redor, mas como devem ou deveriam ser; e em ambos os casos agimos aplicando princípios abstratos. Por exemplo, para decidir se uma instituição social é justa, usamos critérios de justiça, como imparcialidade, e consideramos variações imaginárias que poderiam afetar sua aceitabilidade.

Ao expor essa metafísica do conhecimento que é o cerne de sua filosofia, o que Platão diz sobre conhecimento raramente é separado do que diz sobre realidade ou bondade. Em um diálogo posterior, *Teeteto*, ele discute o próprio conhecimento. Mas o que diz lá não estabelece um contraste notável entre as formas cognoscíveis e o mundo incognoscível. Ele não menciona as formas. Platão afirma que a percepção não é uma boa fonte de conhecimento, mas não nega que possa haver conhecimento de coisas comuns por alguns outros meios. (Um exemplo, não de Platão, poderia ser saber que há 5 quilômetros de A a C porque B está 4 quilômetros a leste de A e C está 3 quilômetros a norte de B.)

Dado que acreditar em algo baseado na percepção não é conhecimento, mesmo que a crença seja verdadeira, Platão tenta encontrar uma definição melhor para conhecimento. Ele afirma, experimentalmente, que conhecer é acreditar com uma razão para isso. Não basta ser uma razão qualquer; tem de ser o tipo de razão que sustente o conhecimento. Platão abandona a discussão nesse ponto, depois de mudar um pouco o foco da questão de "o que podemos conhecer?" para "o que é uma boa razão para acreditar em algo?"

> “*Assim a alma [...] viu todas as coisas aqui e no outro mundo. [...] Toda a natureza é afim, e a alma aprendeu tudo, de modo que quando um homem lembra um só pedaço de conhecimento – ou o aprende, como se diz – não há razão para que não descubra todo o resto.*”
>
> Platão, *Menon*

Percepção e experiência

Como obtemos informação sobre o mundo ao nosso redor? A percepção – o uso de nossos sentidos – é obviamente uma fonte muito importante desse tipo de informação. Mas todo conhecimento deriva só da percepção?

A percepção é onde o mundo encontra a mente: luz e som de objetos viajam pelo ar e invadem nossos olhos e ouvidos, desencadeando uma série de eventos no sistema nervoso, o que resulta em vermos e ouvirmos. Esses processos evoluíram por milhões de anos, tornando-se firmes e confiáveis; em geral as crenças que geram sobre o meio imediato são acuradas. Além disso, a informação obtida por meio dos sentidos muitas vezes parece bastante resistente a outras influências. Se você pensa que as folhas de plátano se tornam azuis no outono e então vê uma folha vermelha de plátano, ela vai lhe parecer vermelha e você terá uma forte tendência a acreditar que ao menos alguns plátanos têm às vezes folhas vermelhas. Você pode tentar resistir a essa tendência, pensando que o que viu não era uma folha de plátano ou descartando a experiência toda como uma ilusão, mas é provável que a informação perceptual continue persuasiva. A persistência da percepção é naturalmente tomada como sinal de confiabilidade: ela passa o que passa, por mais surpreendente ou impopular que seja a novidade.

Entretanto, é duvidoso que a percepção por si mesma possa explicar todo o conhecimento do mundo. Na verdade, muito poucas crenças podem se basear totalmente nela: por exemplo, precisamos de razões para pensar que a árvore da qual a folha vermelha veio é um plátano. É possível que essas razões derivem elas próprias da percepção, mas será por meio de longos caminhos tortuosos em que muitas coisas podem dar errado. Além disso, a própria persistência da percepção pode igualmente ser tomada mais como dogmatismo que como confiabilidade – como alguém que conta sempre a mesma história, a despeito das evidências. Se há um traço básico no mundo que a percepção nos deixa sempre escapar, a própria persistência da percepção seria então uma desvantagem, impedindo que saibamos como as coisas realmente são. Alguns filósofos afirmaram que essa é na verdade nossa situação. Descartes (*ver pp. 48-49*), Locke (*ver pp. 82-83*) e muitos filósofos contemporâneos afirmam que cores e sabores não são traços reais das coisas – embora a percepção apresente os objetos como se fossem simplesmente vermelhos, verdes, doces ou azedos.

Ver é sempre acreditar? Aqui, o conhecimento se sobrepõe à percepção: não pensamos na curvatura dos edifícios na realidade.

O ato e a capacidade de ver

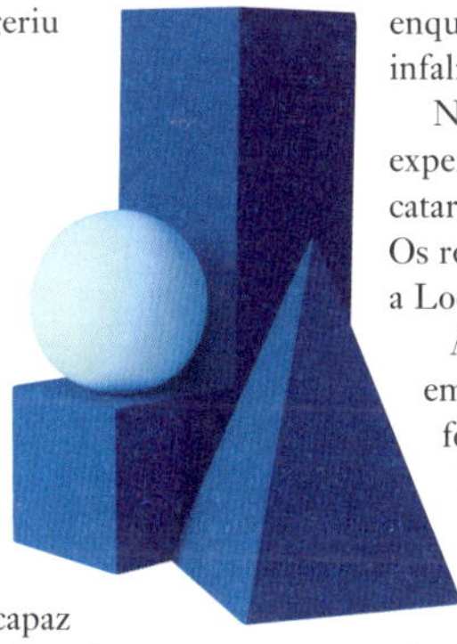

John Locke, filósofo do século XVII, sugeriu um experimento interessante. Em suas palavras: "Suponha que um homem que nasceu cego e agora é adulto aprendeu a distinguir um cubo e uma esfera pelo tato. [...] Suponha que o cubo e a esfera estejam sobre uma mesa, e que o homem cego recupere a visão. Pergunta-se: por meio da visão, antes de tocá-los, ele poderia agora distingui-los e dizer qual é o globo, qual o cubo?"

Locke continua, conjeturando os resultados: "Sou de opinião que o homem cego, à primeira vista, não seria capaz com certeza de dizer qual é o globo e qual o cubo, enquanto apenas os visse, embora pudesse infalivelmente nomeá-los ao usar o tato..."

Nos anos 1960 foi possível fazer o experimento, quando pessoas que sofriam de catarata desde o nascimento foram operadas. Os resultados foram apenas em parte favoráveis a Locke.

Ao ganhar o uso dos olhos, as pessoas em geral conseguem dizer a diferença entre formas simples com muito pouco treino. Por outro lado, nunca conseguem fazer uso total de seus olhos.

Ver requer uma coordenação com os outros sentidos, e pode ser impossível adquirir isso na idade adulta.

A explicação do conhecimento elaborada por John Locke no final do século XVII e desenvolvida na geração seguinte por Berkeley (*ver pp. 28-29*) e Hume (*ver pp. 24-25*) foi uma resposta a esses problemas. Esses filósofos tentaram descrever como as crenças podem se basear na percepção de modo mais direto, de maneira que sua influência não seja diluída pelas de outras fontes e a questão da agudeza fundamental da percepção possa ser enfrentada com clareza.

De acordo com essa abordagem, conhecida como empirismo, o primeiro passo na percepção é a recepção pela mente de ideias perceptuais simples. Essas ideias são totalmente imunes à influência de crenças e expectativas e não representam nada além do modo como a experiência subjetiva se apresenta à pessoa.

O traço mais importante desse nível de percepção é sua infalibilidade. Por exemplo, se você estiver vendo uma folha vermelha, não pode estar enganado quanto à cor e forma que vê, mesmo que possa errar quanto ao fato de aquilo que vê ser uma folha ou mesmo um objeto físico. Você ainda sabe com certeza total que essa experiência é caracterizada por tal cor e tal forma. De acordo com o empirismo, esses dados perceptuais infalíveis podem ser usados como base para inferir outras crenças mais substanciais, como a de que aquilo que vê é uma folha real de um plátano real.

A maioria dos filósofos hoje rejeita a abordagem empirista de assentar todo o conhecimento em bases perceptuais, e acredita que o empirismo tradicional interpreta mal a natureza da percepção, que não principia por dados infalíveis sobre aparências perceptuais. Em vez disso, a percepção consiste em processos inatos que nos dão crenças sobre a situação, cor e movimentos das coisas do mundo ao nosso redor, processos que são muito confiáveis (ainda que não totalmente).

Às vezes nosso conhecimento do mundo nos dá razões para crer que algumas percepções não são confiáveis, e às vezes uma investigação científica nos permite compreender melhor como e quando o uso dos sentidos nos dá crenças verdadeiras. Assim, nesse quadro alternativo, a inferência passa por ambos os caminhos entre as crenças e as percepções e no processo podemos encontrar evidências para a maior parte do que sabemos.

> *"Vamos supor que a mente seja, como se diz, um papel em branco, sem letras ou ideias. Como ela chega a ser preenchida? [...] Respondo a isso com uma palavra: experiência."*
>
> John Locke,
> *Ensaio acerca do Entendimento Humano*

Locke

John Locke foi o primeiro filósofo a articular as ideias centrais do empirismo moderno, segundo o qual muito poucas conclusões podem ser tiradas sem o exame cuidadoso e imparcial de evidências obtidas pelos sentidos. Nascido em 1632, ele escreveu na época em que a física de Newton substituía a ciência de Galileu e Descartes, cujas ideias deviam mais à razão que à evidência empírica. Ao fornecer a ideologia para acompanhar a ciência newtoniana, Locke tornou a atitude empirista parte do senso comum instruído. A mesma atitude antidogmática deu forma às influentes ideias de Locke sobre tolerância religiosa: quando é tão difícil saber a verdade, disse Locke, deveria se permitir às pessoas, tanto quanto possível, acreditar no que quisessem.

A proposição central de Locke sobre conhecimento é que não há ideias inatas. Ele se referia a duas coisas: primeiro, junto com muitos outros filósofos, Locke sustentava que temos de aprender nossas crenças de vários modos por meio da experiência no mundo; segundo, e mais fundamentalmente, ele insistia que nenhum dos conceitos que usamos em nossas crenças está presente ao nascer. Muitos assumiam que os conceitos básicos, como a identidade, eram parte do equipamento mental.

John Locke (1632-1704)

O empirismo de Locke busca explicar a mente e sua relação com o meio. Ele afirmou que a mente obtém todas as suas ideias por percepção e reflexão. Mesmo assim, há limites para o que podemos saber, além dos quais temos de tolerar uns as opiniões dos outros.

Segundo Locke, ao nascer as crianças não têm os conceitos de cor e forma básicos, e precisam adquiri-los pela experiência.

Locke afirmou que mesmo esses conceitos têm de ser adquiridos: ao nascer, a mente é uma *tabula rasa*, uma lousa em branco.

Em seu *Ensaio acerca do Entendimento Humano* (1690), Locke deu numerosas razões para negar a existência de ideias inatas. Ele afirma que as crianças não reconhecem princípios abstratos que envolvam conceitos básicos até que os tenham ensinado a elas. As de dois anos não dizem "todas as coisas são idênticas a si mesmas" ou "quatro ângulos retos produzem uma revolução completa". Além disso, ele diz que recém-nascidos não parecem pensar em termos de nenhum conceito – pois eles não parecem pensar. Quanto às ideias de propriedades dos objetos, como forma, peso e solidez, ele afirma que o que nós, adultos sofisticados, temos em mente são na verdade combinações complexas de ideias. A ideia de forma triangular, por exemplo, se baseia em parte no modo como vários objetos triangulares parecem vistos de diversos ângulos, em parte na sensação que dão e por fim em como é andar num caminho triangular. Somente quando uma pessoa consegue combinar todas essas imagens pode ter a ideia de um triângulo.

Fontes de conhecimento

Assim, se não há ideias ao nascer, de onde elas vêm? A resposta de Locke é que a mente tem capacidades inatas de adquirir ideias a partir da percepção do mundo externo e de reflexões sobre si mesma e seus conteúdos. Assim, depois de muito pouco tempo no mundo, a criança terá o que Locke chama de "impressões", que são as ideias mais simples produzidas por sensação e reflexão. A sensação dá impressões como tons de cor particulares e a reflexão dá uma impressão do eu. Combinando essas impressões, formulamos ideias complexas, como as de coisas físicas e suas propriedades. Assim, uma criança pode combinar as ideias simples de cinza e grande com as de forma e solidez para obter as ideias mais complexas de elefante e tromba, e para formar a crença (que Locke também chamaria de ideia) de que elefantes têm tromba. Desse modo, todo o rico conteúdo do pensamento é construído a partir de elementos simples recebidos de modo passivo por meio de percepção e reflexão.

> *"Há uma grande variedade de opiniões sobre regras morais entre os homens [...] Isso não poderia ocorrer se os princípios práticos fossem inatos e impressos em nossa mente imediatamente pela mão de Deus."*
>
> John Locke,
> *Ensaio acerca do Entendimento Humano*

Esse modo de pensar satisfaz o lema empirista "tudo vem da experiência". Mas o empirismo de Locke era, num sentido, menos extremo que o de muitos outros, já que ele não pensa que as razões para sustentar nossas crenças só vêm da percepção. Em vez disso, ele afirmava que, uma vez que se tenham as ideias de um triângulo e do número três (para as quais a percepção é essencial), pode-se saber, apenas refletindo sobre elas, que todos os triângulos têm três lados.

Locke considerava que o conhecimento obtido por reflexão não se limitava ao mundo físico. Refletindo sobre ideias de certo e errado, podemos descobrir alguns fatos importantes, como o de que a crueldade é errada. No entanto, há algumas questões, pensava Locke, das quais nunca saberemos a resposta, e elas estão no âmago de muitas discussões religiosas: não podemos provar que a alma é imortal ou que uma ou outra forma de religião é certa. Essa ideia levou Locke a uma consequência política do empirismo. Ele acreditava que alguma uniformidade de crença era necessária para a harmonia social e que se devia exigir dos cidadãos a crença na existência de Deus e doutrina cristã suficiente para aceitar a moralidade. Mas, ele propunha, a maior parte das outras questões religiosas deveria ser deixada à consciência do indivíduo. Trezentos anos depois isso pode ser indiscutível, mas na época de Locke era uma proposição realmente audaciosa.

Qualidades primárias e secundárias

Segundo Locke, perceber é ter ideias, que são aspectos da mente. Ele sustentava que algumas ideias correspondem a propriedades dos objetos reais: a lista incluía solidez, extensão (comprimento), figura (forma), movimento ou repouso e número; essas constituem as "qualidades primárias". Outras – cores, sons, sabores etc. – não: são as "qualidades secundárias". Pensamos nas qualidades secundárias como traços reais das coisas, mas isso, para Locke, é uma ilusão. "A folha é vermelha" só significa "a folha parece vermelha aos humanos". Assim, Locke pensa que as folhas não são na verdade verdes ou vermelhas, e a comida não é na verdade doce ou azeda.

Essa distinção entre qualidades primárias e secundárias é aceita ainda hoje por muitos filósofos – mas será correta? Por um lado, ao examinar uma folha vermelha de plátano ao microscópio eletrônico sua cor desaparece. Por outro, o mesmo ocorre com a forma. Se você iluminar a folha com luz colorida ela vai parecer de cor diferente – e, se levá-la para a Lua, terá peso diferente. Parece que o mundo descrito pela ciência é totalmente diverso do que aparenta a nossos sentidos – tão diverso que é difícil encontrar uma fronteira exata entre propriedades que realmente correspondem a sua aparência e outras que não o fazem.

Ceticismo

Há argumentos surpreendentemente fortes para o ceticismo – a ideia de que os seres humanos não sabem quase nada, nem mesmo se habitam um corpo físico num mundo físico. Assim, quanto daquilo que tomamos como conhecimento é confiável?

Temos muita certeza de algumas coisas. Somente pessoas insanas duvidariam que têm uma cabeça sobre os ombros, ou que a água é molhada.

Com efeito, seria motivo de preocupação a sanidade de alguém que duvidasse de muitas coisas menos óbvias, como que o bebê se forma no corpo da mãe ou que a Lua orbita a Terra. No entanto, desde tempos antigos filósofos céticos expressaram dúvidas sobre os fundamentos para convicções como essas.

Há alguns "experimentos de pensamento" padrão que os filósofos usam para salientar nossa possível falta de conhecimento. Imagine um cérebro mantido vivo numa cuba de fluido nutriente em Alfa Centauri, sendo alimentado com estímulos em seus nervos ópticos e outros sensoriais por um computador poderoso.

O cérebro poderia ter sensações como se estivesse vivendo na Terra, talvez lendo um livro chamado *Filosofia*.

Mas, na verdade, sua convicção de que tem um livro nas mãos seria falsa, pois não haveria livro nem mãos.

O mais importante aqui não é se esse cérebro teria pouco ou nenhum conhecimento. O ponto vital é que uma pessoa comum num corpo comum, como você ou eu, não pode excluir a possibilidade de que sejamos cérebros em cubas.

Assim, mesmo que nossas crenças sejam de fato verdadeiras, não serão consideradas conhecimento – porque nossa evidência delas é a mesma que o cérebro na cuba tem de suas falsas crenças, e não parece suficiente para provar a ninguém que ele ou ela não é um cérebro numa cuba.

> "*Como saber se [Deus] não fez que não houvesse terra nem céu, [...] enquanto garante que essas coisas pareçam existir como agora? [...] posso não me enganar, de modo similar, cada vez que somo dois e três, ou conto os lados de um quadrado?*"
>
> René Descartes, *Meditações sobre Filosofia Primeira*

Resistência ao ceticismo

Há três respostas principais ao dilema cético. A primeira é encontrar um modo de provar que não somos cérebros em cubas ou vítimas de uma situação enganadora similar.

Descartes (*ver pp. 48-49*) tentou fazer isso afirmando que podemos provar pelo poder da razão pura que Deus existe e não precisa que sejamos iludidos desse modo. Mas essa resposta falha, porque se revela circular: para mostrar que Deus existe e que quer que tenhamos crenças verdadeiras, Descartes tem de fazer suposições que seriam falsas se fôssemos cérebros em cubas.

A segunda resposta é afirmar, reinterpretando os pensamentos do cérebro, que um cérebro numa cuba tem, afinal, tanto conhecimento como você ou eu. Por exemplo, quando ele pensa "há um livro em minhas mãos", talvez devêssemos relacionar esse pensamento à presença de um livro na imagem subjetiva produzida pelo computador. É claro que há um livro nela, e, além disso, o cérebro na cuba está na posição exata para saber isso. Então, se o pensamento "há um livro em minhas mãos" é isso, trata-se de algo que um cérebro numa cuba sabe. O resultado é que o cérebro numa cuba tem tanto conhecimento quanto uma pessoa na Terra, mas de uma realidade diferente. Essa linha de pensamento pode ser encontrada nos textos de Kant (*ver pp. 141-143*) e mais recentemente na obra de um filósofo contemporâneo americano, Hilary Putnam. No

No filme *Matrix*, máquinas dominaram a Terra no futuro e mantêm seres humanos ligados a aparelhos de manutenção da vida, alimentando-os com experiências ilusórias geradas por um supercomputador. Quando os espectadores veem a "ação" que ocorre nessa realidade virtual, precisam lembrar que só estão presenciando ilusões vividas pelos humanos prisioneiros.

entanto, há algo desapontador nessa resposta ao ceticismo. Não é grande consolo ouvir que você sabe muitas coisas, se esse conhecimento é apenas sobre o modo como o mundo lhe parece, subjetivamente, e não como é na verdade.

A terceira resposta é afirmar que temos evidências boas, senão conclusivas, de que não somos vítimas de nenhuma trama com cubas.

Não precisamos de certeza para ter conhecimento, e a "hipótese" de viver num corpo humano na Terra é parte de um conjunto de crenças que explica os detalhes da experiência de alguém melhor que a hipótese de ser um cérebro numa cuba. A maior vantagem dessa resposta é que revela o pressuposto cético oculto e duvidoso de que o que é conhecido tem de ser certo. Há um problema, porém: essa resposta só nos mostra que temos motivo para acreditar que não estamos sendo enganados, em lugar de demonstrar que sabemos isso com certeza?

Todas essas respostas, menos a primeira, dão elementos para resistir ao ceticismo, mas nenhuma parece decididamente refutá-lo.

Suponha que ele não possa ser refutado – seria um desastre intelectual? Teríamos de aceitar a possibilidade de que quase não temos conhecimento, se tomarmos a palavra "conhecimento" de modo estrito e exigente. Mas ainda teríamos mais evidência de algumas crenças que de outras, de que algumas são bem fundamentadas e outras insanas, e que não há razão séria para acreditar que estamos sendo sistematicamente enganados.

Como diz o filósofo contemporâneo americano Peter Unger, o conceito de conhecimento seria como o de planura. Nada é completamente plano, já que a superfície mais lisa do mundo tem minúsculas imperfeições e no nível atômico uma série de átomos nunca forma um plano preciso.

Mas isso não nos impede de dizer que os desertos são mais planos que as montanhas, ou que os padrões de planeza dos espelhos dos telescópios refletores são muito altos.

Relativismo

Relativismo é a ideia de que, quando as pessoas têm opiniões muito diferentes, cada uma está certa em relação a seu ponto de vista. Algumas versões do relativismo são muito sutis e profundas, ao passo que outras são apenas erros grosseiros.

Não tanto tempo atrás, as pessoas mais inteligentes e bem informadas acreditavam que a Terra era o centro do universo. Elas estavam erradas, dizemos hoje, mas tinham motivos para essa convicção. De modo similar, em muitas culturas passadas e presentes a crença em que há muitos deuses que regem os assuntos da humanidade é corrente entre respeitados pensadores, que também têm suas razões. Eles estão simplesmente errados? Algumas pessoas – monoteístas e ateus decididos – diriam que sim, e a seu ver é falso que haja muitos deuses. Outras vão se esquivar, dizendo: essa crença é parte de todo um sistema que é muito diferente de nossa visão de mundo, e rejeitá-la como falsa em vez de apenas diferente parece o mesmo que ignorar a possibilidade de entender o mundo de outro modo que não seja o presente.

Relativismo e antirrelativismo

As teorias relativistas sobre a verdade consideram a verdade de declarações ou crenças relativa a circunstâncias daqueles que fazem as declarações ou têm as crenças. É claro que a verdade de algumas afirmações pode depender de modo muito direto das circunstâncias da pessoa que as faz; a afirmação "a boia vermelha está na esquerda" é verdadeira quando se deixa o porto, mas falsa quando se entra nele. A maior parte das teorias relativistas, porém, vai muito além ao permitir que as crenças possam ser verdadeiras para uma pessoa e falsas para outras, e muitas vezes envolvem uma proposição relativista sobre a natureza da própria verdade. Segundo um relativismo bastante básico sobre a verdade, como quase nunca podemos estar certos do que é verdadeiro, poderíamos só signifi-

Podemos discordar quanto à altura do monte Everest ou a quem primeiro o escalou, mas para um antirrelativista deve haver dados corretos – quer os conheçamos quer não.

Pontos de vista alienígenas

Talvez as versões mais profundas do relativismo se concentrem nas limitações da perspectiva humana. Mesmo muitos antirrelativistas em relação a outras culturas humanas acreditam que nossas crenças devem ser avaliadas de acordo com um ponto de vista humano, e não invalidadas pela possibilidade de modos de pensar não humanos. Como seres humanos, somos equipados com órgãos sensoriais específicos e nosso cérebro é construído de tal maneira que torna possível pensar de certos modos e impossível de outros. Podemos imaginar a existência de criaturas inteligentes que percebam coisas diferentes e pensem de modos diversos, mas achamos quase impossível imaginar seus pensamentos. Suponha, por exemplo, que a melhor concepção humana sobre o universo (em termos que se ajustem aos fatos que sabemos) é que ele consiste em zilhões de partículas fundamentais. E suponha que a melhor concepção dos alienígenas é que ele consiste em uma coisa relacionada a si mesma de modos que não podemos imaginar. Bem: poderia haver uma só coisa e zilhões de coisas? Uma resposta não relativista é que uma dessas noções é verdadeira, embora os humanos não sejam capazes de saber qual. Uma resposta relativista é que cada uma é verdadeira, relativamente a seu próprio ponto de vista.

car por verdade "verdade para B", onde B é uma pessoa que tem essa crença. A maior parte dos filósofos vê isso como confusão: o fato de não podermos dizer se uma proposição é verdadeira não tem relação com ela o ser de fato. Um relativismo levemente mais sutil afirma que a verdade é diversa para pessoas diferentes porque pessoas diferentes designam coisas diferentes com suas palavras. Assim, se com "deuses" você se refere a "fatores importantes que afetam a vida humana", então "há muitos deuses" é verdade.

Em contraste, um antirrelativista sobre a verdade é alguém que pensa que, em princípio, se pode dizer em termos absolutos se uma crença é verdadeira, independentemente de quem tenha a crença. E, o que é importante, um antirrelativista não precisa sustentar que nossas opiniões correntes sobre o que é verdade estão corretas. A ciência futura pode refutar a maioria de nossas crenças e empregar métodos em que não pensamos. O que um antirrelativista deve sustentar é que, afinal, sempre há um fato inegável: se a ciência futura difere da atual em algo, então ou ela ou a ciência presente é verdadeira: nenhuma neutralidade do tipo "cada um é verdadeiro a seu modo" é permitida.

> *"Teses relativistas costumam ser de dois tipos: uma versão ousada e impressionante, que é proclamada, e uma sem tanta força, menos vulnerável, que é defendida – e a primeira tende a se metamorfosear na segunda quando sob ataque."*
>
> Chris Swoyer, "Relativism", em *The Stanford Encyclopedia of Philosophy*

Razão e evidência

É possível ser relativista quanto a razões, assim como quanto à verdade. Na Europa medieval, quase todo mundo considerava a Bíblia e as declarações da Igreja provas suficientes para sua crença, enquanto os cientistas empíricos de hoje apoiam suas teorias na evidência experimental. Alguém poderia dizer que as pessoas da Idade Média estavam erradas ao aceitar tais provas para suas crenças porque hoje sabemos que as razões científicas são as únicas válidas. Mas por que diríamos isso? A ciência produziu um corpo grande e coerente de crenças com muitas aplicações práticas, mas um medievalista obstinado sempre poderia dizer que "não há razão para acreditar em nenhuma delas". Uma resposta possível é o fato de que atitudes radicalmente diferentes podem convergir com o tempo. Muitos filósofos acreditam, ou talvez simplesmente esperem, que, se as pessoas que baseiam suas crenças em evidências muito diferentes das nossas se deparassem com mais fatos e a pressão de problemas difíceis, eventualmente suas atitudes se aproximariam das nossas. Se esses otimistas estiverem certos, em vez de "isso era evidência para eles mas não para nós", podemos dizer: "isso era o que eles equivocadamente tomavam como evidência".

Foucault

Pessoas de épocas diferentes têm pensamentos diversos e acham as ideias de outros tempos difíceis de entender. Consideramos a descoberta da circulação sanguínea por Harvey, no começo do século XVII, um passo para a moderna compreensão do mundo – até sabermos que ele pensava que o sangue circula porque o coração é como o sol e o sangue como os planetas a circundá-lo.

> “*A verdade é algo deste mundo: só é produzida devido a múltiplas formas de coerção.*”
>
> Michel Foucault, *Verdade e Poder*

As ideias de Harvey fazem parte do que o filósofo francês Michel Foucault chamou uma “episteme”, complexo de crenças e métodos de investigação característicos de uma cultura e que definem o que nela é considerado racional. A maior importância de Foucault é como filósofo da sexualidade, em particular como historiador que desmascarou ideias sobre a homossexualidade. Em especial no final de sua carreira, até sua morte por aids, foi uma figura heroica para os que queriam os eruditos engajados nas atitudes do mundo não acadêmico.

A obra inicial de Foucault foca as instituições que lidaram com a loucura e a doença na cultura europeia anterior.

Foucault afirma que não houve uma só concepção constante do que a loucura e a doença são, ao longo da história. Em particular, ele destaca que, até o século XVIII, a loucura foi vista como uma rejeição às normas de comportamento racional ou disciplinado. A reação da sociedade a tal rejeição é excluir a pessoa afetada; mas, quando a loucura passa a ser vista como doença, a reação social se torna o confinamento. Uma mudança conceitual é então vinculada à criação do asilo. Todos os temas de Foucault estão aqui: uma instituição social, que em geral restringe a liberdade individual, depende de um sistema de ideias e também o sustenta.

Michel Foucault 1926–1984

Foucault vincula as limitações do pensamento às da liberdade. Em todas as culturas, há coisas que não se consegue pensar e atos que não se pode realizar. Cada um reforça o outro, de modo que no final o poder dá forma à verdade.

Foucault junta esses temas de modos diversos em várias obras, como *História da Loucura* (1961), *As Palavras e as Coisas* (1966) e *A Arqueologia do Saber* (1969), mas há um quadro coerente que emerge da totalidade de seus textos. Temos de distinguir entre dois tipos de conhecimento, *connaissance* e *savoir*, que juntos geram a vida intelectual com uma episteme comum. A *connaissance* corresponde aos pressupostos tácitos que dão forma às atividades diárias e criam limites dentro dos quais o tipo de conhecimento mais explícito e formal, o *savoir*, pode ser formulado. O *savoir* produz crenças explícitas que justificam as instituições sociais e a *connaissance* permite ações que fazem essas instituições funcionar. Assim, restrições quanto ao que podemos fazer produzem restrições ao que podemos pensar.

Essas ideias expressam um relativismo radical sobre a autoridade da razão. Foucault muitas vezes dá a impressão de pensar que a verdade também é relativa a uma episteme, de modo que, quando as pessoas raciocinam de acordo com práticas de sua época, suas conclusões, para elas, são verdadeiras. Mas não está totalmente claro para os interpretadores de Foucault se ele tem de fato razões para considerar a verdade relativa. O modo mais simples de interpretá-lo é considerá-lo agnóstico quanto à questão de se há fatos independentes do modo como os descrevemos.

A palavra “verdade”, como a usamos, é assim mais bem entendida como “o que as pessoas pensam que é verdade”.

Quine

W. V. O. Quine foi o principal filósofo americano do final do século XX. Dos anos 1940 aos 1980, ele produziu uma sequência de livros e artigos influentes, em especial *From a Logical Point of View* (1953) e *Word and Object* (1960). Suas primeiras obras trataram de lógica e filosofia da matemática, mas suas ideias posteriores sobre linguagem, conhecimento e ciência foram igualmente importantes.

Willard Van Orman Quine 1908–2001

Quine mostrou que não há uma distinção simples entre o que é verdade devido ao significado das palavras e o que é verdade devido aos fatos. Abandonar essa distinção tem efeitos radicais sobre a prática da filosofia.

Durante séculos, os filósofos afirmaram que sabemos alguns fatos – como que os gatos são animais – simplesmente a partir do significado das palavras. Esses fatos são tradicionalmente rotulados como "analíticos", e todos os outros como "sintéticos". A contribuição central de Quine à filosofia foi romper essa distinção. Segundo ele, mesmo a afirmação de que gatos são animais é considerada conhecimento substantivo sobre o modo como o mundo é e sobre nosso uso das palavras "gato" e "animal". Esse conhecimento poderia assim, em princípio, ser refutado por evidência futura. O resultado é que nem a filosofia nem a matemática podem defender seus pressupostos dizendo que são verdadeiros por definição – porque nada é verdadeiro apenas por definição. Quine prosseguiu desse ponto central, formulando um novo modo de entender o conhecimento e traçando um projeto para fazer da teoria filosófica do conhecimento parte da psicologia e da biologia.

Quine usa essa ideia para defender uma proposição igualmente radical sobre o modo como as crenças se baseiam em evidência. Quando a evidência conflita com uma ou mais de nossas crenças, temos uma escolha sobre qual delas abandonar – algumas podem preservar a coerência global de nossas crenças melhor que outras, minimizando mistérios e anomalias e maximizando a simplicidade e a força explicativa. Para Quine, esses são os fatores que regem a aquisição de todas as nossas crenças. Não raciocinamos diretamente da evidência para a teoria; em vez disso, consideramos como modificar todo o nosso corpo de crenças para incorporar uma nova evidência de um modo que preserve ou aumente sua coerência global. Essa atitude, enfatizando as propriedades de corpos de crenças inteiros, é conhecida como holismo ou coerentismo e domina a teoria contemporânea do conhecimento.

> “*A totalidade de nosso assim chamado conhecimento ou crenças, dos temas mais casuais da geografia e história às mais profundas leis da física atômica [...] é uma estrutura feita pelo homem que só afeta a experiência nas bordas.*”
>
> W. V. O. Quine, "Dois Dogmas do Empirismo", em *De um Ponto de Vista Lógico*

Quine usa sua negação da distinção analítico-sintética para tirar outra conclusão de longo alcance: a filosofia é parte da ciência.

Se a filosofia não pode consistir em descobrir o que está implícito na linguagem, e se abandonamos ideias de revelação divina e intuição mística, parece não haver outro modo como a filosofia possa nos dar algum tipo especial de conhecimento. Em vez disso, ela deve aproximar-se de alguns padrões, contribuir para eles e ser julgada por eles, como o restante da ciência. A epistemologia (teoria do conhecimento) se torna parte da biologia e da psicologia. A metafísica (teorias filosóficas sobre a natureza da realidade) se torna parte da física. É muito menos claro o que acontece com a ética e a filosofia política.

Lógica e raciocínio

A lógica revela que padrões de raciocínio são válidos ou não e nos permite analisar inferências complexas como cadeias de outras mais simples. Seus critérios de validade, porém, são restritos demais para incluir todos os tipos de raciocínio de que precisamos na vida real.

As pessoas muitas vezes se enganam ao raciocinar. Se sabemos que quem tem meningite apresenta dores de cabeça fortes e erupções na pele e descobrimos que certa criança está com esses sintomas, somos tentados a concluir que ela tem meningite. Mas isso é errado: sabemos que quem tem meningite terá esses sintomas, mas isso não impede que alguém tenha os sintomas sem ter a doença. Esse exemplo ilustra dois pontos. Primeiro, que temos padrões que aplicamos ao raciocínio: enquanto algumas conclusões se seguem logicamente às premissas (as suposições ou pontos de partida do raciocínio), outras podem ser derivadas apenas por erro ou confusão. O segundo ponto é que, embora muitas vezes violemos esses padrões e nos enganemos, podemos ver onde erramos quando o raciocínio é expresso de modo diferente ou desdobrado em etapas.

Assim, o que é um raciocínio correto segundo as regras da lógica? Uma conclusão se segue logicamente a algumas premissas se não houver meio de todas as premissas serem verdadeiras sem que a conclusão também seja. Por exemplo, não há maneira de as afirmações "todos os *poodles* são cachorros" e "todos os cachorros têm dentes" serem verdadeiras sem que a conclusão "todos os *poodles* têm dentes" também seja. Por outro lado, se as premissas podem ser verdadeiras sem que a conclusão seja, a conclusão não é decorrente e diz-se que a argumentação é inválida. Se "todos os *poodles* são cachorros" e "alguns cachorros têm cauda" são ambas verdadeiras, não se segue a conclusão "alguns *poodles* têm cauda" – por mais plausível que pareça – porque, apenas com base

Os circuitos dos *chips* de computador incluem "portões lógicos". Por exemplo, a corrente atravessará por um portão "OU" se houver corrente em um dos dois caminhos de entrada, representando a asserção "Se A ou B é verdadeiro, então C é verdadeiro".

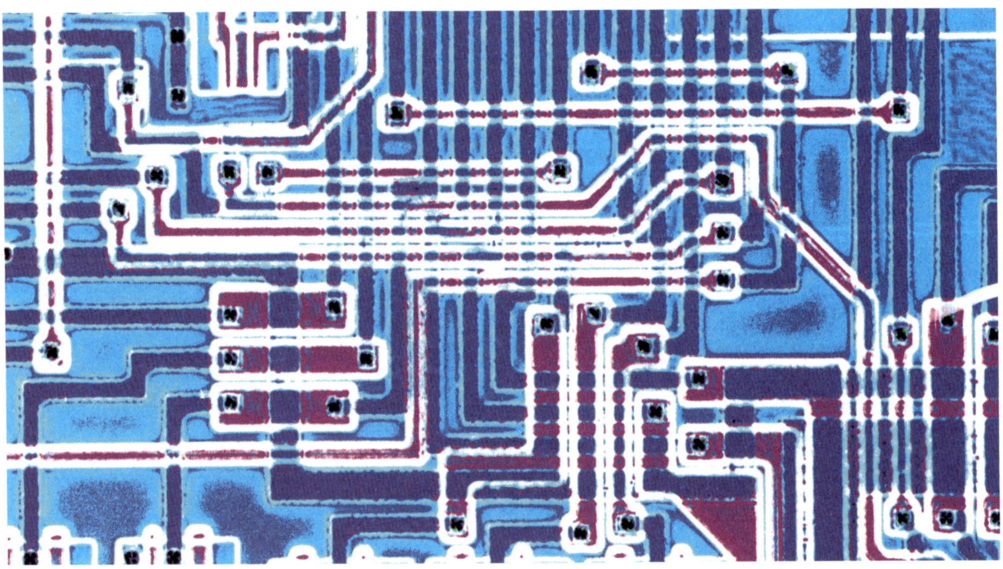

Falácias do raciocínio

Os lógicos elaboraram listas de falácias ou armadilhas em que as pessoas podem cair com facilidade ao raciocinar. A mais famosa delas, chamada "afirmação do consequente", consiste no seguinte modelo:

Se um pneu estiver murcho, o carro vai puxar para o lado.
O carro está puxando para o lado.
Portanto, um pneu está murcho.

É fácil ver que a conclusão (a última asserção) não se segue logicamente às duas primeiras (as "premissas"). A primeira premissa não diz que um pneu murcho é a única causa de um carro puxar para o lado, portanto isso poderia ocorrer com pneus cheios. Então, por que muitas vezes achamos esse raciocínio convincente?

Primeiro, ele está próximo o bastante de um padrão válido de raciocínio para ser confundido com ele. O padrão válido seria: "Se um pneu está murcho, o carro puxará para o lado; um pneu está murcho; portanto, o carro vai puxar para o lado".

Além disso, em muitos casos, as premissas fornecem evidência, ainda que não um argumento conclusivo, para a conclusão. O fato de o carro puxar para o lado é evidência de que pode haver problemas nos pneus; não o suficiente para ter certeza, mas o suficiente para buscar mais evidências.

nas premissas, os *poodles* poderiam na verdade ser uma raça sem cauda. Observe que, para que uma argumentação seja logicamente válida, não precisamos saber se na verdade os pressupostos têm sustentação no mundo real – apenas se, caso verdadeiros, sustentam a conclusão.

Padrões de raciocínio lógico

A lógica, assim, consiste em grande parte em encontrar modos de avaliar uma argumentação comparando-a a um conjunto de padrões em que é mais fácil ver o que é uma decorrência lógica do que o contrário. O mais antigo conjunto de padrões são os silogismos de Aristóteles (*ver pp. 13-15*). Ele estudou os padrões de raciocínio, como os exemplos acima, que incluem palavras como "todos" e "alguns". Mais tarde, os filósofos estudaram raciocínios que envolvem palavras como "se", "não" e "ou", como em "as chaves estão em meu bolso, em minha sacola ou na porta; não estão em meu bolso nem em minha sacola, portanto estão na porta". E filósofos do século XX estudaram padrões mais complexos que exigiram que inventassem uma nova linguagem simbólica, muitas vezes chamada de lógica simbólica, que é uma das origens das linguagens de programação de computador.

No entanto, mesmo com uma variedade de padrões lógicos a escolher, muitas vezes achamos totalmente aceitáveis raciocínios que não se conformam a nenhum deles. O raciocínio indutivo (*ver pp. 93-95*), em que tiramos uma conclusão geral ao ver ocorrências repetidas, é um desses casos. De modo intrigante, às vezes também achamos que um raciocínio é inaceitável mesmo que seja correto em termos de dedução (ou seja, válido pelas regras da lógica). Por exemplo, alguém poderia acreditar ao ver a própria agenda que está em Boston na segunda-feira, e acreditar ao ver o jornal que é segunda-feira, e também acreditar, ao olhar pela janela, que está perto da Torre Eiffel. Dessas três premissas a pessoa pode inferir dedutivamente que a Torre Eiffel fica em Boston. Mas isso seria tolo; seria muito mais sensato concluir que a agenda está errada.

A conclusão que tiraríamos disso tudo é que quem quiser ter crenças verdadeiras deve tentar violar o mínimo possível os padrões do raciocínio dedutivo correto. Mas fazer isso está longe de ser um guia completo para pensadores inteligentes; é preciso também guiar-se pelo bom senso para perceber quando é seguro continuar um raciocínio que não seja dedutivamente válido e quando a conclusão de um raciocínio logicamente perfeito é tão implausível que se deveria duvidar de alguma das premissas das quais derivou.

> “*'Contrariamente', continuou Tweedledee, 'se foi assim, poderia ser, e se fosse assim, seria; mas como não é, não é. Isso é lógica!'*”
>
> Lewis Carroll, *Através do Espelho*

Carnap

Carnap nasceu na Alemanha em 1891. Em 1935, fugindo dos nazistas, foi para os Estados Unidos, onde trabalhou até sua morte, em 1970. Ele teve um papel preponderante no Círculo de Viena, um grupo de filósofos, matemáticos e cientistas que trouxe à filosofia a ideia – conhecida como positivismo lógico – de que algumas questões aparentemente inteligíveis são na verdade absurdas e que portanto não há sentido em buscar resposta para elas. Para os positivistas lógicos, a maioria das questões de religião e metafísica recaía no lado absurdo da linha divisória e a maioria das questões científicas no lado com sentido. A questão premente, então, é como traçar a linha.

A carreira de Carnap pode ser vista como a busca de critérios para distinguir o que tem sentido do absurdo. Em suas primeiras obras, nos anos 1920, ele partiu dos trabalhos de Frege, Russell e outros para sugerir um teste de acordo com as seguintes linhas: dada uma proposição, primeiro tentamos traduzi-la em lógica simbólica, que usa símbolos para representar sentenças e argumentos razoáveis. Se não conseguimos fazer isso, sabemos que é absurda. Se a tradução é possível, vemos então se poderia haver evidência que refutasse ou confirmasse a proposição. Se não, nós a consideramos absurda; mas, se uma evidência puder refutá-la ou confirmá-la, nós a teremos transformado em uma questão científica, a ser resolvida por investigação científica. Em *Pseudoproblems in Philosophy* (1928), Carnap afirmou com base nisso que o problema da existência do mundo externo e outras preocupações filosóficas clássicas são na verdade não problemas.

> *O metafísico pensa que trafega num território em que estão em jogo verdade e falsidade. O fato, porém, é que ele não afirmou nada, mas apenas expressou algo, como um artista.*
>
> Rudolf Carnap, *The Elimination of Metaphysics through Logical Analysis of Language*

Rudolf Carnap 1891–1970

Carnap foi cofundador da filosofia analítica do século XX. Sua obra foca a distinção entre o que tem sentido e o absurdo; entre questões verdadeiras sobre o mundo e aquelas sobre terminologia. Ele buscou uma filosofia que não se atolasse em debates sem sentido ou insolúveis.

Carnap desenvolveu ainda essa ideia em duas direções. Em *The Logical Structure of the World* (1928), ele tentou explicar como declarações sobre o mundo físico podem ser reduzidas a declarações baseadas na percepção, e, em *The Logical Syntax of Language* (1934), interpretou problemas filosóficos como questões sobre a escolha de uma linguagem para a ciência.

Nos anos 1940 e 1950, o programa positivista lógico foi alvo de críticas constantes de filósofos que mostraram que a linha entre o que tem sentido e o absurdo não poderia ser traçada como os positivistas queriam. A reação de Carnap foi mudar o foco para o conceito de evidência. Numa série de textos que culminaram em *The Logical Foundations of Probability* (1950), ele descreveu a relação entre afirmações científicas e a evidência que as sustenta. Autores posteriores aceitaram poucas das proposições específicas dessas últimas obras de Carnap, mas suas ideias estão na origem de muitas obras técnicas correntes em filosofia.

A influência de Carnap reside na ideia de que as proposições filosóficas deveriam ser precisas o bastante para ser testadas contra a evidência. Essas proposições muitas vezes não passarão no teste, mas, segundo Carnap, isso parece um destino melhor que ser obscuras demais para ser testadas.

Indução e dedução

Ao generalizar a partir de eventos repetidos, raciocinamos por indução. Na dedução, a conclusão se segue logicamente; já as conclusões da indução nunca são seguras. Então, qual o papel da indução em nossa busca de conhecimento confiável sobre o mundo?

Desde cedo na história da humanidade, as pessoas notaram que o mar tem duas marés altas todos os dias. Na maior parte do litoral, esse padrão regular foi observado por milhares de anos. Como consequência, as pessoas esperam que cada dia traga duas marés altas. Esse é um exemplo de raciocínio por indução simples: as pessoas veem tantas ocorrências de um padrão, sem nenhuma exceção, que concluem que ele vai se manter. O raciocínio não é indubitavelmente válido; é concebível que amanhã alguma intervenção divina ou astronômica traga três, uma ou nenhuma maré alta onde agora há duas. Mas, intuitivamente, é razoável sentir-se mais ou menos seguro, dada a evidência, de que as marés se manterão (e que houve marés regulares no passado, antes de os humanos as observarem). Com efeito, se não pudéssemos nos sentir confiantes quanto a conclusões que tiramos por raciocínio indutivo, muitas de nossas crenças seriam bem menos seguras do que normalmente supomos.

Embora a indução pareça ser um elemento central do pensamento racional, é muito difícil dizer o que constitui um padrão correto de argumentação indutiva – em contraste com os padrões dedutivamente válidos de argumentação estudados em lógica. Nestes, se as premissas (os pressupostos usados no raciocínio) são verdadeiras, a conclusão também deve ser verdadeira. A argumentação indutiva, em contraste, dá apenas razões convincentes para acreditar na conclusão – que poderia ainda ser falsa, dadas as premissas.

Hume (*ver pp. 24-25*) foi o primeiro filósofo a ver esses pontos com clareza. Ele afirmou que,

Um paradoxo da evidência

Suponha que você prove comida tailandesa e goste, e tome isso como evidência de que comida tailandesa é gostosa. E, quanto mais refeições tailandesas fizer, mais forte será a evidência dessa ideia, porque encontrar um A que é B fornece evidência para a afirmação "todos os A são B" (no caso, "todas as comidas tailandesas são gostosas"). Mas há um problema. Imagine que você está em casa e prova tinta, que tem um gosto horrível. Então experimenta graxa de sapatos, que é ainda pior. Então você reflete sobre o fato de que ambas as substâncias não são gostosas e não são comida tailandesa – portanto tem evidência para a afirmação geral de que tudo o que não é gostoso não é comida tailandesa. Mas, em lógica, isso é o mesmo que afirmar que todas as comidas tailandesas são gostosas – porque "todos os A são B" é equivalente em termos lógicos a "todos os não B são não A". (A maioria das pessoas tem de parar um pouco neste ponto para pensar.) Assim, sem se aproximar de nenhuma comida tailandesa, você pode recolher evidência de que ela é gostosa. Como pode ser isso?

Depois que C. G. Hempel descobriu esse paradoxo nos anos 1960, usando um exemplo com corvos, alguns filósofos reagiram negando que, quando duas afirmações são logicamente a mesma, a evidência para uma é também para a outra. Outros reagiram duvidando de que um A que é um B sempre forneça evidência de que todos os A são B. Uma reação mais sutil é que algumas hipóteses "todos os A são B" são sustentadas com mais força por A que são B enquanto outras são sustentadas com mais força por não B que são não A. Para exemplificar isso, suponha que você tem um baralho em que todas as cartas estão marcadas, exceto quatro. Você quer alguma indicação de se todos os ases foram marcados, e tira uma carta ao acaso. Se for um ás e estiver marcada isso não revela muito, já que quase todas as cartas estão marcadas. Mas, se for uma das cartas não marcadas e não for um ás, isso lhe diz que apenas três das cartas não marcadas podem ser ases, e assim as chances de que todos os ases estejam marcados crescem consideravelmente.

“Leis gerais sobre marés podem ser formuladas, previsões podem ser baseadas nessas leis e os resultados em geral [...] corresponderão às previsões.”

John Stuart Mill, *Sistema de Lógica*

como a indução não nos dá razões definitivas para acreditar em suas conclusões, não sabemos na verdade que há duas marés por dia, que o sol nascerá amanhã, que o pão é nutritivo etc. Ao afirmar isso, ele está supondo que o raciocínio dedutivo é o único modo de obter bons fundamentos para nossas crenças.

Muito poucos filósofos hoje concordariam com isso; a maioria diria, em vez disso, que o raciocínio indutivo é apenas um modo diferente de obter razões para crenças, e que a lição que devemos aprender com Hume é que não podemos esperar que todas as nossas crenças sejam absolutamente certas.

Na raiz da certeza menor do raciocínio indutivo está o fato de que ele é "não monotônico". Isso significa que, se acrescentarmos outra premissa ao raciocínio, a conclusão pode se tornar menos certa. Se adicionarmos aos dados sobre marés as premissas de que elas são produzidas pela gravidade da Lua e que esta está prestes a colidir com um asteroide gigante, as tabelas de marés para amanhã se tornarão muito incertas. Em contraste, se acrescentarmos uma premissa a uma argumentação dedutivamente válida, a conclusão continuará a se seguir.

Outra diferença profunda em relação ao raciocínio dedutivo é que não parece possível definir um padrão de raciocínio indutivo que seja sempre válido. Ao ver um grande número de exemplos de um padrão e nenhum contraexemplo, poderia parecer que seria de esperar que o padrão se mantivesse. No entanto, não é esse o caso. Veja o padrão assim descrito: "O número de marés altas no dia N depois do nascimento de Cristo é 2 mais qualquer valor maior que zero e que N – 750.000". Isso se cumpriu por dois mil anos sem exceção, mas esperar que se mantenha seria esperar que em poucas décadas houvesse mais que duas marés por dia. O exemplo pode parecer forçado, mas o problema é geral. Ninguém conseguiu definir um padrão de raciocínio indutivo que se sustente em todos os casos.

Raciocínio a partir do entendimento

Apesar da familiaridade do padrão simples de inferência indutiva considerado até aqui – observou-se que alguns A são B; portanto todos os A são B –, não é óbvio que o raciocínio indutivo seja mais bem entendido desse modo. Uma alternativa é vê-lo como "inferência para a melhor explicação" (ou "abdução"). A ideia é que, em vez de raciocinar supondo que padrões observados se manterão, simplesmente tentamos imaginar que explicação do que observamos se ajusta melhor a tudo mais que sabemos sobre o mundo. Afinal, não realizamos o raciocínio indutivo num vazio; nós o fazemos contra um fundo de crenças bem testadas que formam uma compreensão integrada do mundo. Esse é particularmente o caso dos fenômenos naturais, em que a ciência nos dá razões para esperar que as coisas se passem de um modo específico. Por exemplo, não esperamos que o sol nasça amanhã de manhã simplesmente porque nasceu todos os dias de nossa vida até hoje. Nós o fazemos porque compreendemos que a Terra gira no espaço, o que faz que o Sol pareça nascer. Mais cientificamente, podemos também raciocinar que a Terra não deve parar de rodar porque isso desafiaria a lei da conservação do momento angular. Em todos esses casos, integramos o que observamos com o que já acreditamos para obter um conjunto de crenças mais compreensivo.

Alguns filósofos consideram que a abdução simplesmente substitui a indução. Outros acham que temos uma grande variedade de ferramentas de raciocínio, incluindo dedução, indução simples, abdução e outras, todas as quais têm suas limitações mas ainda são necessárias para entender o mundo complexo ao nosso redor.

> "*O homem que alimentou as galinhas por toda a vida delas ao fim lhes torce o pescoço, mostrando que uma visão mais acurada da uniformidade da natureza teria sido útil a elas.*"
>
> Bertrand Russell, *Problemas da Filosofia*

Tomamos nosso conhecimento sobre a subida e a descida das marés como uma quase certeza. Mas será que apenas observar a repetição desse padrão nos permite esperar que continue?

Bacon

Francis Bacon foi o filósofo pioneiro da ciência, o primeiro a descrever não só as ambições intelectuais características da ciência moderna mas também as organizações pelas quais a ciência é praticada. Um homem brilhante, socialmente ambicioso e arrogante, em sua longa carreira na vida pública Bacon ocupou altos cargos administrativos e escreveu extensamente sobre os benefícios públicos do que hoje chamaríamos de ciência aplicada.

Francis Bacon 1561–1626

Bacon rompeu com a tradição ao afirmar que o método científico correto deveria se basear na coleta cuidadosa de evidências e na experiência. Ele também via a ciência como uma atividade cooperativa, antecipando a necessidade de organizações científicas complexas e onerosas.

Como seu quase contemporâneo Descartes (*ver pp. 48-49*), Bacon propôs um método científico que suspendia a maioria das crenças tradicionais em favor de um projeto de estabelecer uma nova e abrangente compreensão do mundo. Diferentemente de Descartes, a ciência de Bacon se basearia em experimentos e observações meticulosamente reunidos e envolveria a cooperação organizada de numerosos cientistas. O primeiro estágio do projeto de Bacon consistiria em juntar grandes quantidades de dados por observação direta, sem prejulgamentos, sobre todos os tipos de tópicos. Os dados seriam cuidadosamente filtrados para remover erros e absurdos, mas mantidos em um estado mais ou menos bruto. O estágio seguinte seria formular candidatos plausíveis a leis gerais, agrupando os dados. Bacon pensava que deveríamos buscar um número limitado de características básicas, de modo que as leis candidatas cobrissem todas as combinações dessas características. Nesse estágio há um grande risco de sermos influenciados por crenças irracionais, e precisamos nos resguardar delas. Bacon sintetiza essas influências como quatro classes de ídolos: ídolos da tribo (erros e ilusões naturais aos humanos), ídolos da caverna (ênfase exagerada na própria experiência), ídolos do mercado (assumir que pessoas diferentes usam as mesmas palavras para designar as mesmas coisas) e ídolos do teatro (ideias enganosas que resultam de sistemas filosóficos). Uma vez que tenhamos nossas leis candidatas, nós as testamos contra os dados. Se não puder se encontrar entre os dados existentes uma evidência para distinguir as leis candidatas, nós a produzimos fazendo um "experimento crucial". Isso permitirá testar diretamente as implicações das leis candidatas em disputa e assim indicar a correta.

Muitos elementos dessa metodologia se ajustam bem ao padrão das ciências biológicas e físicas, tal como depois se desenvolveram. Em particular, a ideia de manipular a natureza para produzir evidência que não obteríamos apenas olhando e esperando é crucial para o método científico. Outros elementos parecem agora ingênuos, em particular a ideia de que se pode formular um conjunto de leis candidatas rico o suficiente para cobrir todas as leis reais possíveis, ainda que simples o bastante para que se possa descobrir a verdade simplesmente eliminando desse conjunto as leis que não se ajustem aos dados.

Talvez a sugestão mais prenunciadora de Bacon seja que, para entender a natureza, precisamos coordenar o trabalho de muitos pesquisadores, alguns reunindo informação e outros sistematizando-a. Ele percebeu que isso seria um empreendimento caro e tentou interessar as autoridades da época na fundação do que hoje consideraríamos associações científicas e institutos de pesquisa. Tendo fracassado, tentou ele mesmo financiar pesquisas. Ao morrer, em 1626, Bacon tinha caído em desgraça por ter sido subornado em seu posto de juiz – assim, já no início da história de ciência, a necessidade de apoio financeiro levou seus praticantes a adotar medidas desesperadas.

Diderot

Os pensadores iluministas do século XVIII estavam convencidos de que a razão humana – quando não atrapalhada por dogmas religiosos e da tradição – é capaz de resolver a maioria dos problemas da humanidade. Denis Diderot foi o mais radical e direto deles e o que menos disfarçava sua ideias para torná-las aceitáveis às autoridades. Como resultado, muitos de seus livros foram banidos e ele foi temporariamente preso. Pensador original e independente, Diderot nem sempre tinha as ideias esperadas. Ao convidá-lo a visitar a Rússia, Catarina, a Grande, imaginou que Diderot apoiaria sua modernização compulsória do país. Em vez disso, ele defendeu uma evolução lenta, compassada à educação dos cidadãos. Entre as ideias incômodas de Diderot estavam a de que talvez não haja propósito no universo ou na vida humana, que a vontade não é livre, que não há deus e que tudo no universo – incluindo a mente humana – é material. Em nenhum desses casos Diderot expressou uma opinião dogmática definitiva; ele acreditava que devemos ver aonde a evidência disponível nos conduz, permitindo que a evidência futura mude nossas opiniões. Mas essa atitude não dogmática é, de modo sutil, ainda mais subversiva à autoridade que uma afirmação inequívoca de uma ideia impopular, já que sugere um método alternativo de pensar, que ameaça potencialmente todas as opiniões. Assim, a liberdade de pensamento de Diderot tinha o efeito de tornar suas obras ainda menos aceitáveis. Em particular, ele sustentava que as questões religiosas e morais deveriam ser decididas com uma base empírica, dizendo que o deísta – segundo o qual Deus cria o universo e então o deixa funcionar sem interferência – é alguém que não viveu o bastante para ser ateu.

> “*O que nunca foi questionado nunca foi provado.*”
>
> Denis Diderot, *Pensées Philosophiques*

Suas opiniões morais eram estoicas e hedonistas, enfatizando tanto o valor do autocontrole quanto o fim último de buscar o prazer. Assim como suas visões sobre a evolução das espécies prenunciaram Darwin, ele antecipou Freud sustentando que a repressão sexual tende a resultar em tormento ou perversão.

O principal meio pelo qual Diderot apresentou seu subversivo ponto de vista foi a *Encyclopédie* (*Enciclopédia*), da qual foi editor-chefe. Essa obra enorme e ambiciosa, que teve afinal 35 volumes, pretendia cobrir o conhecimento da época sobre todos os temas. O próprio Diderot escreveu uma grande quantidade de artigos. Ela teve um enorme prestígio como a obra das melhores cabeças da França no período, com Voltaire, Rousseau e D'Alembert entre seus principais colaboradores. Em seus artigos, filósofos empiristas como Locke e Bacon eram citados como modelos, as liberdades civis defendidas e encorajada a crítica à Bíblia.

Embora o projeto tenha sido proibido, a *Encyclopédie* foi influente em sua defesa de uma atitude antidogmática em relação à religião, seu otimismo quanto à possibilidade de conhecimento científico de todas as coisas e sua esperança de que o pensamento e a evidência poderiam levar a humanidade a melhores modos de cuidar de seus assuntos.

Denis Diderot 1731–1784

Iniciada em 1750, a *Encyclopédie* foi pensada como um levantamento de todo o conhecimento humano, separando-o da superstição e indicando o caminho para a pesquisa futura. É a seu editor-chefe, Denis Diderot, que devemos muitas das ideias que associamos com o iluminismo do século XVIII.

Ciência

A ciência combina teoria e evidência, o que leva a uma divisão de trabalho entre os cientistas. Eles são motivados por muitos fatores e o desenvolvimento da ciência não é uma marcha direta para a verdade. Mas esses fatos não abalam a força do pensamento científico.

Se tivessem de dar um exemplo central do conhecimento humano, muitas pessoas citariam algum tópico bem estabelecido da ciência. Mas o que há de especial em nosso conhecimento da lei da gravidade ou do papel do DNA na hereditariedade? A singularidade do conhecimento científico parece derivar de dois fatores. Primeiro, as teorias científicas não são especulações extravagantes. Diversamente das proposições teológicas ou metafísicas, baseiam-se em cuidadosa observação e experimento controlado. Em segundo lugar, elas muitas vezes são bastante abstratas. Usam conceitos que não se encontram no senso comum e explicam eventos familiares em termos de coisas que não podemos ver. Essa combinação de observável e teórico não tem precedente no pensamento humano. Ao mesmo tempo que é difícil remontar ao tempo em que ainda não pensávamos em termos científicos, é surpreendente que possamos estar tão distantes da experiência em relação aos conceitos envolvidos e no entanto permanecer conectados a ela em termos das aplicações desse conhecimento.

Por meio da obra de filósofos da ciência modernos como C. G. Hempel e Karl Popper (*ver página ao lado*), é possível ver dois modos básicos como a ciência combina esses elementos aparentemente contraditórios. Primeiro, há o vínculo entre hipótese e teste. Uma nova hipótese científica em geral surge numa situação em que uma concepção científica padrão entrou em crise. Conjeturas – variações ou alternativas a uma concepção-padrão – são então propostas e testadas por experimento e coleta de dados. Em resultado, algumas conjecturas sobrevivem e são aceitas como novas doutrinas-padrão. O segundo traço básico da ciência é a formulação precisa, em geral quantitativa, das teorias. Teorias precisamente formuladas terão consequências precisas. Pequenas discrepâncias com os fatos observados gradualmente aumentarão a possibilidade de que falsas teorias possam ser identificadas e refutadas.

Descrever a ciência desse modo é vê-la como uma iniciativa heroica e largamente bem-sucedida de descobrir os segredos da natureza. E essa é a

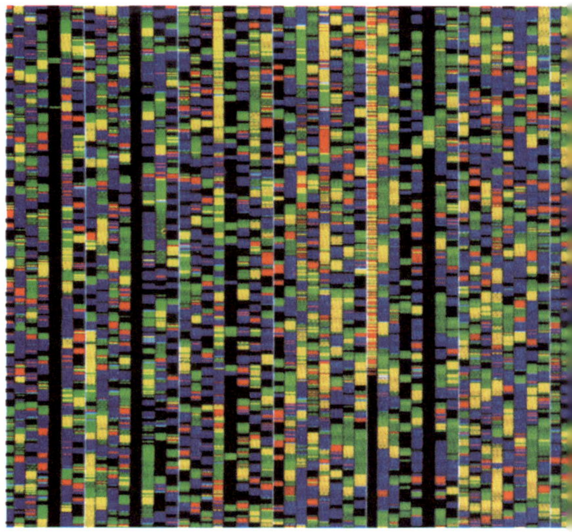

Cada uma destas faixas coloridas revela um dos três bilhões de "pares básicos" do genoma humano. Desenredar essa enorme complexidade exigiu uma colaboração igualmente complexa entre cientistas.

> “*Ideias ousadas, previsões injustificadas e especulações são nossos únicos meios de interpretar a natureza [...] Aqueles entre nós que não quiserem expor suas ideias à possibilidade de refutação não fazem parte do jogo científico.*”
>
> Karl Popper, *A Lógica da Pesquisa Científica*

visão que a ciência tem de si mesma. Muitos filósofos, porém, desconfiam dessa imagem triunfalista. A maioria das teorias científicas são afinal rejeitadas e substituídas por alternativas, e em retrospecto as razões dadas para sua adoção muitas vezes não parecem muito convincentes. Uma teoria pode ser substituída por outra radicalmente diferente que, em vez de solucionar problemas não resolvidos da teoria anterior, se dedica a questões bastante diferentes.

O historiador da ciência Thomas Kuhn afirmou que, como resultado, é possível dizer que a ciência muda em vez de evoluir de modo direto, e a transição de uma posição científica para outra tem tanto a ver com forças sociológicas e psicológicas quanto com a lógica.

A estrutura social da ciência

Mas esses dois pontos de vista não precisam conflitar. Podemos considerar que o poder da ciência vem do casamento que faz de conjetura ousada e evidência experimental e ainda acreditar que os processos que guiam os cientistas em seu trabalho são mais complexos que a simples determinação de descobrir a verdade. Um dos fatores que permite que essas duas visões se conciliem é a estrutura social da ciência.

Considere, por exemplo, um experimentalista cujo trabalho é bem recebido se for bem-sucedido em descobrir evidências incômodas para teorias em voga e que distingue entre as consequências de conjeturas rivais. O experimentalista pode ser motivado pelo desejo de ser bem-sucedido desse modo, e pode também querer ver algumas conjeturas refutadas por razões pessoais. Mas, uma vez que o resultado é a revelação de problemas nas teorias correntes e as novas conjeturas são submetidas a escrutínio rigoroso, a obra do experimentalista irá contribuir realmente para a descoberta de verdades.

O modelo de ciência apresentado até aqui se baseia muito nas ciências físicas e biológicas, em particular a física. Mas a ciência contemporânea é uma estrutura grande e variada, que incorpora muitas disciplinas diversas, da astronomia teórica à sociologia e à psicologia. Em algumas disciplinas, as teorias não são formuladas matematicamente, ou (como nas áreas da ciência médica) experimentos controlados são difíceis. Na maioria das disciplinas, os cientistas se engajam em muitos tipos de atividades, e uma estrutura social coordena as atividades de teóricos, experimentalistas (ou outras pessoas que coletam dados) e outros. É difícil e importante, no entanto, descobrir se há algo como um "método científico" único aplicável às ciências. Podemos aceitar que encontramos em modos científicos de pensar nossas ferramentas mais eficazes para entender o mundo sem ser forçados à conclusão adicional de que essas ferramentas precisam ser usadas todas juntas, ou que há um só conjunto de instruções sobre como usá-las melhor.

Ciência e pseudociência

Muitas ideias são apresentadas como "científicas" para se valer da autoridade da ciência em nossa cultura. Mas como dizer se uma teoria, como a astrologia ou a acupuntura, é mesmo científica? Uma resposta foi defendida pelo influente filósofo da ciência Karl Popper (1902-94). Segundo ele, as teorias científicas são marcadas por sua refutabilidade. Digamos que se encontre uma evidência de que a astrologia é falsa. É provável que os astrólogos respondessem que ela não refuta realmente sua teoria. Para Popper, essa é uma atitude fundamentalmente anticientífica: o espírito científico reagiria dizendo: "O.k., a teoria está errada; vamos tentar fazer uma melhor". Com base nisso, não apenas doutrinas marginais como a astrologia podem ser criticadas, mas também a psicanálise e a explicação marxista da história. Nesses e em outros casos, a teoria é sustentada de modo que não pode ser refutada. Assim, para Popper, a irrefutabilidade não é um sinal de que uma teoria é verdadeira, mas de que há algo intelectualmente abaixo do padrão nela.

Racionalidade

Uma pessoa racional é a que faz o melhor uso da informação a seu dispor. Mas esse raciocínio é ambíguo: o que é "melhor" depende de nossos objetivos e dos limites de nossa capacidade de raciocinar. Como distinguir entre os modos de pensar racional e irracional?

A racionalidade é um ideal. Formular padrões de racionalidade é descrever modos pelos quais pensaríamos e agiríamos se pudéssemos escolher como nossa mente funciona. Uma maneira racional de estabelecer crenças propiciaria a possibilidade máxima de que fossem verdadeiras, úteis e explicativas, e minimizaria as ilusões, erros e falácias. Mas o ideal de crenças racionais é relativamente ambíguo: é mais importante estar certo, entender ou alcançar resultados práticos? Dada a limitada quantidade de evidências, é mais racional tirar as conclusões mais seguras e que assim tenham menos probabilidade de ser falsas, ou as que sejam mais esclarecedoras ao explicar coisas que nos intrigam, ou que sejam mais úteis? É mais plausível imaginar que deveríamos buscar uma combinação delas e que há diferentes combinações que uma pessoa poderia racionalmente escolher.

Há dificuldades adicionais em nossa escolha de crenças, se quisermos ser considerados pensadores racionais. Um aspecto básico da racionalidade é a coerência. Todos temos algum grau de incoerência em nossas crenças, mas uma pessoa racional deveria tentar buscar um corpo de crenças mais coerente. Quando as crenças são coerentes, não se contradizem. Assim, se uma pessoa crê que todos os homens são monstros e também que seus três irmãos são seres humanos perfeitos, há um grau de incoerência

A incapacidade de entender a natureza dos processos aleatórios faz que, numa tempestade, as pessoas fiquem sob árvores que já foram atingidas antes, pensando que um raio raramente cai de novo no mesmo lugar.

A falácia do jogador

Se uma moeda cai cinco vezes seguidas com a cara para cima, como cairá na sexta? Muitas pessoas pensam que é provável que com a coroa, já que, "pela lei da probabilidade", uma sequência de seis vezes parece ainda mais improvável que cinco caras seguidas por uma coroa. Mas esse raciocínio está errado. Se a moeda estiver perfeita, é igualmente provável que caia cara ou coroa na próxima vez; se estiver viciada, uma sequência de cinco caras leva a crer que é mais provável que caia cara de novo. A tendência a acreditar que um processo aleatório deve continuar de modo que compense seus desvios da média esperada é chamada de "falácia do jogador". O erro é desconsiderar o fato de que, num processo aleatório, cada lance da moeda ou rodada da roleta é um evento independente, e o resultado não é influenciado pelo que houve antes. Curiosamente, essa falácia é tão convincente que algumas versões dela enganarão até especialistas em raciocínio.

em suas crenças. Um conjunto de crenças também pode ser incoerente porque não se sustenta de modos mais sutis. Por exemplo, uma pessoa pode acreditar em algum princípio geral e ter um modo arbitrário de explicar as exceções. Alguém que acredite que todos os peixes têm barbatanas e que as lulas e os mariscos são peixes poderia explicar a discrepância dizendo apenas que os braços da lula e as conchas dos mariscos são como barbatanas. Essa jogada resultaria em uma perda de coerência explanatória: não poderíamos mais declarar princípios gerais sobre a evolução dos peixes ou o modo como eles usam as barbatanas.

Nenhuma pessoa, porém, pode viver de acordo com o ideal da racionalidade perfeita, porque todos agimos dentro das limitações de nossa memória e atenção. Dadas as nossas restritas habilidades, há problemas difíceis demais para os humanos, e é melhor para nós não perder tempo com eles. Um exemplo importante disso diz respeito à probabilidade. Há uma massa de evidências hoje de que os humanos são sujeitos a um grande número de erros sistemáticos ao lidar com probabilidades. Por exemplo, podemos perguntar qual a probabilidade de um paciente ter uma doença, dado o resultado positivo num teste confiável (que normalmente detecta a doença, mas às vezes indica sua presença em pessoas saudáveis). A maioria dos médicos dirá que o paciente tem uma alta probabilidade de ter a doença. Mas isso é muitas vezes um erro: na verdade, a probabilidade depende da prevalência da doença na população. Se ela é muito rara, é bem provável que o paciente não tenha a doença, mesmo depois do resultado preocupante. (Se a vasta maioria da população não tem a doença, e o teste dá um resultado positivo mesmo para uma proporção pequena dela, então poucas das pessoas com resultado positivo terão na verdade a doença.) Os médicos, parece, sistematicamente falham em compreender isso – não porque sejam estúpidos, mas porque são humanos, e os seres humanos têm grande dificuldade com probabilidades.

Assim, qual a resposta mais racional ao fato de nossa racionalidade ser limitada? Na maioria das vezes, é trabalhar dentro dessas limitações. Por exemplo, deveríamos em geral evitar pensar em termos probabilísticos – em particular no caso de riscos, quando ficar confuso mais aumenta o perigo que ajuda a lidar com ele. Isso pode parecer um conselho simples, mas na verdade é muito difícil de seguir, pois requer uma compreensão exata das próprias limitações, e esse é um tipo de autoconhecimento muito difícil de adquirir.

> *"O homem é um animal racional – ao menos foi o que me disseram. Ao longo da vida, procurei com cuidado uma evidência dessa afirmação, mas até agora não tive a sorte de encontrá-la."*
>
> Bertrand Russell, *Autobiografia*

Senso comum

As habilidades que permitem que nos relacionemos socialmente e fornecem o conhecimento derivado do senso comum são em geral confiáveis. O que mais surpreende é que a ciência e outras atividades que estão além do senso comum repousam nas mesmas habilidades. Assim, como o senso comum se relaciona a formas mais sofisticadas de conhecimento?

Somos bem equipados para a vida diária com sentidos que nos informam sobre muitos aspectos do mundo que nos atingem diretamente. Podemos ver um tigre emboscado no mato e ouvir sua cauda zunindo. Acima de tudo, podemos transmitir informação pela linguagem: podemos avisar aos outros onde o tigre está escondido e dizer a nossos filhos onde os tigres costumam se esconder. Essas capacidades se desenvolveram e, se não fossem razoavelmente confiáveis, nossa espécie não teria conseguido sobreviver. É claro que há muitos aspectos perigosos que não notamos tão bem: não percebemos a radiação ionizante que nos ameaça de câncer e raramente estudamos as estatísticas que permitiriam comparar os perigos. Mesmo assim, muitas culturas humanas resistem há séculos sem achar nenhuma necessidade de modificar o que conhecem do mundo.

> “*O bom senso [senso comum] é a coisa mais bem distribuída no mundo, pois todos se acreditam tão bem dotados dele que a pessoa mais difícil de satisfazer em todos os outros aspectos não quer mais do que já tem.*”
>
> René Descartes, *Discurso do Método*

O senso comum é uma mescla das capacidades de coletar conhecimentos e de tomar decisões, junto com crenças aceitas, que permite às pessoas levar a vida diária. Obviamente ele varia de uma época e um lugar para outro, mas talvez muito menos que em geral supomos, porque há um grande fundo de conhecimento que estamos todos predispostos a encontrar por meio da psicologia humana normal. Pertence a essa categoria muito do que é chamado de “psicologia popular”, as capacidades e crenças com as quais os seres humanos compreendem uns as ações e motivos dos outros. Isso é essencial para o senso comum, na medida em que a habilidade de interpretar os outros permite às comunidades crescer e à informação ser transmitida e preservada dentro delas, fornecendo uma base de conhecimento comum. Sem essa habilidade, cada ser humano estaria efetivamente só, capaz de obter conhecimento apenas por meio de sua própria experiência.

Os filósofos muitas vezes relutam em chamar as crenças do senso comum de “conhecimento” a menos que se apoiem numa justificativa intelectual sofisticada. Mas nossas maiores conquistas intelectuais, como as da ciência física, não dependem apenas de nossa capacidade de raciocínio crítico e reflexivo. A física seria impossível se os físicos não pudessem confiar nas capacidades perceptivas humanas inatas para fazer observações, ou não pudessem passar informações uns aos outros (confiando nas capacidades linguísticas humanas inatas), e não pudessem coordenar esforços, confiando nas capacidades sociais humanas normais. Todas essas capacidades devem ser bem afinadas para se ajustar a um projeto científico, e algumas (como nossos poderes de observação) precisam ser tratadas com algum cuidado. Mas se não fôssemos usualmente fiéis ao relatar o que vemos, e se não soubéssemos em geral quando outra pessoa está sendo franca, em vez de brincar ou enganar, não poderíamos obter o sofisticado conhecimento científico que detemos. Assim, embora o conhecimento científico possa ser obtido com mais cuidado que as convicções do senso comum (que incluem o bom senso), sua obtenção repousa em muitas das mesmas capacidades humanas fundamentais.

Pragmatismo

Os pragmatistas evitam a especulação metafísica definindo a verdade em termos das consequências da investigação. Para todos os pensadores pragmatistas, a questão importante ao avaliar uma ideia é "que diferença real faria se nós a aceitássemos?"

O pragmatismo surgiu no começo do século XX entre filósofos atraídos pelo legado filosófico de Immanuel Kant (*ver pp. 141-143*), que dizia que o entendimento dá forma à experiência para torná-la inteligível. Porém, a explicação de Kant sobre como a mente faz isso é totalmente enigmática, e os pensadores pragmatistas sugeriram outra, diferente: para eles, a mente faz a verdade decidindo o que é considerado verdadeiro.

Nesse espírito, C. S. Peirce (1839-1914), o primeiro dos pragmatistas, definiu a verdade como tudo aquilo em que, no longo prazo, a humanidade acredita.

Alguém poderia objetar que a humanidade pode ser vítima de um engano duradouro; a resposta do pragmatista é que, se a verdade é algo diferente daquilo em direção a que nossas crenças gravitam, não tem importância prática. Segundo essa visão, podemos decidir o que queremos dizer com "verdadeiro", e a decisão sensata é aplicar o conceito ao que podemos alcançar e àquilo que tem sentido alcançar. Isso levou à definição variante de verdade do pragmatista William James (1842-1910) como tudo em que, para nós, é útil acreditar.

Embora essas definições possam levar a discussões sutis sobre a natureza da verdade, sua intenção é mudar a atenção de temas puramente filosóficos para questões sobre os modos de pensar que são de nosso interesse.

Na obra de John Dewey (1859-1952), o pragmatismo simplesmente assume que o objetivo da filosofia é desenvolver ideias que nos ajudem de modo prático. Aplicado a questões sobre conhecimento, isso significa que não deveríamos mais achar que os pensadores individuais têm de encontrar razões para crenças a respeito do mundo essenciais a sua vida; em vez disso, tais crenças são apenas parte do equipamento prático de cada um.

Esse sistema de resolução de problemas funciona apresentando hipóteses e depois testando-as. Para passar no teste, a hipótese precisa ser coerente com a experiência e ter aplicabilidade prática. Se a hipótese é coerente e aplicável, deve ser considerada conhecimento. Esse conhecimento se torna então parte da experiência daqueles que o adquiriram, levando a novas hipóteses e testes. Assim o processo continua, com o conteúdo de experiência e de conhecimento sempre mudando.

Filosofias da ciência posteriores, como as de Popper e Hempel, adotaram esse jogo de mão dupla entre experiência e teoria. A íntima conexão entre investigação e prática também era a base da filosofia da educação de Dewey, cujo lema era "aprender fazendo".

Louis Pasteur no laboratório. Segundo o pragmatismo, o importante não é perguntar se as descobertas de Pasteur são "verdadeiras", mas se funcionam.

Sabedoria

Todos sabemos identificar pessoas sábias, sem que esteja suficientemente claro o que é sabedoria. Esse conceito multiforme parece ter elementos tanto de qualidades pessoais como intelectuais, mas sua relação com o conhecimento não é direta.

Imagine que você está numa dificuldade intelectual. Descobriu uma contradição entre suas convicções ou está tentando encontrar um argumento para uma posição que quer defender, ou tentando ver o que estaria errado com a evidência que sugere uma conclusão improvável. Para pensar numa saída, você terá de tentar várias linhas de investigação, segui-las apenas até onde parecerem promissoras e avaliar as conclusões experimentais a que chegar. Uma pessoa pode ser mais ou menos habilidosa nisso: ser inteligente e bom em argumentação não garante que se seja capaz de achar a saída num labirinto de considerações conflitantes e chegar a um resultado satisfatório. Assim, além da pura habilidade mental, o que é preciso para lidar eficazmente com essas situações?

Para poder alcançar uma conclusão satisfatória parecem ser necessárias características pessoais que têm afinidade com aquelas que nos guiam em situações práticas e sociais.

Além de ser inteligente, uma pessoa deve ser curiosa mas não crédula, corajosa mas não imprudente, ativa mas não cansativa. Na filosofia recente, essas características, aplicadas à busca de crenças verdadeiras, consistentes e úteis, têm sido chamadas de "virtudes epistêmicas".

A importância da ideia de virtude epistêmica reside no fato de que a capacidade de derivar conclusões e avaliar a força das evidências não é suficiente para obter crenças satisfatórias: é preciso também uma variedade de traços de caráter. Poderíamos incluir entre as virtudes epistêmicas puramente intelectuais as de saber que tópicos investigar e quando uma investigação chegou a uma resposta satisfatória. Uma pessoa que apresente esse tipo de virtude epistêmica num alto grau seria sábia – em aquisição de conhecimento, em todo caso. E parece provável, por psicologia intuitiva, que as virtudes intelectuais e as demais estão até certo ponto conectadas. Uma pessoa que seja corajosa ou imparcial em questões intelectuais provavelmente mostra essas qualidades em alguma medida no resto de sua vida.

Estabelecer um elemento moral na definição de virtude epistêmica também leva um pouco a juntar o conhecimento e a virtude: uma pessoa epistemicamente virtuosa saberia, por exemplo, se pesquisas sobre armas nucleares ou sobre os melhores meios de extrair confissões são um bom uso de suas energias intelectuais.

> *Tudo o que o espírito humano faz ou sofre levará à felicidade quando é guiado pela sabedoria, mas ao oposto quando guiado pela insensatez.*
>
> Platão, *Menon*

Além das virtudes epistêmicas, há dois outros modos pelos quais o conhecimento e a sabedoria se encontram. Um é a compreensão de respostas a questões esotéricas sobre a vida e a natureza do universo. "Compreensão", aqui, é algo que vai além do simples conhecimento fatual, embora este seja necessário a ela. Por exemplo, uma pessoa poderia saber que a matéria é feita de *quarks* (talvez pelo fato de alguém em que confia ter-lhe dito isso como um fato isolado), mas isso não é o mesmo que compreender por que a matéria é composta assim ou o que isso significa.

Quando alguém tem a compreensão, está em melhor posição para adquirir mais conhecimento. Se uma pessoa compreende muitas coisas sobre tópicos importantes, consideramos que tem um tipo de sabedoria – especialmente se os tópicos incluem a motivação humana e os modos como as pessoas se relacionam.

O segundo ponto de encontro entre conhecimento e sabedoria é a posse de conhecimento que permite levar uma vida boa. O tipo correto de compreensão dos próprios motivos e daqueles dos outros, além dos modos pelos quais os próprios desejos podem ser dominados, pode permitir a uma pessoa levar uma vida proveitosa e satisfatória.

A vida da razão

Por plausíveis que pareçam essas conexões entre conhecimento e sabedoria, elas devem ser consideradas como algo vago e geral. Alguém poderia encontrar virtudes epistêmicas usadas para coisas triviais e a compreensão explorada para atos que levem a uma vida ruim, ao passo que uma vida satisfatória e útil pode se basear em muito pouca avaliação de fatos profundos sobre o universo ou quaisquer outras áreas de compreensão de grande alcance.

Porém, muitos filósofos negaram que as conexões entre conhecimento e sabedoria sejam de fato tão frágeis e consideram esses dois conceitos intimamente ligados. Essa visão muitas vezes derivou de um compromisso com a vida da razão, em que por meio do cultivo do intelecto se obtém uma compreensão da natureza e da vida humanas, que por sua vez leva a uma vida boa.

Ao mesmo tempo, o desenvolvimento da própria razão é visto como parte essencial da vida boa. Essa ideia é comum na filosofia grega antiga, de Platão (*ver pp. 76-79*) ao estoicismo (*ver p. 138*), e é um dos ideais centrais da cultura ocidental.

Apesar disso, a maioria dos pensadores contemporâneos tem sérias dúvidas sobre a sua veracidade. Pensadores religiosos há muito questionam se o cultivo do intelecto por si só é parte da vida boa, tal como a concebemos. E os filósofos seculares de hoje, apesar de valorizarem o desenvolvimento do intelecto, usualmente aceitam como uma triste realidade que é possível ter um conhecimento profundo sobre coisas importantes e apesar disso ser alguém muito imperfeito moral e pessoalmente.

Existe então algo como a sabedoria, e ela está intrinsecamente ligada ao conhecimento? Embora a própria sabedoria não pareça ser uma coisa isolada, há um ideal coerente de uma pessoa cujos pensamentos e atos são bem constituídos por meio da aplicação do que poderíamos chamar de virtudes da atividade inteligente. Seguir esse ideal é um modo, pelo menos, de tentar alcançar uma vida em sociedade que se possa, refletidamente, julgar como boa.

Decisões da vida real requerem conhecimento e julgamento: a decisão de usar armas nucleares na Segunda Guerra Mundial combinou os feitos do intelecto necessários a desenvolvê-las com a avaliação das consequências políticas e morais de tal ato.

Capítulo 4

FÉ

Deus existe?

Ao longo da história, diferentes teses pretendem provar a existência de um Deus. Mais recentemente, os filósofos questionaram a natureza da afirmação de que Deus existe. Seria uma alegação fatual, como uma constatação científica? Ou trata-se de uma resposta à realidade em que vivemos?

A fé em Deus é mais uma questão de cultura que de argumentação filosófica. Entretanto, uma antiga tradição da "teologia natural" tentou provar a existência de Deus por meios estritamente racionais.

Embora na sociedade contemporânea exista uma grande interrogação sobre a existência de Deus, para os pensadores medievais que lançaram os alicerces da teologia filosófica Deus estava, sem sombra de dúvida, no centro da visão de mundo. Para eles, a função do debate racional era aumentar a compreensão da existência de Deus, porém não questioná-la.

Em sua obra *Proslogion*, o monge beneditino Anselmo de Cantuária, que viveu no século XI, definiu Deus como "aquele ser acima do qual nada se pode conceber", argumentando que um ser assim definido não poderia existir tão apenas no pensamento.

Existir na realidade, sustentava Anselmo, é mais do que existir somente na mente, de modo que, se Deus fosse apenas uma construção mental, não seria o ser maior acima do qual nada se pode conceber: esse ser supremo devia necessariamente existir na realidade.

A tese de Anselmo ficou conhecida como o argumento ontológico (do grego *ontos*, que significa "ser"). Basicamente, sustenta que a essência ou natureza de Deus é tal que sua existência não pode ser contestada.

Embora outros filósofos – como Descartes (*ver pp. 48-49*) – tenham defendido versões do argumento ontológico, existe um consenso de que ele não convence. Mesmo que se concorde que o conceito "Deus" implica uma grandeza tão insuperável que signifique a existência real, ainda resta provar se existe realmente um ser que corresponda a esse conceito.

Enquanto o argumento ontológico defende a existência de Deus *a priori* (a partir apenas do conceito), muitas teses partem da observação de aspectos gerais do mundo ou do fato de que ele existe antes de tudo. Essas teses são conhecidas como argumentos "cosmológicos", dos quais o maior expoente é Tomás de Aquino (*ver p. 112*).

Desenvolvendo ideias de Aristóteles, Tomás de Aquino argumentou que a cadeia de fatos ocorridos no mundo depende de uma causa primeira, que não é causada por nada. A essa causa primeira ele chama de Deus.

Seus críticos o questionaram: por que não existiria uma cadeia de causa e efeito que remontasse ao infinito? Em alguns de seus escritos, Tomás de Aquino admitiu que a razão por si só não pode pro-

O universo racional

O vasto firmamento lá no alto
Com todo o seu azul etéreo
E céus cintilantes, uma brilhante moldura
A grandeza de sua fonte proclama...

Aos ouvidos da razão todos exultam
E se expressam em voz gloriosa
Para sempre cantando enquanto brilham:
"A mão que nos fez é Divina!"

As vibrantes palavras deste hino do século XVIII, de autoria de Joseph Addison, contêm uma ideia que atrai muita gente ainda hoje: a de que o universo, com sua estrutura intrinsecamente ordenada, é prova da existência de uma força criadora racional, sendo Deus visto como o grande matemático cósmico. Na mesma linha, o filósofo e cientista francês Descartes tentou derivar leis mecânicas de conservação a partir da natureza imutável de Deus. Hoje, a física quântica postula um universo no qual (pelo menos no nível subatômico) uma previsão matemática exata é impossível. Apesar disso, a ciência ainda vê no universo uma ordem intrínseca, e alguns cientistas acreditam que essa é uma evidência de origem divina.

Esta miniatura do século XV, de Guyart de Moulins, mostra Deus como arquiteto-criador do céu e da terra.

var que o universo não existe desde a eternidade, mas sustentou que uma causa criadora independente do Todo ainda seria necessária.

Em âmbito mais geral, Tomás de Aquino acreditava que, já que as coisas que nos cercam podem não ter existido, para explicar por que agora nada existe precisamos conceder a existência de algo necessário por si mesmo – e isso, diz ele, é o que todos chamam de Deus.

Uma versão dessa tese foi proposta pelo filósofo islâmico Ibn Sina, ou Avicena (980-1037), que afirmou que "seres contingentes pressupõem a existência de um ser necessário".

Muito mais tarde, o filósofo alemão G. W. Leibniz (*ver pp. 38-39*) argumentou que tudo tem de ter uma "razão suficiente" para sua existência, e que, no mundo como um todo, essa razão deve estar em algo fora do mundo.

Esses argumentos refletem a antiga questão: "Por que há simplesmente o ente e não antes o nada?" O universo não poderia estar (como na frase de Bertrand Russell) *simplesmente aí*? Os filósofos continuam divididos: alguns acham inaceitável supor que a existência do universo possa ser um fato ininteligível, enquanto pensadores ateístas têm contraposto que qualquer explicação das coisas, mesmo uma explicação religiosa, deve em última instância invocar algum fato (a existência de Deus, por exemplo) que por si só não requeira maiores explicações.

O argumento do desígnio divino

Talvez a razão mais conhecida para a existência de Deus seja a que deriva da sensação de que o universo manifesta certa ordem, desígnio ou propósito. Observando que o comportamento dirigido a um objetivo é comum no nosso mundo (as raízes buscam água, as folhas se abrem com a luz), Tomás de Aquino argumentou que "as coisas que não têm conhecimento não tendem a um objetivo, a menos que sejam dirigidas por algo inteligente, como a flecha pelo arqueiro".

O propósito certamente é frequente na natureza, e até os seres inanimados parecem possuir algum tipo de ordem ou de harmonia inerente. Isaac Newton (1642-1727) escreveu que "o belo sistema que abrange o Sol, os planetas e os cometas só pode existir por desígnio de um Ser inteligente e poderoso".

A versão mais famosa dessa tese foi proposta pelo arquidiácono William Paley em sua *Natural Theology* (1802). Paley observa que, se encontrarmos um relógio no chão, notaremos imediatamente "que suas várias partes se unem e se organizam para um fim". A inferência inevitável, argumenta

> "*Não pode haver projeto sem arquiteto, plano sem planejador, ordem sem escolha [...], subserviência a um fim sem aquele que possa ter esse fim.*"
>
> William Paley, *Natural Theology*

Paley, é que o relógio teve um fabricante. No entanto, o filósofo escocês David Hume (*ver pp. 24-25*) era extremamente cético em relação à tese da finalidade divina. A analogia entre o universo e uma obra humana, observou ele, é "muito fraca e sujeita a erro e incerteza".

De qualquer modo, como sabemos que a matéria contém um princípio de ordem intrínseco? Além disso, a causa provável de um dado fenômeno (como a ordem) pode ser estabelecida apenas com a observação de exemplos anteriores; no entanto, o universo é único, individual e sem paralelo.

Em *Diálogos sobre a Religião Natural* (c. 1755), Hume defende que, como nunca observamos a formação de outros mundos, não temos condições de dizer se a ordem que encontramos no nosso tem uma mente divina na sua origem. Um golpe ainda mais sério contra a tese da finalidade divina foi desferido pelo sucesso da teoria da seleção natural de Darwin, que propôs que complexas formas de vida podiam surgir simplesmente a partir de processos cegos de variação aleatória e da luta pela sobrevivência, sem necessidade de uma inteligência criadora.

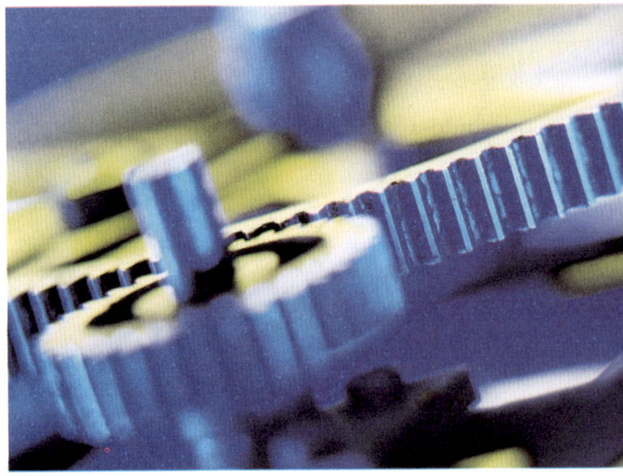

Muitos pensadores viram na natureza ordenada do universo a prova da existência de um criador – assim como os mecanismos de um relógio precisam de um relojoeiro.

Experiência religiosa e experiência moral

Para muita gente, a principal razão para acreditar em Deus é a evidência obtida a partir da experiência religiosa – própria ou alheia – relatada nas Sagradas Escrituras e nos textos de santos e místicos. Os relatos de tal experiência geralmente têm uma qualidade bastante convincente.

Entretanto, é difícil avaliar se essa experiência prova a verdade das alegações religiosas, em parte porque tais experiências geralmente ocorrem sob estado de forte emoção, o que lança dúvidas sobre a objetividade do testemunho. Além disso, o cético pode sugerir explicações alternativas, não religiosas, para as ocorrências narradas – por exemplo, o que Hume chamava de "forte propensão da humanidade para a [crédula aceitação] do extraordinário e do maravilhoso".

Mais recentemente, o maior conhecimento do funcionamento do cérebro levou à hipótese de que pode existir base neurológica para muitas experiências místicas e que podemos ser inclusive capazes de induzir artificialmente estados alterados de consciência (por meio da utilização de drogas, por exemplo). Entretanto, há muito se sabe que mudanças químicas (como as provocadas por jejum) podem facilitar experiências religiosas; tais descobertas não podem por si sós provar se existe uma realidade objetiva por trás do que o sujeito julga perceber.

Mais comum na experiência humana é o fenômeno da moralidade, com frequência considerado capaz de fornecer base consistente para a crença em Deus.

O cardeal Newman (1801-90), por exemplo, foi um dos muitos defensores da religião a alegar que a consciência fornece uma boa base para a crença em um supremo legislador moral. Depois de Sigmund Freud, esse argumento foi questionado pelos que veem na voz da consciência simplesmente um "superego" interior – a influência duradoura da voz controladora dos pais sobre a psique da criança.

Entretanto, a tradição de invocar a existência de valores morais como prova da existência de Deus continua: o escritor inglês C. S. Lewis (1898-1963) foi um dos mais famosos defensores dessa teoria. Se existem verdades morais genuínas (por exemplo, que a compaixão é uma coisa boa), verdades que transcendem os desejos psicológicos ou os medos do sujeito, então pode ser difícil encontrar um lugar para elas no mundo natural. Se assim for, isso parece apoiar a ideia de um reino sobrenatural ou divino de onde elas provêm ou onde nascem.

A filosofia moral moderna, contudo, tem tentado justificar a moralidade por outros meios: ou explicando-a por linhas subjetivistas (de que os julgamentos morais são apenas projeções de nossos desejos ou dos desejos da sociedade), ou reduzindo-a a propriedades naturais (por exemplo, a de que o bem maximiza a felicidade).

> *“Não entendo para crer, mas creio para entender.”*
>
> Anselmo de Cantuária, *Proslogion*

Todavia, os que acreditam em verdades morais objetivas e eternas, que conservam sua validade independentemente de reconhecimento, podem ainda ser atraídos a invocar Deus como fonte de tais ideias.

Sejam quais forem os méritos dos argumentos discutidos até aqui, parece improvável que a existência de Deus seja definitivamente provada ou refutada apenas por meio de argumentos que possam ser movidos pela razão ou por meio de evidências.

Crenças religiosas não são como as crenças fatuais comuns, já que ultrapassam os fenômenos naturais, o universo observável que é o domínio da investigação fatual. Mas, assim como os filósofos se mostram cada vez mais relutantes em tentar fazer que todos os discursos se conformem a um único modelo, talvez um religioso possa ver na crença em Deus um princípio norteador de sua vida.

Nessa visão, a afirmação da existência de Deus não deve ser testada através da experiência como as hipóteses científicas, mas, ao contrário, entendida como capaz de unificar e fundamentar as outras áreas da pesquisa humana – inclusive a busca da ordem no cosmos pelos cientistas e a procura individual de valores morais permanentes.

Finalidade inteligente e a vida humana

Um reforço recente ao argumento da finalidade divina veio da cosmologia moderna, que leva a supor que as leis que governam o universo podem estar em “perfeita sintonia”, de modo a permitir ou até estimular a emergência da vida humana. Se a força da gravidade fosse muito mais forte do que é, as estrelas teriam exaurido seu combustível de hidrogênio bem mais rapidamente, e a vida humana provavelmente não teria tido tempo de evoluir. Ou a água necessária à vida poderia não ter se formado em um universo em que a força que liga os átomos ao núcleo fosse minimamente maior. Para alguns, isso só significa que, se as leis do universo fossem significativamente diferentes, não existiriam seres humanos, não importa por que razão as coisas são como são. Para outros, é totalmente improvável que um processo puramente aleatório seja capaz de explicar os aspectos físicos que permitem que a vida humana se desenvolva. Se essa hipótese estiver correta (embora estejamos em um campo em que o cálculo de probabilidades é notoriamente problemático), ela parece sancionar a ideia de que o universo é resultado de um fim inteligente.
De qualquer modo, filósofos e cientistas estão tendo que enfrentar uma questão: se pode existir algo no universo que por si só favoreça a emergência de vida e de inteligência.

Tomás de Aquino

Membro de uma rica família aristocrática, Tomás nasceu perto de Aquino, no sul da Itália. Aos 20 anos, juntou-se aos dominicanos, primeira ordem religiosa a fazer do estudo um de seus principais objetivos.

Depois de aprender filosofia e teologia em Paris e Colônia, em 1256 tornou-se professor na Universidade de Paris. Na década de 1260, esteve na Itália a serviço do papa, mas voltou a Paris em 1269, até que a saúde o obrigou a abandonar o magistério. Morreu em 1274, com apenas 49 anos.

Durante as duas últimas décadas de vida, Tomás de Aquino produziu uma consistente obra teológica e filosófica. Seu pensamento é fortemente imbuído das ideias de Aristóteles, sobre quem escreveu muitos comentários, desenvolvendo e adaptando as ideias aristotélicas às exigências da doutrina cristã.

O conceito de Aristóteles sobre a virtude, por exemplo, foi ampliado por Tomás de Aquino para abranger virtudes cristãs como castidade e pobreza. E o secular texto aristotélico sobre felicidade foi mudado para incluir valores espirituais ligados à crença em Deus.

Sua obra mais famosa é a *Summa Theologiæ* (*Suma Teológica*). Escrita entre 1266 e 1273, contém centenas de artigos, cada um debatendo uma proposição, com suas réplicas e objeções. A importância dada às citações de autoridades, sejam as Sagradas Escrituras, sejam os primeiros Padres da Igreja, é surpreendente para o leitor moderno. Apesar disso, o estilo de Tomás de Aquino mantém-se caracteristicamente filosófico, no sentido de que o argumento racional é o procedimento prioritário. Tomás de Aquino insistia em que, se a teologia pretendesse dar uma contribuição genuína ao conhecimento (*scientia*), não podia resolver as questões apenas com base na autoridade.

Na *Suma Teológica*, ele expõe seus famosos cinco caminhos, que visam a demonstrar a existência de Deus a partir de vários aspectos do mundo (*a posteriori*). São eles (1) movimento, (2) causalidade, (3) contingência, (4) perfeição e (5) desígnio ou governo do mundo. Tomás de Aquino usa esses argumentos simplesmente para estabelecer a existência de uma força criadora original: deles pouco se pode inferir sobre a natureza de Deus. Mas ele argumenta que podemos pelo menos estabelecer o que Deus não é (por exemplo, sua natureza não está limitada corporalmente). Quanto a outras características atribuídas a Deus na tradição religiosa, como por exemplo a bondade e a sabedoria, segundo ele não se aplicam a Deus literalmente, mas apenas por analogia com o modo como usamos termos como "bom" ou "sábio" no contexto humano. Nesse caso, como em muitas outras áreas da teologia filosófica, os complexos argumentos e distinções de Tomás de Aquino lançaram os fundamentos de muitas das discussões subsequentes sobre a natureza da linguagem religiosa.

Tomás de Aquino 1224–1274

Tomás de Aquino foi o principal arquiteto da escolástica – síntese entre a doutrina bíblica e a filosofia aristotélica que dominou o mundo europeu até o Renascimento. Ele escreveu aquela que é considerada a mais abrangente obra de filosofia da religião jamais produzida.

> *A filosofia trata das coisas existentes de acordo com conceitos derivados de objetos criados [...] mas há outro conhecimento que considera as coisas existentes de acordo com noções recebidas por inspiração de uma luz divina.*
>
> Tomás de Aquino, *Comentário a Sentenças*

Fé e razão

A crença religiosa depende de provas ou é uma questão de fé? O sucesso da ciência ameaça a religião? A relação entre fé religiosa e razão levanta questões perenes que continuam intrigando filósofos e teólogos.

A relação clássica entre razão e fé foi efetuada no século XIII por Tomás de Aquino, que sustentou que ambas são complementares. Segundo ele, algumas crenças religiosas (a existência de Deus, por exemplo) podem ser comprovadas pela "razão natural", enquanto outras exigem fé (entre elas, as "verdades reveladas" do cristianismo, como a doutrina da Santíssima Trindade).

Para Tomás de Aquino, existe harmonia entre razão e fé, já que ambas as verdades merecem nossa crença. Além disso, ele afirmou que mesmo as verdades da razão natural podem às vezes ser aceitas pela fé – por exemplo, por aqueles que não têm tempo de acompanhar os argumentos relevantes.

Embora a ideia da harmonia entre razão e fé provavelmente seja a opinião mais coerente e satisfatória para o crente, muitas pessoas com inclinação religiosa não conseguem aceitar as verdades de religião provadas apenas pela razão e por evidências, e por isso sentem-se atraídas por várias formas de fideísmo (do latim *fides*, "fé") – a ideia de que, para o crente, a fé deve ter prioridade sobre a razão.

No extremo dessa posição, alguns fideístas chegam a desafiar a razão – como na frase de Tertuliano no fim do século II: *Certum est, quia impossibile* ("É certo, porque é impossível"). Agostinho (*ver pp. 116-117*), ao contrário, acreditava que a crença religiosa deve partir da fé, mas pode ser reforçada pela compreensão racional. Para ele, a busca religiosa era a busca da fé procurando entendimento.

Para o filósofo do século XVIII Immanuel Kant (*ver pp. 141-143*), a fé impera onde a razão

Nesta pintura de Paolo Morando (1486-1522), Cristo convida o discípulo Tomé a tocar seu corpo como prova de sua ressurreição. A necessidade de Tomé de ter uma prova física foi censurada nos evangelhos como fraqueza de seu compromisso religioso: sua fé deveria ser suficiente.

falha. Na *Crítica da Razão Pura* (1787), ele escreveu: "Descobri que é necessário negar o conhecimento de modo a dar espaço à fé". Mais tarde, o pensador dinamarquês Søren Kierkegaard (*ver p. 128*) adotou uma forma de fideísmo particularmente forte, argumentando que a religião exige resoluta decisão de confiança, um "salto de fé" cujo requisito essencial é a falta de certeza objetiva.

> *O homem justo pode dizer: "Eu desejo que exista um Deus. Acredito firmemente nisso e não deixarei que essa fé me seja tirada.*
>
> Immanuel Kant,
> *Crítica da Razão Pura*

Crença e evidência

No cristianismo, a fé é (ao lado da esperança e da caridade) uma das três grandes virtudes teologais. Já na época da redação dos evangelhos, os que exigiam uma prova antes de se comprometer eram criticados. "Bem-aventurados os que não veem e, no entanto, creem", Cristo teria respondido a Tomé, discípulo cheio de dúvidas. Os fiéis, entretanto, quase sempre alegam que suas crenças são apoiadas por evidências – por exemplo, que a divindade de Cristo é provada pelos milagres relatados na Bíblia. Contra isso, o filósofo ateísta David Hume (*ver pp. 24-25*) argumentou que, já que as leis da natureza são estabelecidas com base na avassaladora preponderância de evidências passadas, os relatos de ocorrências milagrosas devem ser sempre confrontados com a probabilidade de evidências. Como ele destacou na *Investigação sobre o Entendimento Humano* (1748): "O homem sábio ajusta sua crença às evidências".

Ao contrário da abordagem que insiste em confrontar crença e evidência, o filósofo americano William James (1842-1910) argumentou que, em casos em que os fatos não estão definitivamente

Religião e ciência

Acredita-se que a religião está ameaçada pelo progresso da ciência. Galileu Galilei rebaixou a Terra de seu lugar privilegiado sob o céu ao afirmar que ela se move ao redor do Sol em vez de ocupar uma posição fixa no centro do sistema. Com isso, o planeta deixou de ser visto como o foco das preocupações do Criador. A condenação de Galileu em 1633 deu início a um longo período de tensão entre ciência e religião. Apesar disso, muitos consideraram a nova cosmologia perfeitamente compatível com a tradição religiosa.

O filósofo René Descartes (*ver pp. 48-49*) achava coerente que um Deus infinito demonstrasse seu poder com uma criação infinitamente grandiosa, com inúmeros outros mundos; e Isaac Newton foi capaz de oferecer um modelo estritamente matemático do movimento dos planetas, embora sendo "compelido a atribuir a estrutura [do sistema solar] a um Autor inteligente".

Acreditava-se que Charles Darwin destruiria a fé religiosa com sua teoria da seleção natural, que propunha que uma imensa variedade de formas de vida surgia por um processo de mutação provocado pela luta pela sobrevivência. Aqueles que levam ao pé da letra a visão literária da história da Criação narrada no Gênesis podem achar a ideia da evolução ameaçadora, mas na verdade muitos clérigos vitorianos apoiaram entusiasticamente a teoria de Darwin, por não ver nada inerentemente contrário à criação divina na ideia de espécies emergindo gradualmente em vez de surgirem completas de uma só vez. Entretanto, a aparente impiedade do processo evolucionário parecia (e ainda parece) perturbadora da perspectiva religiosa: um Deus amoroso e benevolente escolheria um mecanismo aparentemente tão cruel como instrumento de sua criatividade?

É difícil avaliar a relação entre ciência e religião. Não há dúvida de que a ciência moderna oferece uma compreensão cada vez mais abrangente do universo. Como as metas e o poder explanatório da ciência cresceram, a ideia de um "Deus dos vazios", invocado para dar conta do que a ciência não consegue explicar, parece cada dia mais redundante. Mas, embora o cosmos pareça ordenado e acessível à razão humana, cientistas de orientação religiosa ainda veem nele uma manifestação da inteligência criadora divina.

Finalmente, a visão religiosa parece ser um modo de ver a importância da realidade como um todo, e não de aspectos particulares dessa realidade. Nessa perspectiva, não existiria de fato incompatibilidade entre religião e ciência.

A emoção no rosto destes visitantes do santuário de Fátima, em Portugal, indica uma experiência espiritual. Embora essa reação possa explicar por que certas pessoas se tornam crentes, seu valor como prova dos dogmas da fé é bem mais incerto.

determinados, "nossa natureza passional não apenas pode, mas deve decidir" em que deve acreditar ou não.

Questões morais e religiosas não podem ser resolvidas por evidências, e em tais casos devemos consultar o coração em vez de nosso julgamento. O influente filósofo do século XX Ludwig Wittgenstein (*ver pp. 59-61*) também considerou o compromisso fundamental da religião, descrevendo a visão religiosa do mundo como uma "apaixonada apreensão de uma certa interpretação da vida".

Para entender essas abordagens, é importante perguntar com o que exatamente o crente deve se comprometer em termos de asserção sobre a realidade. Wittgenstein acreditava que as afirmações religiosas não descrevem nenhuma realidade, mas devem ser entendidas como constitutivas de certo modo de vida. Porém, embora a adesão apaixonada a um modo de vida seja parte importante do que significa ser religioso, seus críticos questionaram se tal compromisso de fato pressupõe a crença em certas afirmações (por exemplo, na criação divina do universo ou na vida depois da morte). Mais recentemente, o filósofo americano Alvin Plantinga afirmou que as crenças religiosas de fato comprometem o crente com asserções fatuais. Entretanto, elas não se baseiam em evidências, mas são simplesmente fundamentais para o sistema de pensamento do crente. Plantinga argumenta que ocorre com as asserções religiosas o mesmo que nos julgamentos comuns da percepção ou da memória: existem sempre algumas crenças fundamentais que aceitamos sem discutir, mas isso não as torna irracionais.

Alguns críticos contestaram que essa visão podia dar espaço à irracionalidade, por permitir que todos os tipos de crenças fossem considerados "fundamentais" para um determinado grupo de pessoas; mas os defensores de Plantinga argumentaram que é muito possível empregar padrões racionais para decidir se uma crença é "fundamental".

O debate continua: até que ponto quem acredita em Deus está autorizado a manter a razoabilidade dessa crença "fundamental" em face de dificuldades (como todo o sofrimento existente no mundo) que surgirem contra ela?

Agostinho

Agostinho 354–430

A influência de Agostinho, o primeiro dos grandes filósofos cristãos, sobre o desenvolvimento do pensamento religioso ocidental é incalculável. Embora inspirado em Platão e em seus intérpretes, ele também antecipou Descartes. O vasto legado de seus escritos, que constituem prolífica produção, ainda está sendo digerido.

Nascido em Tagaste, cidade do norte da África, Agostinho foi criado como cristão pela mãe, mas, durante os anos da adolescência, foi pouco a pouco abandonando sua fé. Foi estudar retórica em Cartago, onde se afastou ainda mais do cristianismo, tanto moralmente – fascinado pela atmosfera licenciosa da cidade – quanto intelectualmente, atraído pela visão maniqueísta. Essa visão – de que o cosmos é a eterna luta entre as forças da luz e das trevas – oferecia ao jovem Agostinho uma explicação melhor para a existência do mal e do sofrimento no mundo do que a posição cristã, que atribuía toda a realidade a Deus.

Aos 29 anos, Agostinho mudou-se para a Itália, onde sofreu a influência de Ambrósio, bispo de Milão. Inspirado pelas ideias de Platão, estudou vários pensadores e, depois de longa luta moral, converteu-se ao cristianismo, tendo sido batizado em 387. Abandonou sua companheira (com quem havia tido um filho), voltou para o norte da África e no devido tempo fundou um mosteiro em Hipona (atual Annaba, na costa da Argélia), cidade da qual se tornou bispo em 396.

Seus últimos anos de vida foram marcados pela instabilidade externa do declínio do Império Romano. Morreu em 470, aos 75 anos, durante a invasão de Hipona pelos vândalos. Embora a cidade tenha sido destruída pelo fogo, a biblioteca de Agostinho sobreviveu, guardando a maior parte de sua obra.

A volta para dentro

"Não vá para fora. Volte para dentro de si. No interior do ser humano reside a verdade." Essa frase célebre, encontrada em seu *De Vera Religione* (*A Verdadeira Religião*), revela um dos aspectos mais divulgados da filosofia de Agostinho – a maneira como ele vê na busca religiosa e intelectual uma jornada meditativa interior, voltada não para o mundo exterior mas para a consciência.

Antecipando a famosa frase de Descartes, "*Cogito ergo sum*" ("Penso, logo existo"), Agostinho

Edição italiana do século XV de *De Civitate Dei*, de Agostinho, que mostra Roma como cidade de Deus e o autor no trabalho.

afirmou a indubitável existência do pensamento subjetivo: "Ainda que esteja enganado, eu existo". Ao encontrar o eu interior e refletir sobre a natureza desse eu (raciocinava Agostinho), a alma naturalmente se eleva a Deus.

Agostinho foi herdeiro da obra filosófica de Platão, segundo a qual a realidade é um reino objetivo, eterno e inteligível que transcende o mundo humano dos cinco sentidos.

Embora de caráter reflexivo e meditativo, a filosofia de Agostinho contrasta com o "subjetivismo" de escritores religiosos posteriores como Kierkegaard.

> *"Quando alguém diz que as coisas eternas são melhores que as temporais, ou que sete mais três é igual a dez, ninguém diz que deve ser assim. Simplesmente reconhecemos que é assim; somos como exploradores que se alegram com suas descobertas, não como inspetores que têm que colocar as coisas em seu lugar."*
>
> Agostinho, *O Livre-Arbítrio*

Fundindo a visão platônica de realidade com a teoria cristã da graça divina atribuída a cada alma individualmente, Agostinho argumentou que a salvação podia ser concedida a todos aqueles que não se afastassem da luz de Deus.

Dessa forma, trata de um problema fundamental para a religião: a divergência entre a infinita bondade de Deus e a fraqueza atribuída aos seres humanos.

Idealmente, a alma deve retornar a Deus, porque só nele é que conseguirá encontrar a verdadeira felicidade. É da natureza da criatura finita ser fraca de vontade e não possuir a divina perfeição.

Ao destacar essas questões, Agostinho criou o cenário para um debate sobre a relação entre liberdade humana e bondade divina que ainda devia durar vários séculos.

A obra agostiniana

"Minha eloquência não se iguala à minha loquacidade", Agostinho declarou certa vez. Ajudado por uma equipe de secretários, aos quais geralmente ditava suas ideias, foi autor de uma obra de vastidão inacreditável: ele afirmou ter produzido 230 obras (nem todas sobreviveram), e seu biógrafo Possídio observou que "dificilmente existirá um estudioso com capacidade para lê-las e conhecê-las todas".

O livro mais famoso de Agostinho são suas *Confissões*, relato longo e pessoal de sua jornada espiritual. Escrito quando ele estava com pouco mais de 40 anos, endereçava-se diretamente a Deus e trazia, no capítulo de abertura, frases surpreendentes: "Fizeste-nos para ti, e nosso coração não encontrará descanso enquanto não repousar em ti". Outra obra famosa, *De Civitate Dei* (*A Cidade de Deus*), produzida em partes (de 416 a 422) e compreendendo 22 livros ao todo, afirma que o reino de Deus será fundado no próximo mundo, mas também defende uma sociedade mais humana e compassiva (opondo-se, por exemplo, à pena de morte e à tortura).

De grande influência também são *De Genesi ad Litteram* (*Comentário ao Gênesis*), detalhada exposição do primeiro livro da Bíblia (que também traz uma interpretação metafórica da linguagem), e *De Trinitate* (*Trindade*), em quinze volumes. Essa obra contém a defesa da doutrina cristã de um Deus que é ao mesmo tempo uno e trino, em analogia com a alma humana, que seria uma entidade tripla – uma única personalidade constituída por três elementos: ser, conhecer e querer.

Muitos dos escritos de Agostinho foram dirigidos contra as religiões pagãs, em particular contra a teoria maniqueísta, que via o mundo dividido entre as forças rivais do bem e do mal – teoria que Agostinho aceitara na juventude.

Outros textos visam a dar diferentes interpretações do cristianismo, mais tarde condenadas como heréticas, muitas vezes por causa dos argumentos de Agostinho. Uma série substancial de tratados contra os seguidores de Pelágio, por exemplo, insistia na importância da graça divina para a salvação daquilo que Agostinho considerava nossa natureza humana inerentemente pecadora (ao contrário da visão de Pelágio, que considerava a natureza humana perfeita em princípio e negava a doutrina do pecado original).

Milagres

Muitas religiões relatam histórias de milagres, que os fiéis tomam como sinal da intervenção divina no mundo. O debate filosófico sobre os milagres concentra-se em discutir se existem fortes evidências de tais eventos.

A palavra "milagre" vem do latim *mirari* ("maravilhar-se"). Narrativas da vida de homens santos quase sempre envolvem "sinais e prodígios" que testemunham sua condição especial ou seu poder.

No cristianismo, os evangelhos contêm relatos dos milagres de Jesus, como a transformação de água em vinho nas bodas de Caná (João, 2). Além disso, os milagres relativos ao nascimento e à ressurreição de Cristo são fundamentais na religião cristã.

Enquanto certos "milagres" (como os casos de "cura pela fé") podem ser explicados em termos naturais, a maioria dos milagres reportados está muito fora do curso normal dos acontecimentos, o que gerou ceticismo filosófico sobre eles.

David Hume (*ver pp. 24-25*) definiu milagre como "transgressão da lei natural por uma volição da Divindade", destacando que, como por definição uma lei natural é algo confirmado com o peso de nossa experiência prévia, já temos um argumento contra os milagres que é "tão completo quanto qualquer argumento que se possa imaginar a partir da experiência".

Com isso Hume não queria dizer que é impossível que a lei da natureza tenha exceções milagrosas; ele próprio insistiu em que não há necessidade lógica ou universal das chamadas "leis", ou generalizações, da ciência. Para ele, é preciso sempre confrontar com a realidade a probabilidade de um milagre relatado.

Por exemplo, se toda a nossa experiência passada nos informa que os seres humanos não podem caminhar sobre as águas, se alguém alega ter testemunhado tal acontecimento, será sempre mais provável que essa pessoa tenha se enganado, ou esteja tentando enganar.

No debate filosófico contemporâneo, parece haver consenso em que a visão de Hume mostra que não pode haver evidências de milagres baseados na mera probabilidade de que haja uma evidência histórica.

Uma imagem da Virgem Maria parece chorar lágrimas de sangue. Hume não acreditava na veracidade de tais "milagres".

No entanto, isso não implica que aqueles que estiverem comprometidos com uma visão religiosa não possam aceitar milagres como verdades.

Para muitos teólogos modernos, o que é importante em relação aos milagres não é a condição quase mágica dos eventos relatados, mas o significado simbólico de tais relatos (dessa forma, a transformação de água em vinho pode ser vista como símbolo de renovação espiritual).

Segundo esse ponto de vista, um milagre pode ser entendido, nas palavras de Paul Tillich, teólogo do século XX, como "um acontecimento que indica o mistério do ser [...] uma ocorrência que é recebida como um sinal". Entretanto, tais interpretações levantam uma questão: se é possível falar do significado de um evento sem investigar se ele de fato ocorreu.

Vida depois da morte

Muitas religiões oferecem aos fiéis a perspectiva de vida futura depois da existência terrena. Os problemas filosóficos sobre a "vida eterna" centram-se em uma questão: que nível de consciência pode continuar existindo depois da morte do corpo?

A doutrina da vida após a morte figura em muitas religiões e tem desempenhado papel importante na teologia cristã, em que um dos artigos de fé é a crença na "vida no outro mundo".

O cristianismo prevê um "Juízo Final", no qual todos os que já viveram serão responsabilizados por seus atos na terra e julgados merecedores do céu, local destinado aos bem-aventurados, ou do inferno, o "reino das trevas" ou "lago de fogo", onde, nas palavras do evangelho, haverá "choro e ranger de dentes".

Como nosso corpo físico é destruído quando morremos (pela cremação ou na decomposição sob a terra), pode-se perguntar como esse futuro julgamento será possível. Muitos supõem que nossa parte não física, alma ou espírito, sobrevive após a morte do corpo. Essa é a visão proposta por René Descartes (*ver pp. 48-49*), conhecida como "dualismo cartesiano", qual seja a ideia de que a mente (ou alma) e o corpo são duas substâncias independentes. Descartes não distingue os termos "mente" e "alma", considerando ambos capazes de definir o ser pensante e consciente, que, em sua opinião, era inteiramente distinto do corpo.

Embora às vezes se acredite que, para crer na vida após a morte, seja necessário ser dualista car-

Este quadro do século XV, de um desconhecido pintor franco-flamengo, representa o Juízo Final cristão. Nesse dia, as almas serão julgadas merecedoras da felicidade eterna ou do perpétuo sofrimento no inferno.

Compensação e retribuição: céu e inferno

Que tanta gente boa seja vítima de terríveis sofrimentos, enquanto muitas pessoas cruéis parecem escapar ao castigo, é intolerável. As doutrinas tradicionais relativas a céu e inferno encontradas no cristianismo, no judaísmo e no islamismo imaginam um futuro em que aqueles que "lutaram uma luta justa" serão recompensados com a felicidade eterna no céu, enquanto os condenados serão enviados ao inferno, local de eterno tormento, sem esperança de redenção.

Alguns teólogos têm argumentado que a ideia de um céu para os justos é logicamente aceita pelo crente, já que, sem ele, seria impossível "sustentar a crença em um Deus providencial que olha pelo seu povo escolhido" (Dan Cohn-Sherbok, *Jewish Faith and the Holocaust*).

Essa visão enfatiza a propriedade moral de afastar para longe o sofrimento terreno; mas a doutrina do inferno apresenta um problema: a punição eterna e sem descanso parece incompatível com a ideia de um redentor capaz de suprema compaixão. Por essa razão, alguns teólogos contemporâneos rejeitam a finalidade do inferno na forma como foi tradicionalmente concebida. Outros, ao contrário, sustentam que, se as pessoas devem ter verdadeira liberdade, logicamente Deus deve permitir-lhes a possibilidade de se afastarem irrevogavelmente de sua presença.

tesiano, isso não é absolutamente claro. A doutrina da Igreja cristã (expressa, por exemplo, no Credo) não afirma a sobrevivência do espírito desencarnado, mas fala da "ressurreição do corpo".

Alguns imaginam que, nessa ressurreição, Deus reunirá todas as moléculas dos corpos dos mortos, o que pode ser um problema, já que muitas dessas moléculas podem ter sido compartilhadas por vários corpos – por exemplo, se um cadáver é devorado por vermes, que mais tarde serão comidos por um pássaro, que depois alimentará um predador.

Menos problemática talvez seja a concepção do apóstolo Paulo, que fala da ressurreição de um novo corpo incorruptível, ou "corpo espiritual", diferente do corpo biológico corruptível. Essa ideia foi aceita por pensadores recentes como o filósofo John Hick, que aventou a ideia de que no próximo mundo Deus poderá criar uma nova matéria e reativá-la com a memória consciente e as características da pessoa morta.

Se a existência de um corpo assim reconstituído pode significar a sobrevivência da pessoa original é um assunto sobre o qual os filósofos modernos discordam com veemência.

Embora a natureza de qualquer suposta existência *post mortem* tenha sido tema de muito debate, a ideia de vida após a morte não é tão vital para uma visão religiosa quanto a princípio pode parecer. Todas as grandes religiões monoteístas (judaísmo, cristianismo e islamismo) se preocupam em promover uma vida mais plena e abundante aqui na terra, uma vida orientada para a moral e o bem espiritual, e não para valores materialistas; é difícil entender por que esse projeto de crescimento moral e espiritual deve de repente perder seu valor se a morte constituir o fim de tudo.

Mas, na *Crítica da Razão Pura*, Immanuel Kant (*ver pp. 141-143*) argumenta que é um objetivo humano racional almejar um estado de perfeição, em que a mente esteja em perfeito acordo com a lei moral; entretanto, isso implica progresso moral infinito, que "apenas se torna possível supondo-se a duração infinita da existência e da personalidade do mesmo ser racional, a assim chamada imortalidade da alma".

Certamente a ideia da constante possibilidade de crescimento moral é atraente, o que naturalmente não afirma sua verdade, embora talvez explique a atração de doutrinas como a do purgatório católico, suposto estado de transição entre a morte e a vida eterna, em que as fraquezas e imperfeições humanas serão gradualmente limpas.

> *"Este eu, isto é, minha alma, pela qual sou o que sou, é inteira e verdadeiramente distinto de meu corpo, e pode ser ou existir sem ele."*
>
> René Descartes, *Sexta Meditação Metafísica*

Pascal

Importante figura da revolução científica do início da era moderna, Blaise Pascal alcançou fama desde muito jovem como prodígio da matemática. Em sua vida relativamente breve, inventou a primeira calculadora matemática, trabalhou com Fermat nos fundamentos da teoria das probabilidades e conduziu experimentos com um barômetro, que refutaram a ideia então prevalente da impossibilidade do vácuo.

Em 23 de novembro de 1654, ocorreu o que Pascal chamou sua *nuit de feu* ("noite de fogo"), experiência de conversão de extraordinária intensidade espiritual que o motivou a abandonar a vida que levava até então e ingressar num convento jansenista em Port Royal. Depois de sua morte, um pergaminho que descrevia essa conversão foi encontrado, costurado à sua roupa: falava em "certeza, profunda alegria, paz", "total submissão a Jesus Cristo" e "infinita alegria em retornar para o trabalho cotidiano na Terra".

Blaise Pascal 1623–1662

Cientista e matemático francês, Pascal também foi um pensador intensamente espiritual, que combinou um apaixonado compromisso religioso com uma aguda reflexão filosófica sobre a relação entre fé e razão.

Mais significativamente ainda, porém, ele revela uma revolta contra concepções intelectuais da religião: o Deus a quem Pascal se devotava era o Deus de uma tradição viva de fé e compromisso, o "Deus de Abraão, de Isaac e de Jacó, não o Deus dos filósofos e eruditos".

Uma grande coletânea de notas, reflexões e outros fragmentos, alguns deles destinados a um livro inacabado que deveria se chamar "Defesa da Religião Cristã", foram reunidos depois de sua morte e publicados como *Pensées* (*Pensamentos*), cuja primeira seleção apareceu em 1670.

No campo da filosofia da religião, Pascal é mais conhecido por sua "aposta". Estritamente, não chega a ser um argumento em favor da existência de Deus.

O que Pascal afirma é que somos incapazes de estabelecer a existência ou natureza de Deus por meios racionais. Na ausência de prova racional, sustenta ele, simplesmente temos de decidir se queremos nos comprometer. A aposta é colocada para estimular a crença. Se Deus existe, o crente pode esperar "felicidade infinita na vida"; entretanto, se Deus não existe, nada se perde em crer ("Que se tem a perder?", pergunta Pascal). A conclusão é que "apostar" na existência de Deus é seguro.

Os críticos da aposta destacaram que, mesmo que Pascal estivesse certo em relação aos termos em que ela é formulada, não se pode simplesmente decidir crer. Mas o argumento de Pascal visava a estimular as pessoas a embarcarem no caminho da prática religiosa (começar a ir à igreja, a ler os evangelhos etc.). Pascal acreditava que, tomando esse caminho, no devido tempo a pessoa acabaria adquirindo fé e, com ela, os benefícios que ela pode propiciar.

Alguns consideraram a ideia de recompensa em um outro mundo duvidosa, sem entretanto contestar a vida depois da morte.

Pascal sentia que o caminho da religião lhe dava alegria e tranquilidade aqui e agora; assim, de sua perspectiva, a opção pela religião foi capaz de trazer benefícios espirituais genuínos, sem risco de perder nada, a não ser o que ele chamava de "prazeres corruptos".

Seja como for que se encare a questão, a abordagem de Pascal pretendia demonstrar que a adoção de uma religião e de suas práticas depende muito mais da decisão de assumir um compromisso pessoal do que da aceitação intelectual de quaisquer argumentos abstratos.

Ateísmo e agnosticismo

As dúvidas sobre a existência de Deus abrangem muitas correntes de opinião, que vão da negação total dos ateístas à posição mais cautelosa dos agnósticos. A filosofia contemporânea tem se preocupado em esclarecer os termos do debate e estabelecer a quem cabe o ônus da prova.

Durante milhares de anos, na verdade por quase toda a história da humanidade, a maioria das pessoas partiu intuitivamente do pressuposto de que existe um Deus, ou deuses. Apenas nos últimos cem anos, ou menos, a questão ficou inteiramente aberta: o pensamento que prevalece entre a maioria das pessoas mais educadas no mundo ocidental não inclui automaticamente o compromisso com uma religião.

O ateísmo, porém, não é fenômeno recente. Na Grécia antiga, Demócrito propôs a imagem de um mundo totalmente materialista: os mundos surgem e desaparecem através de colisões aleatórias do que hoje chamamos de átomos, sem que nenhuma inteligência os guie; e a consciência humana brota da organização do material de que tudo é composto. Epicuro (341-270 a.C.) desenvolveu uma filosofia de vida baseada numa visão radicalmente fisicalista: a felicidade do homem reside na tranquilidade da mente, e devemos nos libertar de ideias supersticiosas sobre a intervenção sobrenatural nos assuntos humanos. Nas palavras de Epicuro, "não há que temer de Deus, não há que temer da morte, o bem pode ser conquistado e o mal pode ser suportado".

O mais famoso filósofo ateísta do início da era moderna foi David Hume (*ver pp. 24-25*), cujos *Diálogos sobre a Religião Natural* desferem violento ataque aos argumentos a favor da existência de Deus. Na *Investigação sobre o Entendimento Humano*, ele argumenta com veemência que os supostos milagres não oferecem prova do sobrenatural.

O filósofo alemão Immanuel Kant (*ver pp. 141-143*), que sofreu a influência do ceticismo de Hume, argumentou que a razão filosófica jamais poderia provar a existência de alguma realidade sobrenatural. Destacou, porém, que isso não implica a não existência de Deus, mas apenas que asserções a respeito de Deus – seja de sua existência, seja de sua não existência – estão fora do alcance do conhecimento racional. Por essa razão, Kant deixou a porta aberta para a crença religiosa, ao dizer, na *Crítica da Razão Pura*, que "negava o conhecimento de modo a deixar espaço para a fé".

Depois de Kant, muitos sentiram necessidade de distinguir entre aqueles que (como declarou o estadista britânico William Gladstone) apenas "se mantinham distantes de uma afirmativa" e os que "se sentiam atraídos pela negativa" em relação à existência de Deus. Em 1869, o biólogo T. H. Huxley cunhou o termo "agnóstico" (do grego,

Hoje, muitas pessoas prescindem dos atos religiosos em eventos importantes da vida – como neste casamento civil, na França.

Teísmo, deísmo e humanismo

Embora o ateísmo possa ser entendido de modo geral como negação da existência de qualquer deus, uma compreensão melhor do significado do termo pode ser alcançada pela análise das posições contrárias. Seguidores das grandes religiões monoteístas (cristianismo, judaísmo e islamismo) acreditam em um único Deus todo-poderoso, onisciente e benevolente com a humanidade. Quem concorda com essa ideia é teísta, e quem a nega, ateísta.

Na cultura contemporânea, muita gente não se filia mais a instituições religiosas tradicionais, mas muitas pessoas conservam a crença na existência de uma "força" criadora. No entanto, crer em tal poder sobrenatural não faz de ninguém um teísta, já que uma pessoa pode considerar esse poder indiferente para os assuntos humanos.

No século XVIII, a palavra "deísmo" foi cunhada para definir a crença em um criador não intervencionista, que, tendo criado e ordenado o mundo, deixou-o entregue a si próprio para se regular de acordo com suas leis naturais. Os deístas foram muitas vezes acusados pelos teístas de dar o primeiro passo em direção ao ateísmo.

Uma posição bastante moderna rejeita a ideia de um "poder fundamental", mesmo que impessoal, por trás do universo e afirma que os seres humanos têm capacidade de resolver os problemas da existência com seus próprios recursos. Tal visão é chamada de "humanista" e assume várias formas. O humanismo científico rejeita a revelação e outras supostas intervenções sobrenaturais, acreditando que os procedimentos racionais da ciência são a chave para compreender o cosmos e enfrentar os desafios da vida humana. O humanismo ético defende um sistema de moralidade baseado inteiramente em padrões humanos (como a promoção da felicidade). Os humanistas afirmam que o significado e o valor da vida individual podem ser atingidos sem referência à ideia de divino ou sobrenatural, e que os chamados valores "espirituais" (por exemplo, os que estão ligados a nossa moral e a nossa sensibilidade estética) podem ser promovidos dentro de uma estrutura de referência totalmente humana.

"aquele que ignora") para definir alguém que sustenta ser desconhecida a existência de Deus e, até onde se pode determinar, incognoscível.

O ateísmo moderno assume várias formas, mas é mais facilmente compreendido como negação de um criador sobrenatural do universo (ou seja, um ser que transcende o cosmos material e que é, em certo sentido, consciente).

A forma mais radical de ateísmo afirma não só que Deus não existe, mas também que ele não poderia existir: a ideia da existência de tal ser seria incoerente ou autocontraditória. (Pode-se perguntar, por exemplo, como um ser eterno e imutável pode ser capaz de se relacionar com criaturas no tempo.)

Talvez a posição ateísta mais comum seja a que acredita que a existência de Deus, embora não impossível, torna-se extremamente improvável em face dos fatos do mundo (a quantidade de sofrimento que nele existe, por exemplo).

> *"A religião cristã não só foi a primeira a tratar de milagres, mas mesmo hoje ninguém razoável pode acreditar nela sem que ocorra um."*
>
> David Hume, *Investigação sobre o Entendimento Humano*

Recentes discussões sobre o ateísmo se concentraram em saber a quem cabe o ônus da prova da existência de Deus. O filósofo britânico A. G. N. Flew sugeriu que "cabe aos que creem na existência e nas atividades de Deus oferecer boas razões para essa crença, e não são os infiéis quem deve apresentar razões positivas para não crer".

Talvez a declaração moderna mais convincente em favor do ateísmo seja a de John Mackie, que afirmou que nenhum dos argumentos tradicionais em favor da existência de Deus é válido, e, quando considerações contrárias são levadas em conta (especialmente o problema do mal), "a balança pende ainda mais contra o teísmo".

Segundo essa visão, partilhada por muitos ateístas contemporâneos, a ideia de um criador divino é extremamente improvável e também desnecessária. Nas palavras do cientista francês Pierre-Simon Laplace (1749-1827), "não precisamos dessa hipótese".

> *"Um mundo em que não haja dor nem sofrimento seria um mundo onde não haveria escolhas morais e, portanto, nenhuma possibilidade de crescimento e desenvolvimento moral."*
>
> John Hick, *Encountering Evil*

Sofrimento e mal

A quantidade de sofrimento existente no mundo, quer provocado por causas naturais quer por ação humana, tem sido obstáculo sério à crença em um Deus todo-poderoso e benevolente. Existe uma longa tradição de discussões sobre o "problema do Mal" e suas possíveis soluções.

Se Deus existe, de onde vem o Mal? Essa é a velha pergunta que continua a perturbar os crentes. O termo "Mal", tradicionalmente usado nas discussões sobre o problema da dor no mundo, inclui não só o mal físico (doenças, terremotos etc.), mas também o mal moral (tortura, opressão etc.). Como explicar a existência desse Mal se existe um Deus (judaico-cristão-islâmico) que sabe que isso acontece (já que é onisciente), é capaz de evitá-lo (já que é onipotente) e presumivelmente quer evitá-lo (já que é benevolente)?

Alguns têm afirmado que a existência do Mal prova que Deus não existe – já que ele é logicamente incompatível com a existência de um ser onisciente, onipotente e benevolente. Mais comumente, porém, alega-se que a existência do Mal torna a existência de Deus, no mínimo, muito improvável.

Esse é o argumento encontrado em *Think*, obra do filósofo contemporâneo Simon Blackburn, que compara o mundo em que vivemos com o dormitório de um internato sombrio: "O teto está cheio de goteiras, há ratos por todo canto, a comida é intragável e alguns alunos morrem de fome. Por trás de uma porta fechada fica a direção, mas o diretor nunca aparece. Você tem de especular como o diretor deve ser. Pelo dormitório, seria possível concluir que o diretor, primeiro, sabe exatamente quais são as condições do lugar; segundo, preocupa-se intensamente com o bem-estar dos alunos; e, terceiro, possui recursos ilimitados para corrigir a situação? A inferência é maluca. O mais certo é inferir que o diretor não sabe o que acontece, não se importa ou nada pode fazer".

Cemitério de soldados dos EUA mortos na Segunda Guerra Mundial. Como um Deus benevolente e onipotente pode permitir que guerras ocorram?

A teoria que tenta explicar o Mal no mundo é chamada de teodiceia (literalmente, "justificativa da justiça de Deus"). Talvez a forma mais antiga de teodiceia seja a "defesa do livre-arbítrio" encontrada no pensamento de Agostinho (*ver pp. 116-117*). Ele argumentava que "tudo o que é chamado de 'mal' ou é pecado ou é castigo pelo pecado"; Deus só cria o que é bom, mas, como o ser humano tem livre-arbítrio, pode se afastar do bem e, assim, ser responsável pelo sofrimento. Não há dúvida de que a escolha humana é responsável por uma enorme quantidade de sofrimento (basta lembrar as ações de Hitler ou Pol Pot), mas isso não parece explicar males físicos como o câncer ou as devastações causadas por terremotos – a

Dor – um mal sem fim?

A dor é muitas vezes citada pelos filósofos morais como exemplo de algo intrinsecamente mau, de modo que o problema para o crente é explicar por que ela ocorre.

Uma resposta é que, como certos mecanismos da dor são benéficos para a saúde e a sobrevivência do organismo, uma espécie ou um indivíduo que não forem agudamente afligidos por sério dano a seu corpo seriam rapidamente eliminados.

Esse tipo de consideração levou Descartes a argumentar que os sistemas sensoriais do corpo, embora possam nos causar dor em certas ocasiões, são prova da benevolência de Deus, já que seu funcionamento adequado é indispensável para a vida e a saúde.

Mas existe um problema nessa solução: quando o corpo adoece, a dor aguda pode persistir além do que seria razoável para o propósito do bem-estar último do indivíduo. Os teístas podem responder que a criação de Deus opera de acordo com leis imutáveis; entretanto, ainda cabe uma pergunta: por que Deus não intervém para anular essas leis?

menos que sejam considerados punição por pecados passados, o que implica a ideia moralmente inaceitável de um Deus que permite que inocentes paguem pelos pecadores.

Um segundo tipo de teodiceia propõe que o sofrimento pode ser permitido por Deus como meio de alcançar um bem maior. Richard Swinburne, filósofo de Oxford, argumenta que este mundo cheio de dor é, nas palavras do poeta Keats, um "vale de feitura de almas" – seus sofrimentos e as atribulações promovem o crescimento moral. No entanto, embora seja verdade que a dor geralmente enriquece a compreensão e a empatia das pessoas, parece haver sofrimentos que não acarretam a menor oportunidade de melhora (como o das crianças famintas da África).

Leibniz (*ver pp. 38-39*), filósofo do século XVIII, afirmou que o mal existente na terra pode ser compensado pela felicidade existente no resto do cosmos (um argumento que o ateísta Bertrand Russell criticou, afirmando que isso era o mesmo que dizer que, porque a camada visível de uma caixa de laranjas está podre, as camadas inferiores estarão saudáveis). Em sua *Teodiceia* (1710), Leibniz argumentou que, se Deus (sendo perfeito) tinha que criar algo separado dele, essa criação deveria conter certa imperfeição: o universo criado não podia ser totalmente perfeito, senão não seria diferente de Deus. Essa proposição está ligada a uma antiga ideia (encontrada em Agostinho) de que a criação é um processo de subtração da total perfeição que é Deus. Os críticos, porém, perguntam se isso explica a quantidade de dor e sofrimento no mundo, que parece mais do que suficiente pelo simples fato de que ao cosmos necessariamente faltam certas perfeições.

O debate continua sem solução. Alguns, talvez a maioria, dos problemas que nos causam sofrimento resultam do fato de a matéria de que nós e o mundo somos feitos ser frágil, efêmera e sujeita a mudanças e à decadência. Esse é o fardo humano. Mas por que um Deus amoroso não intervém para mudar isso? Alguns alegam que ele interveio – Deus veio ao mundo encarnado em Cristo para partilhar nosso sofrimento e redimir o mundo. Saber se essa doutrina oferece ou não solução completa do problema do Mal nos conduz ao campo da fé e muito além do raciocínio filosófico.

Crânios humanos encontrados no Camboja – últimos vestígios de vítimas do Khmer Vermelho. A desumanidade do homem com o homem é quase sempre incompreensível. Isso não tornaria insustentável a ideia de um Deus benevolente e todo-poderoso?

Voltaire

Uma das figuras mais importantes da transição para a era moderna, François-Marie Arouet nasceu em 1694 e ficou conhecido pelo nome com que publicou seus numerosos panfletos e ensaios: Voltaire. Educado pelos jesuítas, foi por toda a vida violentamente hostil à Igreja Católica, sendo muito criticado por seus ataques a pensadores religiosos como Blaise Pascal.

Na juventude, Voltaire sofreu a influência das ideias de John Locke (*ver pp. 82-83*), que por meio de suas obras se tornaram conhecidas na França.

A primeira seleção de ensaios curtos e artigos foi publicada em 1734: as *Cartas Filosóficas*, proibidas na França pela crítica que continham ao sistema político vigente. Seguiu-se em 1764 o *Dicionário Filosófico*, planejado pelo autor como veículo de ideias liberais e condenado por seus críticos como subversivo e antirreligioso.

Voltaire também escreveu peças e poemas, mas sua obra mais famosa é o romance *Cândido ou O Otimismo* (1759). A mensagem do livro é a estupidez do dogma filosófico e religioso. O maior alvo é o absurdo doutor Pangloss, figura (baseada no filósofo alemão Leibniz) que defende um otimismo religioso que se resume na frase: "Tudo vai bem no melhor dos mundos possíveis".

A intenção de Voltaire era investigar a crença em uma providência divina benevolente, que supervisionava o curso dos fatos: como tal ideia seria possível diante do problema do Mal e do sofrimento do mundo? Um episódio do romance inspira-se no terrível terremoto que arrasou Lisboa em 1755, no qual milhares de vidas se perderam. A pomposa insistência de Pangloss em que devia haver uma "razão suficiente" para tal acontecimento é exposta em toda a sua insensibilidade.

Francois-Marie Arouet 1694–1778

Mais famoso dos *philosophes*, grupo de escritores e ensaístas livre-pensadores do Iluminismo francês, Voltaire foi defensor da tolerância social e religiosa e crítico do autoritarismo religioso. Insistiu na importância de crer em Deus: "Se Deus não existisse, seria necessário inventá-lo".

Em relação a esses assuntos, Voltaire acreditava que era melhor deixar de lado a especulação metafísica (simbolizada no nome de Pangloss, que significa "toda conversa") em favor da ação social positiva – ideia contida em *Cândido* na frase que expressa a conclusão do herói: "Precisamos cultivar nosso jardim".

Apesar de tudo isso, Voltaire continuou acreditando em Deus, o Deus que os humanos foram compelidos a "inventar" mesmo que ele não existisse. Para Voltaire, Deus era uma necessidade pragmática: uma proteção necessária contra a anarquia moral e um apoio às ideias de tolerância e fraternidade em que ele fortemente acreditava.

> “*Casas desabam. Desmoronam os tetos sobre os alicerces, que se abalam. Trinta mil homens, mulheres e crianças morrem esmagados sob as ruínas... 'Qual pode ser a razão suficiente para este fenômeno?', disse Pangloss.*”
>
> Voltaire, *Cândido*

Kierkegaard

Kierkegaard foi homem complexo e angustiado, de infância marcada pelo conforto exterior e pelo tormento interior. Tinha relacionamento problemático com seu piedoso pai; além disso, a mãe e cinco de seus seis irmãos morreram antes que ele chegasse aos 21 anos.

Sua dolorosa decisão de romper um noivado foi tema de seus primeiros escritos. Aos 29 anos, publicou sob pseudônimo duas de suas obras mais famosas: *Ou Isso, ou Aquilo: Um Fragmento de Vida* e *Temor e Tremor*. Em 1846, Kierkegaard admitiu, em um curto apêndice a *Concluding Unscientific Postscript*, a autoria de suas primeiras obras.

Abandonou os planos de tornar-se pastor e fundou uma revista que foi muito crítica da Igreja da Dinamarca. Morreu aos 42 anos, depois de sofrer um colapso na rua.

Temor e Tremor é uma reflexão sobre o dilema de Abraão, narrado no Gênesis: Deus ordena ao patriarca que sacrifique seu único filho amado, Isaac, em oferenda. O que Kierkegaard pretende é destacar a situação de um fiel que acredita, sem questionamentos, que a realização humana está na obediência à vontade de Deus: a total fidelidade a uma autoridade suprema parece envolver a radical concessão de nossa autonomia como agentes morais racionais.

Embora Kierkegaard tenha exercido forte influência sobre a filosofia da religião, não tinha simpatia pela filosofia como disciplina intelectual abstrata.

Sua famosa frase "Verdade é subjetividade" implica que, em questões de moral e religião, é inadequado confiar nos instrumentos objetivos da pesquisa acadêmica ou do método científico: análise formal das doutrinas e avaliação das evidências.

Kierkegaard confrontou proposições matemáticas de que se tem certeza objetiva com a investigação religiosa, na qual via "muito do que perturba minha mente e provoca ansiedade". Existe na investigação religiosa uma "intensa interioridade que abrange essa incerteza objetiva com a paixão do infinito".

Søren Kierkegaard 1813–1855

Opositor dos sistemas dogmáticos da filosofia e da teologia, o filósofo dinamarquês Søren Kierkegaard viu na experiência religiosa um confronto pessoal com o problema da existência humana e as exigências da fé.

Kierkegaard é com frequência considerado o precursor do "existencialismo". Embora seja difícil definir essa palavra com precisão, algumas das correntes do existencialismo propõem uma ruptura com os sistemas formais que alegam apresentar a "verdade essencial", uma tensão sobre a reação do indivíduo à condição humana e um estilo mais pessoal e intenso de refletir e de filosofar.

Todos esses elementos podem ser encontrados na obra de Kierkegaard, embora seu profundo compromisso com o cristianismo o coloque em uma situação de aguda divergência com famosos existencialistas ateístas do século XX como Albert Camus e Jean-Paul Sartre.

A influência de Kierkegaard talvez tenha sido mais importante para a compreensão do que significa ter uma religião e de como seu discurso sobre religião difere do da ciência.

Sua atenção a emoções e paixões como ansiedade e culpa enfatiza o que é para muitos uma parte vital do impulso religioso: a sensação de um abismo entre nossas limitações e um poder exterior que nos impulsiona a transcender esses limites.

O significado da vida

A busca de um significado para nossa vida é uma das mais fortes inclinações da humanidade. Enquanto os pensadores religiosos invocam Deus como fonte primeira desse significado, os críticos dessa abordagem se perguntam como os propósitos de um ser sobrenatural podem afetar a luta humana por uma existência significativa.

A expressão "significado da vida" contém em si um problema: alguns argumentarão que só elementos linguísticos (por exemplo, documentos, poemas, cartas, frases) têm significado, e que perguntar pelo significado da vida é um engano. As pessoas costumam qualificar algumas atividades individuais de "significativas", no sentido de que as consideram valiosas e enriquecedoras. Dessa forma, um cientista pode dizer se seu trabalho no laboratório é significativo, ou um pai pode considerar o projeto de constituir família significativo. Mas nossa vida pode ter significado? Em um mundo instável e inseguro, no qual muitos dos nossos projetos acabam fracassando e a morte é o fim inevitável, pode ser difícil reter alguma coisa a não ser a sensação de inutilidade.

Nietzsche e o eterno retorno

Nietzsche (*ver p. 153*) criou o mito do "eterno retorno" para explicar o problema de como os seres humanos podem encontrar significado na vida.

Estamos dispostos a dizer um enfático "Sim!" a cada momento de nossa existência, sabendo que teremos de fazer as mesmas escolhas novamente e com a condição de repeti-las eternamente? – ele perguntava.

Em *A Gaia Ciência*, escreveu: "Esta vida, assim como a vives agora, terás de vivê-la ainda uma vez e ainda inúmeras vezes, e tudo o que há de indivisivelmente pequeno ou grande em tua vida há de te retornar, tudo na mesma ordem e sequência. A eterna ampulheta da existência será sempre virada outra vez, e tu com ela, um grão de poeira".

Para o pensamento religioso, a vida humana tem significado na medida em que satisfizer os propósitos para os quais foi criada por Deus. São Boaventura, pensador franciscano do século XIII, resumindo um tema do pensamento cristão, observou que "a alma nasceu para perceber a infinita bondade que é Deus, e só nele deve encontrar repouso e contentamento" (em *Comentários às Sentenças de Pedro Lombardo*, 1250). De acordo com essa visão, se abandonarmos os valores que Deus ordenou, atrairemos sofrimento para nós (foi o caso da desobediência de Adão no Jardim do Éden), mas se obedecermos à vontade de Deus

Representação da tentação neste detalhe da pintura *Adão e Eva*, obra de 1528 de Cranach, o Velho. O caminho que Deus traçou para nós – no qual Adão e Eva não conseguiram se manter – é, para muitos religiosos, a estrada da realização.

encontraremos o verdadeiro significado para nossa existência ("Em sua vontade está a nossa paz", disse o poeta Dante).

Uma objeção comum a esse pensamento religioso afirma que, mesmo que se admita que existe um Deus, ainda não fica claro como seus propósitos podem conferir significado a nossa vida. A total submissão à vontade de outro não parece compatível com nossa condição de agentes racionais e autônomos. Por outro lado, para um ser todo-poderoso, impor seus propósitos sobre suas criaturas pode parecer violação de sua liberdade e de sua dignidade. No entanto, o pensador religioso pode contestar que Deus não é um tirano arbitrário, e que sua natureza é boa e benevolente; portanto, encontraremos verdadeira realização nos seus propósitos (Deus é aquele "em cujo serviço há perfeita liberdade", reza o *Livro de Orações Comuns*, a obra clássica da Igreja Anglicana, de 1666). Naturalmente, caberia perguntar ainda como uma determinada religião pode alegar saber quais são verdadeiramente os propósitos de Deus.

Significado humano na vida humana

O filósofo alemão Friedrich Nietzsche (*ver p. 153*) é famoso pela proclamação de que "Deus está

Irmãs trabalham no pomar do convento na vila de Asolo, na Itália. Para alguns, a dedicação à vida religiosa é uma profunda fonte de significado e realização. Mas isso significa substituir a nossa própria vontade pela vontade de Deus?

Significado, inutilidade e eternidade

Uma forte imagem da condição humana é o mito grego de Sísifo, eternamente condenado pelos deuses a empurrar uma rocha até o topo de uma montanha, apenas para vê-la rolar até embaixo infinitamente. A história ilustra a inutilidade de muitos dos esforços humanos: a diferença que podemos fazer é quase sempre mínima.

O existencialista francês Albert Camus declarou que "devemos imaginar Sísifo feliz"; o heroísmo do condenado provoca um contentamento que nasce de sua "recusa em ter esperança e da inapelável evidência de uma vida sem consolação" (*O Mito de Sísifo*, 1942). Entretanto, para isso, parece necessário abandonar a possibilidade de que a vida seja verdadeiramente significativa; o próprio Camus usou a palavra "absurdo" para caracterizar o dilema humano.

O mito de Sísifo também levanta outra questão: seria a imortalidade capaz de conferir significado a nossas atividades?

O filósofo britânico Bernard Williams afirmou que a imortalidade não faria nenhuma diferença – uma existência eterna (mesmo que muito mais agradável que a de Sísifo) geraria inevitavelmente tédio e falta de sentido.

Por outro lado, alguns pensadores julgam existir um sistemático mal-entendido em relação à ideia de vida eterna proposta pela religião.

O filósofo da religião D. Z. Philips aventou a ideia de que a "vida eterna" pode ser compreendida como a proclamação de um novo modo de vida, e não como a existência contínua em outro mundo. Em *Death and Immortality*, ele afirma que "a eternidade não é mais vida, mas esta vida parece sujeita a certas maneiras de pensar morais e religiosas". Isso significa que, quando perguntamos até que ponto uma vida pode ser significativa, precisamos observar a qualidade dessa vida e seus valores, e não sua infinita duração.

morto". A humanidade, sustentou ele, teria que aprender a viver sem o conforto da religião, considerada a consolação dos fracos. Em vez disso, deveríamos ser como deuses e gerar significado dentro de nós. "Fundamentalmente, o homem não encontra nas coisas nada a não ser o que ele mesmo lhes atribui: o que descobrimos chamamos ciência; ao que atribuímos, chamamos arte, religião, amor, orgulho" (*A Vontade do Poder*, 1888). De acordo com Nietzsche, apenas com nossa heroica determinação, nossos resolutos atos de vontade, poderemos tornar nossa vida significativa.

Embora exista algo de admirável na determinação nietzschiana de aceitar que a humanidade está entregue a seus próprios recursos, restam dúvidas de que nossos desejos e inclinações subjetivas sejam suficientes para produzir significado. Recentemente, filósofos têm argumentado que uma coisa só pode ser valiosa se tivermos razão para buscá-la, e o que buscamos é, em parte, questão de avaliação objetiva. Nas palavras da filósofa americana Susan Wolf: "O significado surge quando a atração subjetiva se encontra com a atratividade objetiva" (*Happiness and Meaning*, 1997). Em outras palavras, quando alguém se sente atraído por X, isso ocorre porque alguma característica de X o faz objetivamente merecedor de ser desejado. Muitos filósofos apoiam a ideia do valor objetivo sem supor que ela exija algum apelo a uma fonte sobrenatural (ou seja, religiosa), e o debate continua sobre qual a melhor maneira de entender tal valor.

Capítulo 5

ÉTICA E ESTÉTICA

O que é moralidade?

Os conceitos relativos à moralidade tratam do que é bom e mau, certo e errado, dever e obrigação. As teorias morais variam de acordo com a ênfase que colocam nesses conceitos e na maneira de interpretá-los. Essa variação, porém, não exclui uma moralidade comum.

Às vezes acredita-se que a moralidade diz respeito apenas ao comportamento individual, ou mesmo ao comportamento sexual. Mas esta é uma visão muito estreita para os tempos modernos. Quando as primeiras discussões sobre moralidade ocorreram em Atenas, no século V a.C., tanto Platão (*ver pp. 76-79*) quanto Aristóteles (*ver pp. 13-15*) partiram do pressuposto de que as questões relativas à boa pessoa e à boa sociedade estavam inextricavelmente ligadas.

Os principais conceitos de moral surgiram das discussões entre eles: não só a bondade, mas também noções de certo e errado, justiça e injustiça, além de virtudes e defeitos do caráter como coragem e covardia. Desde então, as ideias sobre moralidade se expandiram, até abranger não apenas o comportamento individual, mas também preocupações globais.

Os primórdios da moral

Então, desde quando o homem começou a ver as questões à luz da moral, e não mais em termos puramente práticos? Talvez com a primeira pergunta filosófica: "O que devo fazer?" Porque a interação com o mundo e com outros seres humanos começou antes que o homem adquirisse a capacidade de andar e falar, e com certeza antes que a razão entrasse em cena. Quando o primeiro bebê humano se viu diante de uma escolha, teve, consciente ou inconscientemente, o primeiro encontro com a possibilidade de moralidade. Pode-se supor que essa primeira escolha tenha sido feita para satisfação de suas necessidades e desejos.

Mais tarde, o interesse de outros foi uma restrição. Mais tarde ainda, talvez a consciência de uma base moral para a ação tenha emergido. A busca da fonte dessa vida potencialmente moral e a tentativa de formá-la sobre uma base teórica segura têm oferecido muito da substância da filosofia moral.

A primeira e mais evidente maneira de entender a moralidade é enquadrá-la em um código de comportamento – por exemplo, os Dez Mandamentos, o Sermão da Montanha ou a Suna islâmica.

Desde os primórdios, as comunidades humanas formalizaram códigos morais, e a maioria das

Moralidade e religião

Pode a religião oferecer uma base para a moralidade? A resposta padrão do moderno filósofo secular a essa pergunta é "não", porque a religião depende de um julgamento moral anterior – o da bondade de Deus, autoridade final da moralidade. Em outras palavras, a religião não pode oferecer um sistema moral a menos que possa dar uma explicação para a bondade de Deus – mas não pode dar uma explicação para a bondade de Deus a menos que tenha, primeiro, uma concepção de moralidade. Se esse argumento estiver correto, significa que a tentativa de encontrar moralidade na religião é em essência circular. Mas é significativo que as principais religiões da atualidade estejam intimamente ligadas a um sistema moral, o que indica que esse argumento pode se basear na falta de entendimento sobre a natureza do compromisso religioso.

A religião é muito mais uma questão de "seguir" na qualidade de "crente", e seus códigos éticos são no mínimo tão importantes quanto a aceitação de dogmas ou credos. A questão, portanto, não é saber se o que é certo, bom ou obrigação moral assim é porque foi ordenado por Deus, mas se os indivíduos devem seguir os preceitos da fé em sua vida.

Entretanto, em um mundo dividido por diferenças religiosas, as pessoas podem preferir buscar respostas para questões morais que não dependam de uma determinada perspectiva religiosa, superando as divisões de cultura e religião.

Em muitas sociedades, a moral prevalente pode remontar a tradições e costumes sociais, inclusive os que se referem à alimentação e à hospitalidade. Aqui, um grupo de muçulmanos em Marrakech partilha uma refeição da maneira tradicional, comendo de um prato comum.

grandes religiões do mundo propõe sistemas éticos a seus seguidores. A etimologia oferece certo suporte para equacionar a moralidade com um código desse tipo, porque tanto *ethos* (raiz grega de "ética') quanto *mores* (raiz latina de "moral") estão ligadas no que diz respeito aos costumes e comportamentos.

Então, deve a moralidade seguir servilmente a tradição dominante em dado tempo e lugar? Parece que não, porque os códigos morais estão sujeitos a críticas morais. Ao mesmo tempo, existem algumas certezas ou convicções que resistem ao tempo, ao lugar e à cultura. A busca da moralidade é a busca de algo que tenha substância e se sustente pelos próprios méritos.

Uma das mais antigas discussões sobre a natureza da moral na tradição ocidental é encontrada na *República*, de Platão, na qual Sócrates trava um debate ficcional sobre o Estado ideal (*ver pp. 76-79*). Trasímaco, participante do diálogo, expressa um ponto de vista cínico, argumentando que o que é justo ou correto é o que interessa aos mais fortes ou, no mínimo, aquilo que eles acreditam ser de seu interesse e que são capazes de impor por lei. Essa análise da moralidade não é muito diferente da visão de modernos pensadores como Marx (*ver pp. 210-211*), Nietzsche (*ver p. 153*) e seus seguidores pós-modernos.

Os interlocutores de Sócrates também levantam a ideia de que todo mundo gostaria de ser imoral (ter liberdade para cometer assassinato, roubo e adultério) se não fosse a ameaça de punição e impopularidade. Sócrates questionou essas suposições sobre a verdadeira natureza e os verdadeiros desejos dos seres humanos, apontando que a justiça não é apenas um meio para atingir a felicidade, mas essencial para isso. Argumentando que as regras comuns de moralidade estão de acordo com a natureza humana – não são artificiais ou externas –, Sócrates tenta mostrar que por isso as pessoas nunca podem ser colocadas em posição de ter que escolher entre moralidade e felicidade pessoal.

Essa visão sobre a natureza e o escopo da moralidade, portanto, pertence a uma longa tradição filosófica. Ela deu lugar, porém, primeiro à ética

Cálculo do benefício: o princípio da maior felicidade

De acordo com o filósofo do fim do século XVIII Jeremy Bentham (*ver p. 197*), "A maior felicidade para o maior número de pessoas é a medida do que é certo ou errado". Na forma como Bentham o via, esse princípio oferecia uma ciência da tomada de decisões ética, um meio de resolver problemas por métodos práticos comprováveis, que, no extremo, podem ser quantitativos e estatísticos. Com essa finalidade, Bentham concebeu um "cálculo da felicidade" com sete dimensões de prazer e dor. Eram elas: intensidade (qual a intensidade do prazer e da dor), duração (quanto tempo duram), certeza (qual a probabilidade de ocorrer uma sensação resultante), proximidade (com que rapidez a sensação pode voltar a ocorrer), fecundidade (qual a possibilidade de ser seguida por sensação do mesmo tipo), pureza (qual a possibilidade de ser seguida por sensação contrária) e extensão (quantas pessoas serão afetadas). Alguém que está pensando em fumar ou aceitar uma droga pesada numa festa pode submeter-se a um cálculo como esse respondendo à pergunta "Vale a pena?" Formalizada na esfera pública, transforma-se na estratégia econômica de análise do custo-benefício, por meio da qual, por exemplo, o custo do sistema de segurança de uma nova ferrovia é avaliado levando-se em conta o número de vidas salvas.

estoica do mundo greco-romano (*ver p. 138*) e, depois, à medida que o cristianismo se tornou a religião dominante na Europa, a uma moral de base teológica. Na era moderna, porém, o debate iniciado por Sócrates se desenvolveu em linhas bastante diferentes.

Sensação e razão

Na Inglaterra do século XVIII, o debate mudou de foco: agora se buscava saber se a moralidade se baseava no "sentimento" ou na "razão". Teóricos britânicos de "senso moral", como o conde de Shaftesbury (1671-1713) e Francis Hutcheson (1694-1746), continuaram defendendo uma harmonia natural entre virtude e interesse próprio. Rejeitando a ideia de que a moralidade deve se basear na razão, eles insistiam que ela dependia de quanto uma ação fosse, nas palavras de Hutcheson, "agradável ou desagradável" ao senso moral da pessoa.

Uma eloquente defesa em favor do sentimento e contra a razão foi feita pelo filósofo escocês David Hume (*ver pp. 24-25*) quando disse: "Não é contrário à Razão preferir a destruição do mundo a um arranhão no meu dedo".

Embora essas visões pareçam transformar a divergência ética numa disputa sobre gosto pessoal, oferecem fundamento para outra importante concepção de moralidade que se desenvolveu na Inglaterra no final do século XVIII e no século XIX e que continua a dominar o pensamento social e político ocidental: o utilitarismo.

Segundo essa teoria, o que é certo é o que produz maior prazer. Combina a crença de que as pessoas são totalmente motivadas pelo interesse próprio e a alegação moral de que se deve perseguir o bem-estar geral. A conciliação entre esses dois princípios aparentemente incompatíveis teria que ser alcançada, segundo o primeiro expoente da teoria, Jeremy Bentham (*ver p. 197*), por lei, isto é, usando a punição e a recompensa para fazer o interesse individual coincidir com o bem público. Entretanto, o utilitarismo pode ser definido como uma teoria normativa, ou seja, como recomendação de como *deveríamos* agir para alcançar a máxima felicidade.

O utilitarismo clássico fala de máximo prazer – a maior felicidade para o maior número de pessoas –, mas os utilitaristas contemporâneos quase sempre preferem falar em máxima satisfação dos desejos ou preferências.

De qualquer forma, os críticos do utilitarismo apontam a impossibilidade de calcular todas as possíveis consequências de um ato. Apontam também a estranheza de julgar um ato por suas reais consequências, em vez de avaliá-lo pelo que foi pretendido ou pelo que era provável ou previsível no momento em que foi cometido.

Muitos oponentes do utilitarismo o criticam, também, em nome da justiça, já que ele parece justificar ou mesmo propor o sacrifício de poucos em prol de muitos, permitindo atrocidades em nome de um futuro utópico e tornando aceitável o que seria moralmente inaceitável.

Princípios éticos

A alternativa ao utilitarismo parece ser a adoção de uma abordagem ética, baseada em princípios, que ignore as consequências em determinados casos.

As teorias deontológicas (baseadas no dever) da moralidade, como a concebida por Kant (*ver pp. 141-143*), consideram as consequências irrelevantes para julgar se uma ação foi certa ou errada. Mas essa também é uma abordagem problemática, porque parece permitir que desastres inaceitáveis e evitáveis resultem de um compromisso inflexível com a justiça ou com outros princípios rígidos.

> “*Se a doutrina da moral fosse meramente a doutrina da felicidade, seria absurdo buscar princípios* a priori *para ela.*”
>
> Immanuel Kant,
> *A Metafísica dos Costumes*

Kant é muitas vezes criticado por argumentar que mentir e quebrar promessas são atos errados em quaisquer circunstâncias, e que os princípios nunca devem ser qualificados em relação aos fatos de uma determinada situação, menos ainda em relação a suas consequências para a felicidade dos envolvidos.

A abordagem de Kant costuma ser vista como uma tomada de posição demasiado severa para a vida cotidiana, mesmo que a mera conveniência do utilitarismo seja considerada moralmente insatisfatória.

Uma solução contemporânea ao problema foi proposta pelo filósofo de Harvard John Rawls (*ver p. 203*), que, em *A Theory of Justice* (1971), propôs uma definição para justiça baseada na ideia de um contrato hipotético entre indivíduos livres e iguais. O método de Rawls foi concebido de modo a chegar aos princípios básicos de justiça a partir de uma perspectiva imparcial.

Os membros potenciais de uma sociedade, protegidos por um “véu de ignorância”, elaboram princípios básicos para organizar a vida na sociedade que estão prestes a compartilhar. Presume-se que essas pessoas que ocupam a “posição original” sejam racionais e, ao mesmo tempo, voltadas para seus interesses pessoais. O “véu de ignorância” as impede de conhecer as condições sociais em que vão viver, e nessa situação elas irão, de acordo com Rawls, adotar o que ele chamou de “princípio máximo”, ou seja, vão tentar se proteger escolhendo o melhor entre os piores resultados possíveis.

Rawls, então, acha que certos princípios morais derivam da “posição original”. Entretanto, porque fundamenta a racionalidade em considerações de interesse próprio, é discutível se essa teoria oferece a universalidade ou o rigor que a moralidade requer. A ideia de bondade e justiça como absolutos morais parece incompatível com uma abordagem que assume indivíduos que só pensam em si mesmos.

Está na moda rejeitar a ideia de que existe um núcleo de valores universais que transcendem as culturas e outras diferenças. Essa rejeição leva a um relativismo cultural, segundo o qual os valores só são significativos dentro de uma determinada cultura.

Mas a busca de uma moralidade comum pode se basear na consciência do que todos os seres humanos têm em comum – no mínimo, o que é necessário para o indivíduo sobreviver por um período de vida normal e criar filhos. Como se vê, mesmo uma concepção tão simplificada quanto esta defende uma ligação fundamental entre moralidade, natureza humana e felicidade pessoal.

Estoicismo

A filosofia estoica dominou o mundo clássico por 600 anos, a partir do fim do século IV a.C. Os estoicos procuravam a tranquilidade da alma em um mundo tumultuado, buscando a virtude em lugar de riqueza ou saúde para a harmonia do espírito sob uma lei moral comum.

A filosofia estoica recebeu esse nome graças a um portal (*stoa*) em Atenas, onde os primeiros estoicos se reuniam para discutir suas ideias. As obras do fundador do estoicismo, Zenão de Cício (334-262 a.C.) e de seus seguidores sobrevivem apenas em fragmentos citados em escritos posteriores, mas a escola estoica exerceu grande influência no mundo romano, época da qual se conhecem textos originais. O estoicismo foi revivido no Renascimento e até hoje continua a influenciar o pensamento ético.

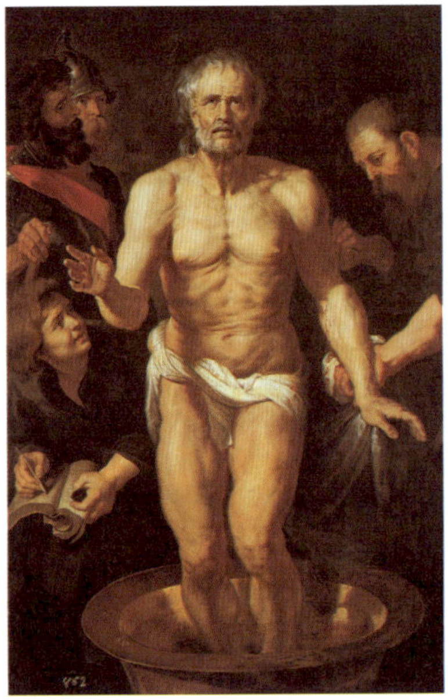

A Morte de Sêneca, de Rubens, representa a morte digna desse pensador romano, cuja obra é a mais importante da literatura estoica da Antiguidade.

A filosofia estoica incluía uma teoria do mundo natural, assim como uma ética. Os estoicos acreditavam em um cosmos formado e guiado por um *logos*, ou razão, que representa a ordem, o destino e a lei da natureza. O sistema ético dos estoicos baseava-se na crença na harmonia do universo. Dor e sofrimento existem porque as trevas são necessárias para dar forma à luz, como na pintura; o todo, porém, é perfeito e harmonioso. Quanto à dor e ao mal que estão além do nosso controle, eles recomendavam a *apatheia* (indiferença ou liberdade com respeito a sentimentos intensos). A tranquilidade devia ser alcançada, eles ensinavam, suprimindo-se as emoções irracionais – por exemplo, remorso por atos passados – e mantendo-se a razão alinhada com a ordem cósmica mediante a aceitação de sua inevitabilidade.

A origem das ideias estoicas remonta às filosofias e religiões orientais. A concepção de sabedoria que chegou aos gregos através dessas fontes pregava a busca da paz interior para alcançar o estado de "vazio" que liberta o ser humano da dor e da luta da existência. Essa filosofia de aceitação e negação do "eu" é encontrada em Epicuro (341-270 a.C.), como nas doutrinas estoicas.

O estoicismo também influenciou certos filósofos modernos, como Spinoza e Schopenhauer. Traços comuns são a concepção de sabedoria moral como reconhecimento da inevitabilidade das coisas e a determinação de não corroer a alma com ressentimentos por aquilo que está além do nosso alcance.

O estoicismo não se preocupa apenas em olhar para dentro e cultivar o autocontrole e a tranquilidade – qualidades a que hoje a palavra "estoico" está ligada –, mas também em olhar para fora, recomendando a utilidade social no mundo, onde todos os humanos se encontram como iguais. Os filósofos estoicos tinham consciência da diversidade de visões humanas sobre o que é verdadeiro e correto, o que os levou a distinguir entre as leis que podiam variar de um lugar para outro e a lei universal – a lei da natureza –, que não era variável ou relativa.

O estoicismo, então, era uma filosofia cosmopolita no verdadeiro sentido da palavra. Dever estoico é o dever de um cidadão do mundo, não de um determinado país; é o dever de promover o bem-estar de todos.

Mill

O britânico John Stuart Mill foi o expoente clássico do liberalismo. Seu pai, James Mill (1773-1836), era utilitarista e amigo íntimo de Jeremy Bentham (*ver p. 197*). Ele próprio educou o filho, assegurando que aos sete anos John já dominasse o grego e o latim. Mill descreve essa rigorosa educação em sua *Autobiografia* (1873), na qual também narra o colapso mental que sofreu aos 20 anos e que o levou a se voltar para a poesia e a literatura. Mill trabalhou como administrador colonial para a Companhia das Índias Orientais, em Londres, até 1858. Foi também membro do Parlamento por curto período (1865-68).

Apesar da desaprovação da sociedade, Mill manteve longo relacionamento com Harriet Taylor, que, quando se conheceram, era casada e mãe de filhos pequenos. Ela partilhava seus interesses intelectuais e, segundo ele, foi sua inspiração filosófica. Quando afinal se casaram, após a morte do marido dela, Mill renunciou formalmente aos direitos de marido de que fora investido pelas leis da Inglaterra vitoriana. Foi um dos primeiros defensores do feminismo, tema de seu *A Sujeição das Mulheres* (1869).

O novo utilitarismo de Mill

Em *Utilitarismo* (1861), Mill defende que as ações sejam julgadas de acordo com sua tendência de promover a felicidade. Bentham foi sem dúvida influência e inspiração para Mill, mas, ao contrário daquele, este acreditava que algumas formas de felicidade são mais valiosas que outras, e esse valor se aplica em especial aos prazeres intelectuais. Como ele disse: "É melhor ser um Sócrates insatisfeito do que um tolo satisfeito". Isso é muitas vezes considerado uma deficiência do utilitarismo de Mill, mas, como afirmou um comentador, John Gray, a noção mais complexa de Mill sobre prazer ou felicidade reafirma a de Aristóteles (*ver pp. 13-16*): de acordo com o filósofo grego, os seres humanos florescem melhor quando podem exercer as capacidades humanas, em especial a razão.

John Stuart Mill 1806–1873

Pensador de múltiplas facetas, Mill se interessou pela ética, pela política, pela ciência social e pelo humanismo, e escreveu obras sobre lógica e método científico. Embora fortemente influenciado pelo utilitarismo na juventude, desenvolveu sua própria versão do sistema utilitarista.

> “*A doutrina utilitarista ensina que a felicidade é desejável e a única coisa desejável como fim; todas as outras coisas são desejáveis apenas como meios para chegar a esse fim.*”
>
> J. S. Mill, *Utilitarismo*

Mill, portanto, valorizava a educação e acreditava que certo nível cultural era necessário para a plena realização do potencial humano. Rejeitava a concepção de Bentham sobre a natureza humana e dava muito mais ênfase ao contexto social e cultural de uma vida. Por essa razão, Mill também valorizava os princípios morais tradicionais, em especial a justiça, a liberdade e a tolerância.

Então Mill era um utilitarista incoerente? Ele próprio acreditava ter respondido a essa pergunta no último capítulo de *Utilitarismo*. No que veio a ser chamado de "utilitarismo normativo", argumentava que princípios como liberdade e justiça são importantes instrumentos sociais para a utilidade. Isso significa que normas de comportamento moral amplamente aceitas, como dizer a verdade, cumprir promessas, não roubar e assim por diante, podem ser entendidas como princípios básicos, não como regras absolutas. Significa, também, que é certo promover uma política social capaz de estimular as pessoas a obedecer a certas regras por hábito. Como Mill destacou, existem "certas classes de regras morais que dizem respeito mais de perto ao bem-estar humano, e portanto são de obrigatoriedade

Os limites da tolerância: moralidade pública e privada

O princípio da tolerância na forma proposta por Mill recomenda a mínima interferência de uma pessoa ou grupo sobre as crenças ou condutas alheias. Ele traça, em especial, a distinção entre a esfera pública e a privada.

A defesa que Mill faz do individualismo gerou um longo e contínuo debate sobre os limites da tolerância. Em 1957, um relatório oficial que recomendava mudanças nas leis inglesas sobre prostituição e homossexualismo adotou princípios que seguiam a ideia de Mill de âmbito privado, no qual a lei não devia interferir. A conclusão prática foi que nem a prostituição nem atos sexuais praticados entre dois adultos em particular seriam ilegais.

Depois disso, um dos mais antigos juízes da Inglaterra, lorde Devlin, opôs-se a esse liberalismo, alegando haver uma moralidade popular que a lei devia reforçar. Para ele, essa "moralidade pública" é que definia a sociedade. "Sem ideias comuns sobre política, moral e ética, nenhuma sociedade pode existir", ele escreveu.

Embora admitindo que os conceitos morais podem mudar, Devlin acreditava que a lei devia acompanhar a mudança, e não tentar liderá-la. Ao contrário de Mill, achava que a lei existe para proteger a sociedade, não o indivíduo.

Seus contemporâneos juristas, porém, se opuseram a essas ideias. Alguns afirmaram que não é função da lei reforçar a moralidade e que imoralidade não deve ser considerada crime. Essa é também a posição de Mill, para quem a única justificativa para a intervenção legal é a prevenção de danos a terceiros.

O debate sobre a tolerância iniciado por Mill está longe do fim.

absoluta". Estas, ele diz, têm apresentado, no curso de milênios, tendência a promover a felicidade humana.

Mill também considerava frustrante, em certa medida, a busca consciente de felicidade, e achava que obedecer a normas morais estabelecidas teria maior probabilidade, a longo prazo e exceto em casos extremos, de promover a felicidade do que de estabelecer a mera utilidade como objetivo.

Mill e a liberdade

Mill acreditava que a felicidade está intimamente ligada à liberdade e à possibilidade de escolha. Em *Sobre a Liberdade* (1859), ele defende a liberdade de pensamento, de expressão e de associação, o que incluía a liberdade de escolher o estilo de vida, desde que isso não causasse dano a outros ou impedisse sua liberdade.

A ideia de um âmbito privado em que o Estado não pudesse interferir é tema fundamental da filosofia política de Mill (*ver quadro acima*). Ele aplicou esses princípios também ao campo da educação, colocando-se fortemente contra o monopólio estatal da educação e a favor da liberdade de escolha.

A contribuição de Mill à filosofia foi a de um empirista na tradição britânica: acreditava que a verdade devia ser estabelecida através de observação, e não do raciocínio a partir de princípios. Estendeu sua discussão ao campo das ciências sociais, sendo considerado o fundador da moderna sociologia.

Os críticos de Mill dão a crer que sua fé vitoriana no progresso o cegava para a possibilidade de que a liberdade talvez não contribuísse para a felicidade. Mas a preocupação prioritária de Mill era dar espaço à ampla variedade de motivações humanas.

Mill era a favor da educação obrigatória, mas achava que deveria existir competição em vez de um único sistema estatal.

Kant

Immanuel Kant nasceu em Königsberg, na Prússia (hoje Kaliningrado, na Rússia), em 1724, e morreu em 1804. Nunca se casou, e levou vida simples e ascética. Na verdade, seu estilo de vida e seus hábitos de trabalho eram tão regulares que as pessoas brincavam dizendo que podiam acertar o relógio por sua rotina.

Os primeiros escritos de Kant refletem os métodos científicos de seu tempo, e suas obras filosóficas e éticas mais importantes foram publicadas mais para o fim de sua vida. Essa última fase, chamada período crítico de Kant, iniciou-se com a publicação, em 1781, de sua obra mais famosa, a *Crítica da Razão Pura*. Seguiram-se seus trabalhos éticos mais importantes: o curto mas pioneiro *Fundamentação da Metafísica dos Costumes* (1785), publicado quando Kant tinha 60 anos, *Crítica da Razão Prática* (1788) e *Metafísica dos Costumes* (1797), obra inacabada.

Kant é um dos gigantes da história da filosofia, mas, surpreendentemente, as opiniões sobre ele variam. Bertrand Russell o considerou "um desastre", mas C. D. Broad, filósofo inglês contemporâneo de Russell, afirmou, com maior justiça: "Quando todas as críticas tiverem sido feitas [...] os fracassos de Kant serão mais importantes que a maioria dos êxitos dos homens".

Moralidade como dever

A visão ética de Kant pode ser compreendida no contexto de suas teorias metafísicas. Na *Crítica da Razão Pura*, ele afirma que estamos confinados dentro do mundo de nossas percepções, com as realidades que provocam essas percepções para sempre além de nosso alcance.

> *"Duas coisas enchem a alma de admiração e respeito sempre renovados e crescentes quanto mais reflito sobre elas: o céu estrelado acima de mim e a lei moral dentro de mim."*
>
> Immanuel Kant, *Crítica da Razão Prática*

Immanuel Kant 1724–1804

Implacável inimigo do utilitarismo, Kant é o filósofo da ética do dever – princípios morais devem ser seguidos incondicionalmente. Na sua opinião, os deveres morais são "imperativos categóricos" que não admitem exceções.

Só entendemos o mundo se impusermos a ele nossas amplas categorias conceituais: tempo, espaço e causalidade. Esses conceitos oferecem um elemento essencial para nossa compreensão do mundo físico. Não derivam da experiência sensível ou da observação, mas são, para usar a terminologia kantiana, determinados *a priori*, o que significa dizer que são requisitos fundamentais da razão. Kant defendia que a moralidade também deve se fundar em um raciocínio *a priori*, sem apelar para a autoridade ou a religião.

Como filósofo moral, Kant foi o arquiteto da deontologia (ética do dever), muitas vezes resumida como o princípio do "dever pelo dever". Foi o reverso da onda dos dois milênios anteriores: enquanto os gregos identificavam virtude com felicidade, Kant afirmava que as duas ideias eram, e assim deviam ser mantidas, separadas e distintas. A felicidade, ele dizia, pertence ao âmbito empírico e das ciências da natureza humana, como a psicologia e a antropologia, mas o pensamento moral envolve apenas a razão humana, não a natureza humana.

Foi a partir desse fundamento que Kant descobriu o que chamou de supremo princípio de moralidade, livre de observações empíricas. Na *Fundamentação da Metafísica dos Costumes*, ele

A herança kantiana e a ideia de dignidade humana

Kant enfatizou o princípio do respeito pelas pessoas ao escrever: "Portanto, aja com humanidade, tomando a sua própria pessoa e a de qualquer outra sempre como fim e nunca apenas como meio".

Às vezes expressa como princípio de dignidade humana, essa ideia desempenhou importante papel no debate contemporâneo sobre direitos humanos e questões como aborto, eutanásia e pesquisas com células-tronco.

Na Alemanha, por exemplo, onde a proteção legal é estendida a qualquer "sujeito de dignidade humana", discutiu-se, em relação ao aborto, se isso se aplica ao feto. O debate se reacendeu à luz da controvérsia em torno das pesquisas embrionárias, em especial as que usam células-tronco de embriões. Contra os que queriam proibir essas pesquisas, o chanceler alemão Gerhard Schroeder usou um argumento que opôs o utilitarismo ao princípio kantiano do "respeito à pessoa", afirmando que a ética do respeito tinha de ser ponderada à luz da ética da cura e da ajuda.

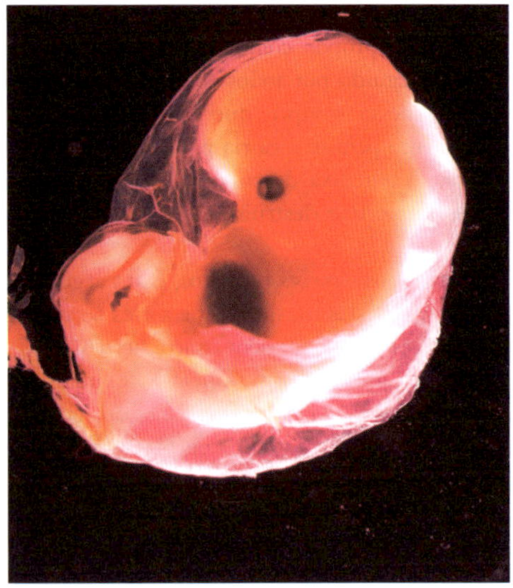

escreveu: "Só é moralmente válida a lei que suprir uma absoluta necessidade [...] o fundamento da obrigação deve ser procurado, não na natureza do homem, nem nas circunstâncias do mundo em que ele está situado, mas unicamente *a priori* nos conceitos da razão pura". Seu ponto de partida para essa afirmação é a observação de que o valor das virtudes tradicionais pode ser influenciado pelo contexto e pelas consequências. Por exemplo – não é um exemplo de Kant, naturalmente, mas ele bem que poderia tê-lo usado –, a coragem é em geral considerada uma virtude, mas não quando serve a um sequestro suicida.

Argumentos semelhantes podem ser aplicados a outras virtudes, e assim, argumentava Kant, só existe uma coisa que pode ser considerada boa sem nenhuma qualificação, e isso é o que ele chamou de "*ein guter Wille*" (boa vontade) – ou seja, fazer alguma coisa a partir de um motivo moral, partindo do desejo de fazer o que é correto só porque é correto. As consequências são irrelevantes para determinar se uma ação é certa ou errada. De acordo com Kant, então, a honestidade de um lojista pode adquirir um aspecto moral se seu motivo for "porque é certo", e não, por exemplo, "porque ter ética é um bom negócio".

Imperativo categórico

Kant considera a obrigação do dever um imperativo ou um mandamento, e sua natureza absoluta ou incondicional, categórica – daí o famoso termo atribuído a ele: "imperativo categórico". Na *Fundamentação da Metafísica dos Costumes*, Kant apresenta o imperativo categórico em diferentes formulações. A primeira e mais conhecida é a seguinte: "Aja apenas segundo a máxima que você possa querer que se torne lei universal".

Kant prossegue explicando como esse princípio, que mais parece requisito lógico do que princípio puramente moral, pode gerar deveres ou princípios morais.

A título de explicação, ele fornece exemplos que obedecem à classificação, comum à época, entre perfeito e imperfeito (do latim, *perfectum*, completo, e *imperfectum*, incompleto, completando-se). Os deveres perfeitos, como pagar uma dívida ou cumprir uma promessa, seguem um único curso de ação, enquanto os deveres imperfeitos, como o de fazer caridade, podem ser praticados de várias formas. Kant oferece como exemplos de deveres perfeitos o dever de não cometer suicídio e de cumprir uma promessa. Para ele, aceitar o suicídio seria uma autocontradição, já que qualquer justificativa teria que se basear no amor-próprio, e o amor-próprio se dirige necessariamente à autopreservação.

Quanto ao dever de cumprir uma promessa, se quiséssemos propor como princípio universal – que será seguido por todos todo o tempo – uma falsa promessa sempre que conveniente, nosso experimento pensante cairia por terra. Em outras palavras, a tentativa de conceituar tal regra seria impossível porque destruiria a própria instituição do prometer.

No caso dos deveres perfeitos, Kant argumenta que a negação das máximas que a eles se aplicam não pode ser concebida sem contradição.

No caso dos deveres imperfeitos, por outro lado, é possível conceber sua negação, mas não desejá-la. E cita, como exemplos de deveres imperfeitos, cultivar um talento natural e ajudar as outras pessoas. Em ambos os casos, Kant argumenta que, embora não exista contradição formal em expressar máximas que neguem esses deveres, é impossível desejá-las. Isso ocorre porque, no primeiro caso, temos o desejo de desenvolver nossos talentos por motivos úteis, e, no segundo, podemos imaginar uma situação em que desejemos ser ajudados.

Com esses argumentos, Kant apresentava, no mínimo, uma forte defesa da imparcialidade nos julgamentos morais, que precisam enfrentar as críticas como máximas gerais, e não apenas oferecer conclusões subjetivas adaptadas segundo cada caso.

Sua recusa em permitir exceções a princípios morais tem sido criticada como formal e legalista em excesso, mas é consequência inevitável do imperativo categórico.

Além disso, Kant não achava que os princípios constrangiam as pessoas, mas, ao contrário, via neles uma expressão de liberdade. Eles são o que a pessoa racional gostaria que fossem, não fora o fato de que os seres humanos não são seres puramente racionais, mas influenciados por desejos e impulsos. E essa é a singularidade humana: enquanto outros animais são determinados por sua natureza, os humanos podem obedecer a seu lado racional, em vez de obedecer a seu lado instintivo ou emocional, e agir de acordo com a lei moral.

Encontrada Afogada, obra de G. F. Watts, pintor do século XIX. O suicídio ganhou conotação romântica na era vitoriana, mas, para Kant, matar-se é contraditório: um ato em interesse próprio que é, porém, autodestrutivo.

Mentira

Saber quando, e em que circunstâncias, a mentira se justifica é questão no mínimo tão antiga quanto a filosofia ocidental. Existem situações em que é aceitável mentir ou é sempre nosso dever dizer a verdade?

A verdade é, ao lado da razão, um dos pilares do pensamento ocidental. Para discutir a mentira, porém, não é necessário tratar da questão metafísica da natureza da verdade. Uma noção prática amplamente aceita é a de que a mentira tem dois aspectos: primeiro, é imprecisa em relação aos fatos; segundo, existe a intenção de enganar.

A mentira pode ser definida, portanto, como uma falsa afirmação que é feita com a intenção de enganar.

Nem todos os pensadores condenaram a mentira. Os sofistas da Grécia antiga ficaram famosos mais por vencer disputas legais do que por defender a verdade. E Platão (*ver pp. 76-79*), apesar da oposição de Sócrates aos sofistas e de sua decisão de expulsar poetas e dramaturgos de sua comunidade ideal por considerá-los provedores de ficção, recomendava que os políticos de sua República propagassem a "nobre mentira", destinada a manter as pessoas felizes com o que lhes coubera: cada um nascia com uma alma de ouro, prata ou bronze conforme o papel que lhe estava destinado na sociedade.

Mas, embora a mentira tenha sido defendida em contextos como esse, foi em geral condenada moralmente. Assim sendo, o que se discutia não era se a verdade era um erro, mas se era *sempre* um erro. O dever de dizer a verdade era maior ou menor que outros deveres?

Muitos pensadores religiosos assumiram posição incondicional sobre a questão, insistindo em que não há circunstâncias nas quais seja correto mentir. Em uma das primeiras discussões sobre o assunto (*Sobre a Mentira*, 395), Agostinho (*ver pp. 116-117*) listou vários tipos de mentira, umas menos graves que outras, afirmando que, embora sejam um erro, mentiras ditas por bom motivo e com bons resultados são perdoáveis. Tomás de Aquino (*ver p. 112*) reiterou a responsabilidade de dizer a verdade em quaisquer circunstâncias, por mais difíceis que sejam. Ele também traçou a distinção entre mentiras mais ou menos graves do ponto de vista moral, diferenciando as mentiras benevolentes e jocosas, que não são pecados mortais, das maldosas, que o são.

> "*Não é verdade que às vezes devemos mentir. E nunca devemos tentar convencer alguém a acreditar no que não é verdade.*"
>
> Tomás de Aquino, *Suma Teológica*

Outros, porém, buscaram maneiras de abrandar o impacto da condenação absoluta e evitar suas rigorosas consequências.

Uma dessas maneiras era o equívoco, ou "reserva mental", pelo qual a pessoa podia usar uma linguagem ambígua capaz de levar o ouvinte a interpretação errônea. Outra era uma restrição que dependia do direito do ouvinte à verdade. O filósofo Hugo Grotius (1583-1645), por exemplo, considerava exceções as mentiras de crianças, insanos e inimigos.

Nos tempos modernos, Kant (*ver pp. 141-143*) é o mais conhecido defensor da condenação absoluta da mentira. Em um exemplo famoso, afirma que seria errado mentir, mesmo para salvar a vida de alguém em fuga e sob risco de ser assassinado. Kant tem duas principais razões para essa posição incondicional. Uma é um argumento lógico derivado de seu "imperativo categórico". Ele acreditava que a mera possibilidade de mentir pressupõe a normalidade da verdade. A segunda razão é que mentir significa deixar de tratar as pessoas como iguais e como fins em si mesmas.

Kant foi muito criticado por sua posição. Schopenhauer (*ver*

Mentira na vida pública

No âmbito público, a mentira é explícita e absolutamente condenada. Isso inclui os tribunais de justiça, onde o depoente jura dizer a verdade, e os parlamentos, onde o direito à verdade é considerado absoluto – muito embora a mentira política "para o bem comum" seja tema de debate desde a época de Platão.

Se a mentira política é amplamente denunciada nas sociedades democráticas, em outras áreas da vida pública acredita-se que mentir é indispensável na prática.

Na medicina, em especial, há uma tradição de mentir para o bem do paciente. Mais recentemente, porém, essa mentira vem sendo considerada violação da autonomia do paciente – sua capacidade de tomar decisões.

Até as últimas décadas, também se julgava aceitável mentir para os sujeitos de pesquisas no campo das ciências sociais. Um exemplo foi a experiência Milgram, conduzida na década de 1960 com o intuito de estudar a disposição das pessoas para obedecer ordens. Nessa série de experimentos, "cientistas" ordenaram aos sujeitos que administrassem choques elétricos dolorosos em supostas vítimas. O alto grau de obediência demonstrado pelos sujeitos causou horror. Mas, ao mesmo tempo, muitos ficaram indignados com o blefe embutido na experiência, na verdade uma cena na qual "cientistas" e "vítimas" representavam papéis.

p. 173) lançou um ataque contra ele, argumentando que, longe de ser uma ofensa moral, mentir é algo admirável. Ele observou que os ingleses consideravam um insulto a acusação de mentiroso e por isso contavam menos mentiras do que outros povos. Mas acrescentou que eles também detestavam perguntas impertinentes e intrusivas.

Respondendo a essas perguntas, assevera Schopenhauer, temos o direito de mentir, já que essa é a única maneira de espantar a "curiosidade inquisitiva e desconfiada". A máxima preferida de Schopenhauer era: "Não me faça perguntas e eu não lhe direi mentiras".

Muita gente dirá que é permissível mentir em casos extremos, como em defesa própria, mas há circunstâncias em que mentir seja um dever? Existem de fato situações em que parece ser assim – em tempo de guerra, quando sob tortura para revelar os segredos do país, por exemplo, ou para proteger a vida de um familiar.

Enquanto os kantianos não admitiam exceções, nem mesmo mentiras benevolentes em situações extremas, o utilitarismo chegou a *ordenar* a mentira em prol do bem maior.

Entretanto, os utilitaristas podiam, como John Stuart Mill (*ver pp. 139-140*), admitir exceções, acreditando que, a longo prazo, é melhor para todos dizer a verdade, mesmo que se tenha de pagar um alto custo em alguns casos individuais.

Isso não é incompatível com a máxima utilitarista de Jeremy Bentham em seus *Princípios da Moral e da Legislação*: "A falsidade em si mesma [...] jamais pode, com base no princípio da utilidade, constituir ofensa", porque a mentira nunca pode ser tomada em si mesma – ela está sempre inserida em um contexto social.

Portanto, um argumento aceitável tanto para kantianos quanto para utilitaristas é que mentir destrói a confiança mútua e desgasta os relacionamentos humanos.

Consciência

Consciência é o nome que se dá ao sentimento interior pelo qual reconhecemos o que é certo e errado. A "liberdade de consciência" é direito humano fundamental. Mas o que exatamente é a consciência e por que lhe foi concedida tão alta condição?

As opiniões diferem em relação ao que é certo ou errado, bom ou mau. Em resposta a essa observação, pode-se dizer que todos devem obedecer à própria consciência. Mas nem sempre é correto seguir a consciência: depende do que ela nos aconselha fazer.

A falácia de supor que a consciência deve ser sempre seguida reside na fusão de duas noções: de que "os ditames da consciência estão sempre certos" e de que "ninguém deve ser obrigado a agir contra a consciência". Seguir a própria consciência não exime a pessoa de responsabilidade moral. A consciência pode cometer erros; pode também ser consultada sem cuidado. Às vezes devemos segui-la contra a opinião da maioria, ou mesmo contra a lei. Mas ela não pode ser desculpa para o mal.

A natureza da consciência

A Igreja cristã dos primórdios via na consciência uma luz interior que nos foi dada por Deus para distinguirmos o certo do errado. Mas como, cinco séculos antes do advento do cristianismo, os filósofos gregos tinham chegado a sólidas conclusões sobre sabedoria prática e virtude moral, os pensadores cristãos imaginaram que devia haver outro meio, que não a revelação ou a autoridade, de chegar a essa percepção. Devia existir uma faculdade inata, razão ou intuição, comum a todos os seres humanos.

No período pré-escolástico, a intuição tinha precedência. Agostinho (*ver pp. 116-117*) ensinou que Deus nos deu a consciência como meio direto de conhecer a lei moral. Mais tarde, porém, o papel da razão foi enfatizado, e Tomás de Aquino

Na Europa medieval, pagava-se um alto preço pela consciência, das guerras religiosas à morte de hereges na fogueira, como se vê nesta imagem de Florença de cerca de 1400. Só em 1965 a Igreja Católica aceitou que não se devia forçar ninguém a agir contra a consciência.

(*ver p. 112*) acreditava que, embora fosse evidente que devíamos fazer o bem e evitar o mal, a consciência é uma faculdade mais complexa que nos ajuda a raciocinar sobre se determinado ato é certo ou errado.

Nos séculos XVII e XVIII, os filósofos falavam de uma faculdade moral, um "senso moral" ou consciência. Para Shaftesbury (*Ensaio sobre o Mérito e a Virtude*, 1699) e Hutcheson (*An Enquiry into the Original of Our Ideas of Beauty and Virtue*, 1725), nosso senso moral era uma questão de sentimento – repugnância ao mal e aprovação ao bem. Outros achavam que essas reações se baseavam em algo mais próximo da razão do que do sentimento.

O bispo Joseph Butler (1692-1752) criticou Shaftesbury por tornar a moral dependente do sentimento e por relacioná-la à felicidade. Butler, ao contrário, via a natureza humana como parte de uma hierarquia cujo ponto alto era a consciência. O amor-próprio e a benevolência ocupavam posições intermediárias na qualidade de princípios um pouco menos importantes, enquanto no ponto mais baixo da hierarquia vinham as paixões e os apetites.

A explicação de Kant para o papel da razão na tomada de decisões morais era mais abstrata e complexa do que o mero apelo à consciência. Entretanto, em sua teoria moral, Kant deu um lugar especial à "consciência". De fato, ele acreditava que ela oferecia o único motivo moral. Para Kant, conscienciosidade era o desejo de seguir a lei moral simplesmente porque ela é a lei moral – o princípio do dever pelo dever.

No século XX, o filósofo intuicionista H. A. Prichard (*ver p. 151*) atribuiu a toda a filosofia moral anterior o erro de buscar uma razão para o cumprimento de um dever. Em caso de dúvida – se devemos ou não pagar uma dívida, por exemplo –, a única coisa que a pessoa deve fazer é se imaginar numa situação em que o princípio em questão esteja envolvido e "deixar que sua capacidade moral de raciocínio faça seu trabalho".

> *"Consciência e amor-próprio, se entendermos nossa verdadeira felicidade, sempre nos levam ao mesmo caminho. Dever e interesse são perfeitamente coincidentes."*
>
> Joseph Butler, *Fifteen Sermons*

Relativismo moral

É comum presumir que a consciência existe para ser obedecida. Mas essa noção simplista gera certas dificuldades. Muitas questões morais são complexas e precisam de uma solução que um simples apelo à consciência não consegue encontrar.

Além disso, parecem existir exceções legítimas até a princípios amplamente aceitos, como o de que não se deve mentir. Finalmente, os ditames da consciência podem variar de uma cultura para outra. Desde os tempos antigos sabe-se disso, como demonstra uma narrativa do historiador grego Heródoto.

Conta Heródoto que o rei Dario da Pérsia perguntou a visitantes gregos o que deveria lhes oferecer para convencê-los a comer os cadáveres de seus pais. Horrorizados, eles disseram que nenhum dinheiro no mundo poderia persuadi-los a fazer tal coisa.

Então trouxeram à presença do rei membros da tribo dos calatinos, para os quais era dever sagrado devorar o cadáver paterno. Dario lhes perguntou o que teria que lhes dar para convencê-los a queimar os corpos de seus pais, como faziam os gregos, e eles ficaram igualmente horrorizados.

Hoje as crenças variam tanto quanto na época de Heródoto. Alguns acreditam que a pena de morte é a maneira correta de lidar com assassinos, enquanto outros rejeitam a ideia de tirar a vida humana. Algumas sociedades aceitam a poligamia, enquanto outras defendem a monogamia.

Alguns vão tentar tirar conclusões céticas de tudo isso sobre a natureza da consciência. Mas será esse ceticismo justificado? Parece que toda cultura estabelece a distinção entre assassinato e execução judicial ou morte na guerra.

Quanto às normas de comportamento sexual, embora variem em aspectos específicos, são provavelmente universais, assim como as obrigações de pais e filhos. As diferenças, portanto, podem ser exageradas, mas, mesmo quando existem, a ideia da consciência como fonte de valores comuns encontra suporte entre as necessidades humanas.

Altruísmo e egoísmo

O altruísmo – agir não em interesse próprio, mas para o bem de outros – é comumente considerado o comportamento moral correto. Mas, como os filósofos vêm debatendo há séculos, o altruísmo é mesmo possível ou devemos agir sempre motivados pelo interesse próprio?

Os filósofos defendem pontos de vista muito diferentes a respeito da motivação humana. Rousseau (*ver pp. 188-189*) e Hume (*ver pp. 24-25*) acreditavam que o ser humano tem preocupação inata pelos outros, preocupação essa que faz parte do sistema ético de muitos filósofos. Entretanto, há quem acredite que a natureza humana é essencialmente egoísta e que as pessoas só se preocupam com seus interesses. Essa era a visão de Jeremy Bentham (*ver p. 197*). Egoísmo não é o mesmo que hedonismo: enquanto o hedonista identifica interesse próprio com prazer, o egoísta tem um leque mais amplo de interesses pessoais, como a honra e a virtude.

O egoísmo pode ser psicológico ou ético. Enquanto o egoísmo psicológico afirma que a natureza humana é tal que as pessoas só podem agir em seu próprio interesse, o egoísmo ético sustenta que buscar a satisfação dos próprios interesses é a atitude correta do ponto de vista moral. O egoísmo psicológico pode parecer implausível à primeira vista, mas no mínimo dois filósofos do século XVIII, Joseph Butler e Adam Smith, o defenderam, e Platão e Aristóteles acreditavam que fazer a coisa certa, ou agir moralmente, era no mínimo coerente com os melhores interesses de uma pessoa. Mas ambas as formas de egoísmo talvez sejam mais reconhecidas pelo que excluem: a possibilidade de altruísmo. Ambas rejeitam qualquer alegação de que o altruísmo é um componente essencial de uma vida humana satisfatória.

Dando início a uma linha de pensamento econômico, Adam Smith afirmava que as pessoas provavelmente são mais capazes de julgar o que querem do que o que os outros querem. Dessa forma, o egoísmo é mais eficiente que o altruísmo. Smith apresentou esse argumento prático, econômico e político em *A Riqueza das Nações* (1776), em que afirma que, se os indivíduos buscarem seu próprio interesse na esfera comercial, estarão agindo no melhor interesse de todos, por meio de um mecanismo natural ou "mão invisível".

Os que defendem o egoísmo ético baseiam-se em argumentos mais específicos. Um deles é que o egoísmo ético dá às pessoas um forte motivo para a moralidade: para a maioria das pessoas, sua felicidade é uma consideração convincente. Em segundo lugar, o egoísmo ético pode incluir mais objetivos válidos que os prazeres materialistas. E, finalmente, suas demandas, quando constantemente satisfeitas, podem muito bem coincidir com o que normalmente se considera boa conduta moral.

Por outro lado, a veracidade deste último argumento depende da sociedade em que a pessoa vive. Além disso, podem ocorrer circunstâncias em que o egoísmo ético pareça justificar más ações – por exemplo, o egoísta com tendências

O anel de Giges

Na *República*, diálogo sobre a natureza da justiça, Platão conta a história de um pastor chamado Giges, que encontra um anel mágico capaz de torná-lo invisível. Ele usa esse poder para embarcar numa vida de sedução, pilhagem e assassinato, buscando o próprio prazer à custa de outros. Perguntam a Sócrates por que Giges não devia agir dessa forma – na verdade, por que alguém capaz de escapar às consequências desagradáveis de seus atos não devia se comportar como Giges. Também pediram a Sócrates que aceitasse que qualquer pessoa que tivesse essa oportunidade *teria* se comportado da mesma forma – afinal, essa é a natureza humana. Ele respondeu que a moralidade e a justiça são perfeitamente adequadas à natureza do homem, e não algo artificial ou imposto de fora. O vício e a fraqueza moral, por outro lado, são estranhos e contrários à natureza humana – uma doença da alma análoga à doença do corpo.

A Bolsa de Valores de Nova York em ação. Embora sua teoria do egoísmo racional seja muitas vezes usada para defender as operações do mercado e a moderna sociedade de consumo, o próprio Adam Smith teve o cuidado de não equiparar sucesso material com felicidade.

suicidas pode satisfazer um desejo de vingança, certo de que seu ato não terá repercussões. Finalmente, o egoísmo oferece um motivo antiético, mesmo que resulte em atos morais.

Por todas essas razões, muito poucas pessoas sustentariam a visão ética que promove a busca do interesse próprio se não assumissem subconscientemente a alegação psicológica. Em outras palavras, é porque acreditam que as pessoas agem egoisticamente que elas tendem a transformar o ato egoísta em princípio orientador.

Ao contrário do egoísmo ético, a teoria psicológica torna o altruísmo não apenas indesejável, mas logicamente impossível. Essa, porém, é a falha da teoria.

Porque ou é uma tautologia – ou seja, apenas reitera a obviedade de que "o que eu quero é o que eu quero", ou é a afirmação implausível de que ninguém jamais faz algo por alguém.

A afirmação fatual é contestável por contraexemplos, dos quais o mais convincente talvez seja a disposição de certas pessoas de morrer por alguém. Porque, sejam quais forem as alegações egoístas, o prazer momentâneo do dever cumprido não é capaz de superar os prazeres potenciais de uma vida longa.

O altruísmo é possível?

Portanto, o egoísmo psicológico parece fadado ao fracasso como teoria, porque pode ser contestado por um único ato desinteressado. Exemplos como a doação de sangue ou de medula óssea parecem contestação suficiente para muitos. O egoísmo está correto, porém, no poder motivacional de conceitos como prazer, satisfação, realização pessoal e felicidade: não há dúvida de que a maioria das pessoas será influenciada pelo argumento de que algo as fará felizes.

Mas um dos fatores que podem levá-las a abrir mão da própria felicidade é a felicidade de outras pessoas. A variedade e a riqueza das motivações humanas, portanto, são grandes o bastante para oferecer opções éticas com base em amplo leque de possibilidades, entre elas a possibilidade do altruísmo.

> “*Não é da benevolência do açougueiro, do padeiro ou do cervejeiro que devemos esperar nosso jantar, mas de sua preocupação com seus próprios interesses.*”
>
> Adam Smith, *A Riqueza das Nações*

Responsabilidade

A ideia de responsabilidade moral se liga intimamente à crença de que as pessoas são livres para agir, e é com fundamento nisso que merecemos elogios, somos culpados, obtemos recompensa ou punição.

Alguns acreditam que os seres humanos estão presos a um nexo causal que não dá lugar a conceitos como liberdade, escolha e responsabilidade.

Segundo essa visão, todos os atos são determinados por circunstâncias passadas, o que não dá espaço à liberdade. Entretanto, muitos têm profunda relutância psicológica em aceitar que suas ações não sejam livres.

Seja qual for a realidade metafísica subjacente, estão convencidos de que seus atos fluem livremente de suas motivações, entre elas as razões de ordem moral – como o senso de dever ou a obrigação moral –, talvez mesmo apesar de uma tendência oposta. Assim sendo, na prática o ser humano não pode evitar se julgar responsável por seus atos, a despeito do que possam indicar as evidências científicas sobre as causas de seu comportamento.

Um modo de superar a questão da liberdade e do determinismo é propor um questionamento mais limitado: não buscar a compreensão geral da natureza humana, mas simplesmente se perguntar se determinado comportamento pode mudar por força de elogios, culpa, recompensa ou punição. Para esse propósito, é preciso distinguir situações em que o agente foi fisicamente forçado, ameaçado ou hipnotizado de situações em que nada disso ocorreu. Afinal, um caso de cleptomania é diferente de um caso de roubo, ou, num exemplo mais genérico, não se pode comparar o ato praticado sob coação (física ou mental) com outro realizado sem constrangimento algum.

Normalmente, não consideramos uma pessoa responsável por ato praticado sob coação. Nesse caso, elogios, culpa, recompensa ou punição não seriam apropriados, justamente porque não há como mudar ou influenciar o comportamento do agente coagido.

Responsabilidade e ética do cuidado

Recentemente, abordagens feministas à ética têm enfatizado a importância da noção de responsabilidade nas questões morais da vida cotidiana. Análises morais ortodoxas se concentram em valores abstratos como direito e justiça. Desse ponto de vista, a ação correta é a que respeita os direitos abstratos de todos os envolvidos e os princípios abstratos de justiça.

O pensamento feminista recente, porém, propõe substituir essa abordagem impessoal por uma teoria que valorize as responsabilidades inerentes aos relacionamentos pessoais.

A teoria surgiu de pesquisa feita pela psicóloga Carol Gilligan sobre desenvolvimento moral. Ao entrevistar mulheres que haviam abortado, Carol observou que, em vez de referir-se em termos abstratos aos direitos das partes envolvidas ou do feto, essas mulheres falavam de sua responsabilidade para com terceiros: o marido desempregado, o pai doente ou moribundo, crianças com necessidades especiais na família.

Enquanto outras pesquisas colocavam respostas desse tipo num nível baixo da hierarquia de desenvolvimento moral, Gilligan detectou uma "voz" diferente nas respostas de mulheres envolvidas em questões morais.

Lançando o que veio a ser chamado de "ética do cuidado", ela conclui que as mulheres estão mais atentas a suas responsabilidades para com terceiros – quase sempre devido à sua situação de cuidadoras –, enquanto os homens tendem a aceitar como determinantes morais princípios abstratos de justiça.

Embora seja indiscutível o valor dessa teoria, por apresentar um quadro mais amplo sobre a tomada de decisões morais, ainda resta saber se ela revela uma "moralidade feminina". Esta é, pois, uma questão em aberto.

Princípios morais absolutos

Seja baseado em princípios, deveres, direitos ou obrigações, um absoluto moral é aquele que não comporta exceções. É totalmente incondicional. A crença em absolutos morais quase sempre está ligada à ideia de que tais princípios são intuitivos ou uma verdade autoevidente.

A discussão sobre os absolutos morais levanta duas questões. Uma diz respeito ao nosso conhecimento moral; a outra questiona se a demanda moral é uma coisa que não comporta exceções.

Quanto à primeira questão, muitos filósofos acreditam que simplesmente sabemos o que devemos ou não fazer. Por exemplo, não devemos matar, mentir, roubar e assim por diante.

Enquanto alguns falam de bem ou mal absolutos, outros só reconhecem proibições negativas como essas, que não apresentam ambiguidades, em vez de injunções positivas como "seja honesto" ou "diga a verdade".

H. A. Prichard (1871-1947; *ver também p. 147*) afirmava que os julgamentos morais são um tipo especial de intuição. Ele acreditava que os filósofos morais anteriores cometeram o erro de tentar encontrar justificativa para o cumprimento do dever – algo que as pessoas sabem que devem fazer sem necessidade de argumento algum.

As verdades morais, sustentava Prichard, são reconhecidas diretamente ou não chegam a ser reconhecidas: "O senso da obrigação ou da correção de praticar determinado ato é absolutamente original ou imediato".

Uma ética de princípios absolutos intuitivos, porém, apresenta certos problemas. Para começar, existe a questão do desacordo moral. Se o dever moral é tão claro, por que pessoas diferentes têm visões incompatíveis?

> *"Não estou certo de que os "absolutos éticos" existam, mas não tenho dúvida de que temos que agir como se eles existissem."*
>
> Arthur Koestler, "O dilema de nosso tempo – nobres fins e ignóbeis meios", 1946

O Hamlet de Shakespeare é um homem em conflito entre o desejo de preservar sua integridade moral e a compulsão de vingar o assassinato do pai.

Se realmente existissem absolutos morais intuitivos, haveria pouca ou nenhuma discordância ética. No entanto, parece haver desacordo sobre moralidade, não apenas entre diferentes grupos culturais, mas também entre indivíduos (*ver pp. 146-147*).

Entretanto, a extensão das diferenças pode ser exagerada. Elas podem ser mais aparentes que verdadeiras, fruto da ignorância, de concepção errônea ou de falha de comunicação.

O segundo problema de uma ética de absolutos morais intuitivos está em saber se alguns princípios morais não admitem exceções. Em um importante ensaio, "Modern Moral Philosophy", Gertrude Anscombe (1919-2001), filósofa de Cambridge, denunciou a tendência apresentada pela moderna filosofia de adotar a visão utilitarista de que todo princípio pode ser considerado à luz das circunstâncias. De acordo com a ética judaico-cristã, alegou ela, certas coisas são proibidas, não importam as circunstâncias.

Existem diferentes níveis de princípios?

Uma solução possível para esse problema pode ser encontrada na noção de dever *prima facie*, conceito introduzido pelo filósofo Sir David Ross (1877-1971).

Em *The Right and the Good* (1930), Ross procura evitar as consequências inaceitáveis de afirmar, como Kant (*ver pp. 141-143*) e Prichard, que os deveres morais fundamentais se sustentam em quaisquer circunstâncias. Para ilustrar seu ponto de vista, ele considera uma situação em que alguém faz uma promessa a outrem, mas só poderá salvar uma terceira pessoa de um sério dano se quebrar essa promessa.

Ross afirma que dois deveres estão envolvidos no caso: o dever de manter a promessa e o de evitar o sofrimento de outrem. Nessa circunstância, o segundo é mais importante. O que Kant e outros consideram deveres absolutos, portanto, é o que Ross chama de deveres *prima facie*, ou seja, deveres que levam em consideração apenas parte da situação.

Para Ross, o verdadeiro dever depende da análise de toda a situação. Trata-se de uma verdade autoevidente, no sentido de que não necessita de nenhuma outra prova ou evidência.

A teoria de Ross propõe um meio-termo entre princípios morais autoritários e o desejo de permitir exceções em casos extremos – proposta que foi levada adiante no trabalho de R. M. Hare (1919-2002), filósofo de Oxford que reconhecia tanto a necessidade de simples princípios de dever na vida ordinária quanto a de considerar as consequências em algumas situações complexas. O perigo de desconsiderar princípios morais pode refletir relutância em levá-los a sério.

Requisitos do absoluto moral – o apelo de Antígona aos deuses

A ideia da existência de uma corte de apelação acima das regras humanas, uma noção de dever mais forte e absoluta, foi expressa de maneira eloquente no século V a.C. pelo dramaturgo grego Sófocles, na peça *Antígona*. Creonte, tirano de Tebas, proíbe a sobrinha Antígona de enterrar o corpo do irmão Polinice, considerado traidor da cidade. Ela, porém, movida por um dever absoluto e incondicional, decide desobedecer à ordem do tio e obedecer a uma lei superior, que obriga a irmã a enterrar o irmão com os ritos e o respeito devidos. Como a própria Antígona declara depois do ritual:

> "Não creio
> que teu decreto tenha força
> para conferir a um mortal
> o poder de transgredir as leis divinas, não escritas e imutáveis.
> Não é de hoje nem de ontem,
> mas desde a eternidade que elas vigoram,
> e sua origem nenhum homem conhece."

Mais tarde, depois que Antígona foi julgada e presa por desobediência, o profeta Tirésias convenceu Creonte a perdoá-la. Mas era tarde demais, porque, quando os soldados chegaram para libertá-la, Antígona já tinha se matado. O arrependimento de Creonte e o trágico fim indicam que Sófocles e o público grego entendiam e apoiavam o apelo de Antígona a uma lei moral absoluta que transcendia as leis humanas.

Nietzsche

Friedrich Nietzsche nasceu na Prússia rural, filho e neto de pastores luteranos. Com apenas 24 anos, tornou-se professor de filologia clássica na Universidade de Basileia, mas seu primeiro livro, *O Nascimento da Tragédia* (1872), que dedicou ao compositor Richard Wagner, teve recepção abaixo do que esperava.

Friedrich Nietzsche 1844–1900

Nietzsche contestou os princípios filosóficos e éticos de seu tempo, e muitas de suas ideias, em especial sua explicação relativista da verdade e dos valores morais, lançaram as bases para o surgimento do existencialismo. Entre suas principais teorias estão o desejo de poder e a doutrina do eterno retorno.

Apesar disso, não desanimou: produziu várias obras filosóficas incomuns e iconoclásticas, muitas vezes ambíguas, quase sempre escritas na forma de aforismos que atacavam os pressupostos da tradição intelectual do Ocidente. Seus ataques tinham como alvos Deus, a moralidade, a verdade e a democracia.

Em sua autoavaliação, *Ecce Homo*, ele se descreve como "o primeiro imoralista". Sua carreira filosófica chegou ao fim em 1889, quando sofreu um colapso mental de que nunca se recuperou.

Nietzsche foi fortemente influenciado por Schopenhauer (*ver p. 173*), cujo ateísmo apoiava, mas de quem rejeitava a ênfase na piedade. A questão da origem de nossas ideias morais é tratada na *Genealogia da Moral* (1887). Nessa obra, Nietzsche contesta as hipóteses morais basilares, em especial as noções de bem e mal. Descreve as virtudes altruístas da tradição cristã – piedade, abnegação e sacrifício pessoal – apenas como reação das massas inferiores à sua condição.

Como judeus e cristãos conheceram a escravidão, os valores que defendem são, segundo Nietzsche, tanto na origem quanto por natureza, uma "moralidade de escravos". Ele lamenta que esses valores tenham suplantado a "moralidade de senhores" e os valores guerreiros dos antigos gregos. Dessa forma, em uma escala de valores invertida, Nietzsche vê na concepção de "bem" da cultura cristã europeia um mal, e no mal, um bem.

"O que é bom?", ele pergunta em *O Anticristo* (1888), e responde: "Tudo o que fortalece no homem o sentimento de poder, o desejo de poder, o próprio poder. O que é mau? Tudo o que nasce da fraqueza". A esperança reside, diz ele, no possível surgimento de "espíritos livres" – pessoas que consigam "superar a moralidade" e abram caminho para o que Nietzsche chama de *Übermensch*, ou o "além-do-homem".

Provavelmente, uma pessoa assim teria o gosto pela guerra. Em *Assim Falou Zaratustra*, Nietzsche escreve: "O homem deve ser treinado para a guerra, e a mulher, para a recreação do guerreiro: tudo o mais é tolice". Ele coloca na boca da "mulher sábia" o conselho: "Você deve amar a paz como meio para novas guerras. E a paz breve mais do que a paz duradoura". A doutrina do eterno retorno, na forma como Nietzsche a apresenta, é a ideia de que a história do mundo é cíclica.

Em nossa vida, voltamos sempre ao ponto de partida – condenados a viver eternamente nas mesmas circunstâncias, sejam elas quais forem. De acordo com Nietzsche, o herói receberá esse pensamento com alegria; o "perdedor", com desespero.

Depois da morte de Nietzsche, a ideia de um além-do-homem, seu repúdio à preocupação cristã com os fracos e impotentes e sua doutrina do desejo de poder acabaram oferecendo aos nazistas uma fundamentação filosófica para suas aspirações.

Mas se a obra de Nietzsche estimulou de fato as ambições militaristas nazistas é uma questão controversa.

Existencialismo

O existencialismo tem raízes nas filosofias dinamarquesa, alemã e francesa. De acordo com o pensamento existencialista, os homens são indivíduos solitários e livres, mas sua liberdade de escolha gera profundo sentimento de temor em face de um universo sem ordem nem direção.

O existencialismo é um movimento filosófico dos séculos XIX e XX. Concentra-se na noção de particularidade, ou seja, rejeita quaisquer princípios morais universais. Pode assumir forma religiosa ou secular.

O teólogo e filósofo dinamarquês Søren Kierkegaard (1813-55), por muitos considerado o primeiro existencialista, fundamentou suas ideias na tradição cristã (*ver p. 128*). Numa reação contra os grandes construtores de sistemas filosóficos, em particular Hegel e Kant, Kierkegaard afirmava que, em vez de buscar leis morais, devíamos aceitar que as decisões são individuais e particulares, e que se chega a elas mediante um conflito interior, acompanhado pela agonia ansiosa que chamava de "doença mortal". Sua visão da crença religiosa, descrita em *Temor e Tremor* (1843), recomendava a substituição do argumento teológico por um simples "salto de fé".

Em termos existencialistas, isso significava renunciar à razão e adotar deliberadamente o irracional ou "absurdo". Kierkegaard sustentava que as pessoas deviam tomar decisões radicais e independentes em relação à sua vida. Somos livres, responsáveis por nosso caráter e, em última instância, por nosso destino.

Existencialismo e feminismo: Simone de Beauvoir

Simone de Beauvoir (1908-86) foi existencialista e feminista. Percebendo que a vida da maioria das mulheres era definida pelo relacionamento com um homem – pai ou marido –, ela escolheu um modo de vida independente e não convencional. Nunca se casou nem teve filhos, mas, como Sartre (com quem teve longo relacionamento), se envolveu em relações sexuais abertas.

Intelectual e escritora profissional, seu primeiro romance foi *A Convidada*, publicado em 1943, ao qual se seguiu, em 1947, *Por uma Moral da Ambiguidade*, obra ética explicitamente existencialista que expressa o ideal do livre-arbítrio e o conceito libertário de futuro aberto. Esse ideal recomenda o princípio de autenticidade (*ver página ao lado*) e condena o "espírito de seriedade", que predomina quando as pessoas permitem que sua identidade seja expressa por valores, qualidades e preconceitos imutáveis. Em uma obra feminista pioneira, *O Segundo Sexo* (1949), Simone de Beauvoir aplica essa análise ao papel e à condição das mulheres. Ela compara a aceitação passiva, por parte da mulher, de seu papel ("imanência") com o ideal existencialista de liberdade de escolha. Sua vida e sua experiência a convenceram de que a separação entre os papéis masculino e feminino é muito mais questão de condicionamento cultural do que de necessidade biológica.

Les Deux Magots, café que ainda existe em Paris, na Margem Esquerda (Rive Gauche) do Sena. Refúgio favorito de escritores e intelectuais desde o século XIX, aqui se reuniam e escreviam muitos existencialistas, entre eles Sartre, Gide e Simone de Beauvoir.

A outra corrente do pensamento existencialista independe do compromisso religioso. Influenciada pelas ideias de filósofos alemães como Nietzsche, Martin Heidegger (1889-1976) e Karl Jaspers (1883-1969), essa vertente floresceu logo depois da Segunda Guerra Mundial, sendo seu mais famoso expoente Jean-Paul Sartre (*ver pp. 156-157*).

O existencialismo apoia-se na ideia de que os indivíduos encontram-se em situações concretas e particulares, que não podem ser generalizadas nem usadas para criar regras morais de aplicação universal. Nesse contexto de absoluta particularidade, as pessoas devem criar uma identidade própria. Em *O Ser e o Tempo* (1927), Heidegger vê no reconhecimento da falta de sentido da vida a fonte da *Angst* humana, e sugere que essa angústia pode ser superada se o indivíduo usar sua existência para criar circunstâncias que possam gerar o significado que falta aos fenômenos. Na visão existencialista, portanto, criamos nossos próprios valores éticos; a moralidade não é uma questão de obedecer a regras, sejam elas dadas por Deus ou impostas pela sociedade. Na verdade, obedecer a regras, adaptar-se irrefletidamente às convenções, é perder autenticidade. Por essa razão, os existencialistas dão valor ao que chamam de *acte gratuit* (ato gratuito) – uma ação que não pode ser explicada como resultado de uma cadeia de razões e influências. Nessa forma, como é apresentada por alguns autores existencialistas, trata-se de uma ação totalmente arbitrária e sem propósito.

Algumas dessas ideias estão mais claras em romances e peças, que apresentam as pessoas em situações particulares, diferentemente da busca da filosofia por princípios universais. Enquanto Sartre é conhecido tanto como autor quanto como filósofo, outros existencialistas franceses são mais famosos como romancistas ou dramaturgos, entre eles Gabriel Marcel, Albert Camus e André Gide.

O pensamento existencialista do século XX reflete muitos dos temas intelectuais da época: a ideia de indeterminismo na ciência, a renúncia à construção de sistemas metafísicos na filosofia e, talvez acima de tudo, as ideias de subjetividade e liberdade, com as quais o existencialismo dá substância filosófica ao conceito relativista do "bom para mim".

> “ *O importante é descobrir uma verdade que seja verdade para mim, encontrar uma ideia pela qual eu possa viver e morrer.* ”
>
> Søren Kierkegaard, *Diários*

Sartre

Jean-Paul Sartre 1905–1980

Sartre foi um filósofo, romancista e dramaturgo francês cujo nome se tornou sinônimo de existencialismo. Suas teorias filosóficas ganharam corpo em uma série de notáveis obras literárias.

Nascido em Paris em 1905, Sartre estudou filosofia em sua cidade natal e foi lecionar em Le Havre, retornando a Paris em 1937. Seu relacionamento de uma vida inteira com a escritora existencialista Simone de Beauvoir começou na época de estudante, mas eles nunca se casaram, fiéis ao princípio existencialista de liberdade pessoal. Na Segunda Guerra Mundial, esteve preso em Paris durante a ocupação nazista. Na década de 1960, era uma figura eminente do teatro mundial e em 1964 ganhou – mas o recusou – o Prêmio Nobel de Literatura. Durante as rebeliões estudantis de 1968, discursou aos estudantes revoltosos na Sorbonne. Quando morreu, em 1980, ícone da intelectualidade francesa, 50 mil pessoas acorreram ao seu funeral.

Os filósofos alemães Husserl e Heidegger desempenharam papel fundamental na formação do pensamento filosófico de Sartre, resumido em uma breve palestra proferida em 1946, *O Existencialismo É um Humanismo*, otimista defesa da liberdade que inspirou toda uma geração. Sua filosofia existencialista também tomou forma em romances, principalmente em *A Náusea* (1938), e peças. A afirmação mais substancial de sua filosofia foi *O Ser e o Nada* (1943), considerado um clássico do existencialismo.

Como outros filósofos franceses antes dele, Sartre usa o *cogito ergo sum* de Descartes – penso, logo existo – como ponto de partida. Entretanto, ao contrário de Descartes, para quem sua consciência era uma prova de sua realidade, Sartre acreditava que a consciência nos apresenta a realidade das coisas externas. Ela é prova da existência de um objeto da consciência. Para os outros, porém, cada um de nós é apenas um objeto, algo que existe na "aparência", quando é captado pelo olhar de alguém. Isso gera um sentimento de alienação e afastamento dos outros que gostaríamos de superar, mas não conseguimos. Cada um de nós está só no mundo. Isso significa, também, que jamais poderemos reconhecer a liberdade do outro, nem obedecer ao princípio kantiano de que os outros devem ser tratados com respeito, como fins em si mesmos (*ver p. 142*), o que nos obriga a viver com o conflito que isso acarreta. Como afirma uma personagem da peça de Sartre *Entre Quatro Paredes* (*Huis Clos*, 1943): "O inferno são os outros".

> *Na vida, o homem se engaja, desenha seu próprio retrato e não há mais nada senão esse retrato.*
>
> Jean-Paul Sartre, *O Existencialismo É um Humanismo*

Mas, se nossa perspectiva dos outros é restrita, nosso conceito de Ser é dotado de inebriante liberdade. Ao *sujeito* da consciência Sartre atribui a ilimitada liberdade de se criar. Ao contrário da visão aristotélica de que antes de existir a faca, por exemplo, alguém teve a ideia de uma faca, o oposto ocorre com o homem. Daí a famosa frase de Sartre de que "a existência precede a essência". Em outras palavras, não há modelo original para um ser humano. É verdade que existem certos fatores que não podemos mudar – sexo, idade, raça e assim por diante –, mas, fora isso, podemos construir nosso contexto social segundo nossa vontade.

No que diz respeito à moralidade, é errado, segundo Sartre, abrir mão dessa liberdade para seguir a multidão. Esse conformismo, aliado à crença na coerência – de que vivemos em um universo ordenado em que as coisas acabarão fazendo sentido –, é o que ele chamava de *mauvaise foi* (*má-fé*), o reverso da autenticidade. O reconhecimento da incoerência da realidade, que Sartre chamava de "absurdo", gera desgosto ou "náusea". É a fonte de nossa *Angst* – nossa angústia e nossa culpa existencial em face da liberdade de escolha. Segundo ele, não temos "desculpa atrás de nós, nem justificativa à nossa frente". Estamos "condenados a ser livres".

Essa ideia pertence ao que é considerado o período "clássico" de Sartre – que vai de meados da década de 1930 ao fim da de 1940, quando ele estava preocupado com reflexões sobre as emoções e a imaginação, e com questões de ética pessoal. Dos anos 1950 em diante, o trabalho de Sartre entrou numa fase mais política, em que ele estava disposto a dar mais peso à tese marxista de que as condições sociais e econômicas, junto com as forças históricas, afetam as escolhas de indivíduos e grupos. Foi nessa fase final que Sartre escreveu a *Crítica da Razão Dialética* (1960), que procurava conciliar marxismo e existencialismo.

Os ataques ao existencialismo o caricaturam com a alegação de que a vida não tem sentido e o mundo é uma confusão nauseante de imprevisibilidade, na qual a burguesia desempenha o papel de vilã.

Sartre procurou defender-se contra tais ataques, mas uma avaliação desapaixonada é capaz de detectar certa justificativa neles. Seus admiradores, por outro lado, projetaram uma imagem mais ampliada de Sartre como defensor da liberdade moral e política, antinazista destemido e herói da Resistência francesa, fato do qual existem poucas evidências. Entretanto, não há dúvida de que ele foi um escritor e pensador reverenciado e uma das influências seminais de sua geração.

O garçom e a perda da individualidade

Como grande parte dos textos de Sartre foram produzidos em cafés, não surpreende que um de seus exemplos filosóficos mais famosos se refira a um garçom. Ele tenta mostrar que as pessoas podiam ser elas mesmas, mas, no entanto, assumem um papel, perdendo a consciência de sua individualidade. Em *O Ser e o Nada*, ele escreve: "Consideremos esse garçom de café. Seus movimentos são rápidos e concentrados, um tanto precisos demais, um tanto rápidos demais. Ele se dirige aos clientes com um passo demasiado rápido, inclina-se com demasiado zelo; a voz e os olhos exibem um interesse demasiado solícito ao pedido do freguês. Finalmente, ele volta, tentando imitar com seus passos o rigor inflexível de um autômato, enquanto carrega a bandeja com a ousadia de um equilibrista, mantendo-a em equilíbrio perpetuamente instável, perpetuamente ininterrupto, que ele perpetuamente restabelece com um leve movimento do braço e da mão. Todo esse comportamento parece uma representação, mas o que ele representa? Não é preciso observá-lo por muito tempo para perceber: ele representa um garçom de café".

Esse garçom, diz Sartre, não está *sendo ele mesmo*. Ele está *sendo o que não é*. Está tentando sustentar um papel do qual está essencialmente alienado.

Este é um exemplo de falta de autenticidade, que Sartre chama de "má-fé".

Bondade

O que é o Bem? Esta é uma questão que vem sendo discutida desde a Antiguidade, quando se centrava na virtude. Platão e Aristóteles relacionam a virtude à realização de si. Autores contemporâneos colocam o foco na questão do caráter.

Em sua *República*, Platão (*ver pp. 76-79*) conta a história de prisioneiros que viviam em uma caverna escura, uma metáfora do mundo físico de nossas experiências sensíveis. O relato contém uma mensagem metafísica, se não mística. Sugere que a vida é uma luta para escapar à escuridão e à falta de espaço da caverna e alcançar a luz do sol. O sol representa o Bem, a fonte de luz que revela as coisas como elas realmente são, enquanto a escuridão da caverna obscurece a realidade.

O sucessor imediato de Platão, Aristóteles (*ver pp. 13-15*), ofereceu uma explicação mais prática do Bem, que ele relaciona às necessidades humanas e às virtudes. O que desde então foi chamado de teoria da virtude se centra no caráter e na visão da vida individual como um todo – vendo-a, também, sob as amplas categorias morais de bom e mau.

Tanto para Platão quanto para Aristóteles, o Bem está intimamente ligado à virtude. Para Platão, a felicidade está predeterminada a coincidir com a virtude, porque ambas são uma forma de conhecimento: uma avaliação sensata do que é de fato do interesse de uma pessoa. Platão pinta a imagem da felicidade como fruto de uma realização harmoniosa. É questão de conquistar uma personalidade equilibrada, em que emoções como a coragem são dominadas em favor da razão, e a razão assume o controle do instinto e do desejo sensível.

Essa doutrina foi desenvolvida por Aristóteles com a noção de *télos*. Aristóteles acreditava, como Platão, que tudo tem um *télos* – uma finalidade para sua existência. O *télos* dos seres humanos é algo que nasce de sua natureza essencial. Só quando essa natureza é realizada se pode encontrar a felicidade.

A palavra grega para felicidade, *eudaimonia*, também significa bem-estar ou prosperidade. Trata-se de algo que uma pessoa virtuosa tem maior probabilidade de alcançar do que alguém que seja fraco ou submisso aos próprios desejos.

Em sua famosa doutrina do "Meio-Termo de Ouro", Aristóteles oferece uma explicação para a virtude. Segundo ela, ações corretas ou virtuosas são as que estão de acordo com o curso correto de conduta, que é uma questão de equilíbrio. Aristóteles afirma que os vícios existem aos pares, dos quais um resulta do excesso de uma qualidade

"O Bem por procuração": a filosofia moral de Iris Murdoch

A obra da filósofa e romancista Iris Murdoch (1919-99), nascida em Dublin e professora de filosofia em Oxford, foi descrita como "filosofia escavada no claustro, limpa da poeira e transformada em algo novo e relevante para o sofrimento e o egoísmo, a morte e o êxtase religioso..." Entre suas obras de não ficção destacam-se *The Sovereignty of Good* (1970) e *Metaphysics as a Guide to Morals* (1992), além de livros sobre Platão e Sartre. Seus muitos romances, desde *Under the Net* (1954) até *Jackson's Dilemma* (1995), exploram por meios diferentes a luta moral, a fraqueza humana, o Bem e o Mal.

Murdoch acreditava que a imaginação pode ser usada para perfurar o véu que nosso egoísmo geralmente coloca entre nós e a iluminação moral. A tarefa é olhar as situações com o empenho e o cuidado necessários: nas próprias palavras de Murdoch, "olhar de verdade". Ela acreditava que a literatura, como a arte e a música, pode apresentar uma imagem fiel da condição humana, de forma a permitir esse tipo de atenção. Ao transcender a obsessão egoísta com personalidade, a arte pode, alega Murdoch, ampliar a sensibilidade de seu consumidor: "É uma espécie de Bem por procuração".

Este manuscrito flamengo do século XV mostra uma "Árvore do Bem", na qual cada medalhão representa uma virtude.

e o outro, da falta dessa mesma qualidade. Entre os dois extremos reside a virtude. Assim, por exemplo, a coragem é o meio-termo entre a impetuosidade e a covardia, assim como a autoestima é o meio-termo entre a vaidade e a humildade (que os gregos não consideravam uma virtude).

A teoria da virtude hoje

No fim do século XX e no início do XXI, houve um retorno à ideia de que a questão moral deve se focar na virtude, no caráter e na integridade. Mas a teoria contemporânea difere da teoria clássica da virtude, que a vê em sua íntima relação com o ambiente social e histórico.

Tanto Platão quanto Aristóteles oferecem uma explicação universalista para o Bem humano. Baseados em uma concepção da natureza humana desligada de tempo e espaço, eles acreditavam em um *summum bonum* (Bem superior) comum a todos os seres humanos. A versão da teoria da virtude hoje preferida por vários autores reverte esses pressupostos, buscando localizar a moralidade em uma tradição.

Em *After Virtue* (1981) e publicações subsequentes, o filósofo escocês Alistair MacIntyre ataca as tradições kantianas e utilitaristas por colocar as preferências individuais acima das tradições sociais e morais. MacIntyre, ao contrário, volta-se para as virtudes baseadas na cultura e na tradição. Atribui às sociedades ocidentais um "cosmopolitismo sem raízes", no qual aqueles que se sentem à vontade em qualquer lugar se tornam "cidadãos de lugar nenhum". Sua necessidade, diz ele, é se inserir em uma tradição que defina virtudes e vícios, dite normas sobre o que é conformidade e o que é desvio, ofereça metas educacionais e proporcione o que MacIntyre chama de "narrativas dos tipos possíveis de vida humana".

A obra da filósofa americana Martha Nussbaum também se inspira na herança literária e filosófica da Antiguidade. Em *The Fragility of Goodness* (1986), ela se concentra nas noções de justiça, Bem e virtude e busca dar substância à noção de potencial humano e prosperidade, especificando que isso inclui a vida propriamente dita, assim como a saúde e talvez também capacidades de experiência sensual, imaginação e pensamento.

Entre os temas que os teóricos modernos da virtude exploram estão: até que ponto os indivíduos são responsáveis por seu caráter? Existe apenas uma virtude principal ou várias virtudes irredutíveis? Como devemos entender noções como amizade, integridade, perdão, lealdade, vergonha e remorso? A teoria moderna da virtude, portanto, se concentra em questões pessoais: como devo viver a minha vida? É a preocupação com essa questão prática e pessoal que transpõe a lacuna de milênios entre a ética da virtude de Aristóteles e o interesse atual pelo assunto.

> “ *A bondade está ligada à tentativa de ver o outro, de ver e reagir ao mundo real à luz de uma consciência virtuosa.* ”
>
> Iris Murdoch, *The Sovereignty of Good*

Amor e amizade

Amor e amizade são duas formas de relacionamento humano. O amor é só uma forma mais intensa de amizade ou – como a literatura e a vida dão a entender – ambos são diferentes modos de se relacionar com os outros? Se assim for, as regras que se aplicam a eles são diferentes?

Os filósofos, como os poetas, têm se interessado em discutir o amor desde a Antiguidade. A força e a natureza muitas vezes indisciplinada do amor são descritas por Platão no *Fedro* como a luta de um cocheiro para controlar dois cavalos: um, o desejo físico e a paixão incontrolável; o outro, um amor que se expressa de maneira mais intelectual e com companheirismo.

A amizade, por seu lado, é vista com frequência como relação mais fácil de se lidar, menos exclusiva. Epicteto, filósofo estoico da Antiguidade, observou: "O mundo está repleto de amigos". Ele pensava que não há motivo para se ligar em demasia a uma pessoa próxima, pois nada é para sempre. É corrente também a ideia de que podemos escolher os amigos e que a duração da amizade pode depender da capacidade do amigo de demonstrar aquelas qualidades que colocam a amizade em primeiro lugar.

Amor e amizade têm naturezas distintas, mas quase sempre os experimentamos ao mesmo tempo, o que pode ser reconfortante ou perturbador.

Na *Ética a Nicômano*, Aristóteles considera várias definições de amizade. Um tipo de amizade é o desejo de ver o bem do amigo; outro valoriza a companhia de alguém e compartilha alegrias e tristezas.

A amizade sem dúvida oferece um caminho para escapar à solidão. O filósofo alemão Kant define amizade como a libertação da prisão do eu – uma prisão da qual temos o dever de escapar. Essas observações dão a entender que Kant foi um homem mais sociável do que em geral se acredita que ele fosse.

Comparado à amizade, o amor em todas as suas formas é menos condicional e uma relação da qual é mais fácil cair fora. Em sua forma mais virulenta – que os gregos chamavam de *Eros*, palavra que deu origem ao conceito de "erótico" –, aparece de surpresa e atinge sua vítima como a flecha de um deus brincalhão.

Naturalmente, o amor romântico é apenas um aspecto do conceito mais amplo de amor, no qual a exclusividade nem sempre é essencial: pais podem amar igualmente mais de um filho, por exemplo. E, ultrapassando os limites mais amplos do amor humano, existe a possibilidade de uma emoção ainda mais abrangente.

Raimond Gaita, filósofo contemporâneo, vê no amor das pessoas – em especial daquelas que temos mais dificuldade de amar – o alicerce dos direitos humanos universais. Em *A Common Humanity* (1999), ele escreve: "Se não fossem as muitas maneiras pela quais os seres humanos genuinamente se amam – do amor sexual ao amor imparcial dos santos –, não creio que perceberíamos a sacralidade dos indivíduos, nem sua dignidade e seus direitos inalienáveis".

Sexo

O sexo é uma questão moral? Muitas pessoas nas sociedades ocidentais afirmam que não. Mas pode o comportamento sexual estar livre de qualquer regra sobre suas consequências? E se essas consequências afetarem a sociedade, e não apenas o indivíduo?

Hoje, em muitas partes do mundo, o sexo é considerado, como foi no mundo ocidental do passado, questão de moralidade. Severas punições podem ser impostas ao sexo praticado fora do casamento legal e eticamente sancionado – embora o tratamento seja diferente se o transgressor for homem ou mulher.

Mas, no mundo ocidental, o pêndulo tem oscilado na direção oposta nas últimas décadas, e o filósofo Peter Singer fala em nome de muitos quando escreve: "O sexo não levanta nenhuma questão moral". Os políticos têm buscado efetuar mudanças legislativas que reflitam essa opinião, separando a relação legal e econômica entre o sexo e a constituição da família.

Religião e lei natural

A visão contrária, de que o sexo tem importância ética, costuma estar ligada ao pensamento religioso. Entretanto, seria errado considerar a opinião ética sobre questões sexuais estritamente dividida entre uma perspectiva religiosa repressiva e uma posição leiga que não vê no sexo uma questão ética. Por exemplo, a tradição da lei natural, séculos mais antiga que o cristianismo, é muitas vezes citada pela Igreja Católica quando defende restrições morais ao sexo. Essa tradição, que se apoia na razão e na natureza, e não em fontes bíblicas, para criar uma ética sexual, se identifica com os ensinamentos de Tomás de Aquino (*ver p. 112*). Partindo do fato de que os animais, inclusive os seres humanos, são autossuficientes para todas as funções naturais a não ser a reprodução, a relação física entre duas pessoas criaria um tipo especial de união.

Nas principais tradições religiosas, essa ideia de união está corporificada na ideia de casamento como um relacionamento exclusivo e permanente. Na forma mais radical, não aceita nenhum tipo de sexo, dentro ou fora do casamento, que não tenha como objetivo a procriação. Mas essa é uma interpretação muito estreita do que é "natural": a procriação é um acontecimento relativamente raro num casamento, de modo que seria razoável estender esse conceito ao sexo não procriativo dentro do casamento, na medida em que ele continua a servir às necessidades de procriação ao reforçar os laços entre os pais no processo de cria-

O sexo e os filósofos

Muitos dos mais famosos filósofos, como Descartes, Spinoza, Leibniz, Kant e Schopenhauer, nunca se casaram, e alguns tinham opiniões muito pouco convencionais sobre sexo e casamento.

- O filósofo anarquista William Godwin e a pioneira feminista Mary Wollstonecraft ridicularizaram a ideia de que toda pessoa precisa de um "companheiro para a vida". Viveram em casas separadas até a gravidez inesperada de Mary, que os levou, em 1797, ao casamento - que durou pouco, porque ela morreu de parto no mesmo ano.
- John Stuart Mill renunciou aos direitos que a lei inglesa do século XIX lhe conferia sobre sua mulher, Harriet Taylor, quando, depois de uma amizade de dezoito anos, puderam finalmente se casar. (Foi um escândalo na Inglaterra vitoriana, pois ela já era casada e mãe quando se conheceram e iniciaram a ligação de toda uma vida.)
- Jean-Paul Sartre e Simone de Beauvoir manifestaram em vida e obra uma filosofia libertária de meados do século XX com relação às relações sexuais. Companheiros de toda a vida, eles trocaram detalhes de seus encontros sexuais com terceiros em cartas, viveram separados e nunca contraíram um casamento formal.

ção dos filhos. Uma visão mais ampla do que é natural talvez pudesse incluir também ligações entre casais do mesmo sexo. Por outro lado, as concepções de natureza não podem ser estendidas indefinidamente, e, nos casos que envolvem exploração sexual – abuso infantil, prostituição forçada, promiscuidade despersonalizada –, são incabíveis diante da norma ética de que ninguém pode ser usado apenas como instrumento da satisfação de outrem.

O Beijo, famosa obra de Gustav Klimt pintada em 1908, retrata a fusão de afeição e desejo em uma relação sexual amorosa.

Teorias filosóficas

Uma tradição mais genuinamente filosófica que envolve restrições morais ao comportamento sexual é o utilitarismo – sistema ético prático que defende a maximização do bem-estar de todos os que são afetados por uma escolha. Como tal, podia-se esperar que ele evitasse regras de censura ao comportamento individual. Mas esse não é o caso se houver uma visão mais ampla das consequências sociais e emocionais disso para a comunidade, inclusive para as crianças. Por exemplo, se os encontros sexuais perderem qualquer significado a longo prazo, e isso tiver consequências danosas para muitos dos envolvidos, segue-se que a visão utilitarista de longo prazo pode muito bem apoiar uma perspectiva moral mais tradicional sobre sexo.

Além disso, há pontos de vista éticos que, ao contrário do utilitarismo, não se apoiam unicamente em considerações pragmáticas. Um deles é uma versão moderna da antiga "ética da virtude" de Platão e Aristóteles. Essa posição ética propõe refletir sobre o que é mais satisfatório para o ser humano. Levando em conta as necessidades físicas, emocionais e intelectuais de uma vida inteira, isso também pode favorecer o enquadramento moral do comportamento arbitrário ou egoísta.

Finalmente, existe uma posição filosófica proeminente derivada das ideias de Kant (*ver pp. 141-143*) que enfatiza os princípios – em particular o cumprimento das promessas.

Kant, como Hegel e Locke, via o casamento como um relacionamento que colocava as relações sexuais em um contexto contratual. Kant tinha uma estranha visão desse contrato, que segundo ele estabelecia que um parceiro tivesse a posse dos "atributos sexuais" do outro – a ponto de um cônjuge fugitivo poder ser trazido de volta à força. Ao mesmo tempo, foi Kant quem articulou o princípio fundamental do respeito por todo ser humano e o conceito de que ninguém pode ser usado como meio para os objetivos de outrem. Este último princípio é uma versão do famoso "imperativo categórico" de Kant.

> *Ser onívoro é um polo do verdadeiro amor; ser exclusivo é o outro.*
>
> George Santayana, *The Life of Reason*

Mais recentemente, o filósofo americano George Santayana (1863-1952) usou uma famosa frase para contestar a opinião de que o sexo e um relacionamento exclusivo e permanente são companheiros éticos necessários: "Sexo", disse ele, " é o imperativo categórico da natureza". Na filosofia moral contemporânea, a discussão sobre o sexo tem sido dominada por visões mais próximas dessa de Santayana do que das de seus antecessores.

Reprodução

Os últimos anos do século XX trouxeram uma revolução aos meios e formas de reprodução humana. Os padrões sociais mudaram também, motivando uma pergunta: como devemos reagir, ética e praticamente, a essas mudanças?

A reprodução humana tem sido, até recentemente, ligada a dois pilares aparentemente irremovíveis: o fato de que a concepção deriva da relação sexual e a ideia de que a família é o alicerce da sociedade. Na década de 1960, porém, surgiu a possibilidade de criar embriões humanos em laboratório. A princípio, as objeções morais pareciam insuperáveis, e os próprios cientistas especulavam se estariam diante de uma impossibilidade ética. Para citar o pioneiro das pesquisas de fertilização *in vitro* (FIV), Robert Edwards, em 1966: "Se os ovos de um coelho ou de um porco podem ser fertilizados numa cultura, pode-se pressupor que os óvulos humanos desenvolvidos numa cultura também possam ser fertilizados, apesar de que, evidentemente, não será permitido implantá-los em uma receptora humana".

Mas, pouco mais de uma década mais tarde, essas objeções éticas foram superadas pela

O debate sobre o aborto

O aborto pode ser considerado o fim de uma condição indesejada ou a extinção de uma vida independente e rica de possibilidades. Assim sendo, o debate sobre aborto levanta a questão da condição moral do embrião ou do feto. Alguns filósofos descrevem o embrião ou o feto como um ser humano em *potencial*, argumentando que um ser apenas em potencial não pode ter direitos e interesses *reais*. Entretanto, também faz sentido afirmar que o potencial de se tornar um ser complexo como um ser humano já é por si só importante.

Além da questão da potencialidade, tem-se procurado determinar quando a vida humana realmente começa. As opiniões mais amplamente aceitas colocam o início da vida na concepção, no primeiro sinal de vida (momento em que a mãe percebe os primeiros movimentos do feto) ou na viabilidade (quando o feto já seria capaz de sobreviver fora do útero). Mas muitos filósofos atribuem importância moral a um estágio muito posterior – o momento em que o feto se torna uma pessoa. Para ser uma "pessoa" nesse sentido, certas condições essenciais precisam ser satisfeitas, como consciência, percepção do eu, racionalidade, memória e capacidade de querer continuar vivendo. Os que aceitam essa justificativa sustentam que só pessoas nessas condições têm interesses ou direitos. Isso pode ter consequências surpreendentes: por exemplo, Peter Singer (um dos principais arquitetos desse argumento) acredita que a vida animal pode ser mais valiosa do que a vida de um feto humano, que não é ainda uma pessoa. Partindo desse fundamento, Singer argumenta que, a menos que você seja vegetariano, é incoerente condenar o aborto, e escreve: "É difícil condenar o aborto, mesmo numa gravidez avançada e pela razão mais trivial, a menos que se condene o abate de formas muito mais desenvolvidas de vida pelo sabor de sua carne".

Mas, apesar dos muitos desdobramentos das discussões filosóficas sobre o aborto, o papel da "condição de pessoa" no debate é de importância duvidosa.

Por um lado, os requisitos para se tornar uma pessoa não serão satisfeitos pelo feto em nenhum estágio da gravidez e nem mesmo por uma criança pequena – que, na opinião da maioria das pessoas, tem o mesmo direito à vida que um adulto.

Entretanto, mesmo que o feto seja uma pessoa, os interesses da mulher não devem se sobrepor aos interesses do feto? A visão que dá prioridade ao desejo da mãe faz parte de uma corrente feminista que enfatiza os direitos das mulheres. É uma demanda das mulheres o controle sobre o próprio corpo e envolve o juízo moral de que ninguém tem a obrigação de defender outra vida a grave custo para si mesmo. A simples admissão de que outra vida – a do feto – está em jogo não é, pois, o fim da questão, e o argumento que tem conquistado terreno política e praticamente é o de que o aborto pode ser, em certas circunstâncias, o menor de dois males.

A filha de ninguém – o caso Buzzanca

À medida que a transferência de óvulos, esperma e embriões se torna mais difundida, e formas de utilização de barrigas de aluguel são legalizadas, as consequências para as crianças podem ser bizarras e nem sempre desejáveis. Um caso real ocorrido nos EUA oferece um exemplo surpreendente das possibilidades mais extremas.

Em 1998, um casal divorciado, John e Luanne Buzzanca, procurou uma decisão legal sobre sua condição e sobre suas responsabilidades em relação a uma menina, Jaycee. Sua história é incrível. Uma mulher doou óvulos para um casal, senhor e senhora X, que foram fertilizados pelo esperma do senhor X. Alguns embriões remanescentes foram congelados e o casal X concordou em doá-los aos Buzzanca.

Eles contrataram a barriga de aluguel de uma quarta mulher, que engravidou com o embrião doado. Mas, algumas semanas antes de a menina Jaycee nascer, John pediu divórcio, alegando que o casamento não havia gerado nenhum filho. Luanne contestou, mas o tribunal decidiu que John não tinha responsabilidade por Jaycee, já que não era seu pai biológico nem seu pai legal, pois ela não nascera de Luanne durante o casamento. Além disso, a corte tomou uma decisão inesperada ao declarar que Luanne tampouco era a mãe legal, nem o era a mulher em cujo ventre a criança fora gerada. Os doadores do gameta (a mulher que doara os óvulos e o senhor X) também não podiam ser considerados pais legais de Jaycee, uma vez que a doação fora feita com a condição de que não lhes caberia nenhuma responsabilidade. Jaycee era, portanto, filha de ninguém.

Um recurso foi impetrado contra a decisão. No final a corte de apelação deu a Jaycee pais legais: John e Luanne.

A corte decidiu que, se um casal consente em procedimentos médicos com a intenção de gerar uma criança, adquire a condição de paternidade, mesmo que não exista nenhuma ligação genética com a criança. Mas um fato permanece: os pais legais não são nem os pais genéticos (os doadores do gameta) nem a mãe substituta.

demanda por novas tecnologias. O primeiro bebê de proveta nasceu em 1978, depois da divulgação ampla da FIV, que aos poucos foi ganhando aceitação como tratamento da infertilidade.

No início dessa revolução, a principal intenção era ajudar casais a ter filhos biológicos, mas a novidade do novo tratamento era que agora tornara-se possível transferir não apenas esperma, mas óvulos e embriões, sem necessidade da relação sexual.

Assim como a contracepção segura tinha tornado possível o sexo sem o risco da reprodução, a embriologia tornava a reprodução possível sem sexo. E, com o tempo, essa nova tecnologia poderosa poderia permitir novas intervenções no processo reprodutivo, oferecendo meios de manipular o material genético humano que ninguém teria imaginado um século antes.

> “*Nascimento e procriação, herança genética, os estágios de desenvolvimento que uma criança atravessa: são [considerados] naturalmente imutáveis.*”
>
> Marilyn Strathern, *Reproducing the Future*

A nova família

Cada passo da tecnologia reprodutiva acarretou dilemas éticos, que por sua vez causaram impactos inevitáveis na noção de família biológica. A paternidade agora podia ser genética, social ou legal; e a maternidade, parturiente ou biológica.

Crianças podem nascer anos depois da fertilização e até depois da morte de seus genitores, enquanto a transferência de óvulos, esperma e embriões é capaz de produzir muitos irmãos ou meios-irmãos, que podem nem chegar a se conhecer. Tudo isso levanta uma questão: a paternidade não poderia ser vista como conceito puramente social? Mas, à medida que essa visão social ganha terreno legal e político, os indivíduos estão cada dia mais preocupados em conhecer e entender sua história pessoal, suas ligações familiares e sua complexa herança genética.

Os novos avanços, portanto, possibilitaram novos tipos de família: constituídas por pais solteiros, lésbicas, *gays*, grupos e pessoas acima da idade reprodutiva. Alguns recebem bem essa expansão das possibilidades de escolha, citando o

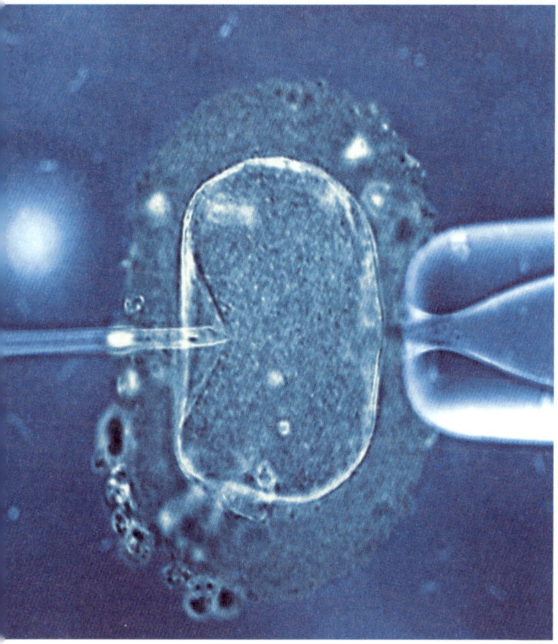

Uma agulha fina injeta esperma em um óvulo humano. Em uma época *high-tech*, tais formas de FIV estão se tornando rotineiras.

direito à privacidade, ao direito de constituir família e à liberdade de procriar.

Em 1989, um relatório da Comissão Europeia presidida pelo filósofo Jonathan Glover sugeriu que, no futuro, a família deveria poder evoluir experimentalmente.

Mas existem outros pontos de vista. Um, derivado da antropologia social, analisa o assunto da perspectiva das crianças envolvidas e de seu direito de fazer parte de uma rede de parentesco conhecida.

A antropóloga social Marilyn Strathern escreve: "Até agora, faz parte do repertório cultural da Europa ver no domínio do parentesco, e em sua base biológica na procriação, uma área de relacionamentos que oferecem um parâmetro para a existência humana [...] É uma visão empobrecedora da cultura imaginar que a maneira como concebemos pais e filhos só afeta pais e filhos". Em outras palavras, embora as práticas reprodutivas operem no nível individual, as mudanças nesse nível têm consequências para toda a sociedade.

Enquanto essa visão da antropologia social enfatiza a importância das relações tradicionais de parentesco, uma diferente visão sociológica ignora essas conexões.

O influente sociólogo Anthony Giddens afirma que a lei, os impostos e as contribuições previdenciárias deviam ser usados como instrumentos políticos para apoiar a formação de famílias não tradicionais. Na prática isso significa facilidade de separação e troca de parceiros, e educação compartilhada dos filhos em lares separados.

Direitos e interesses

Entretanto, há também um ponto de vista ético baseado na separação entre lei e moralidade. Segundo essa visão, o Estado não deve intervir em assuntos essencialmente privados, entre eles o sexo e a reprodução.

Afinal, podemos achar que um comportamento é errado, mas nem por isso julgar apropriada a aprovação de uma lei contra ele. Por outro lado, embora a reprodução pertença à esfera privada e íntima da vida, envolve interesses de indivíduos no estágio mais vulnerável da vida humana, que precisa de proteção.

Finalmente, podemos perguntar que direitos morais devem ser levados em conta em questões de reprodução – e, em particular, que papel deve ter o ponto de vista da criança? Por exemplo, o direito de encontrar uma família se aplica apenas a adultos que querem criar filhos ou deve levar em conta os interesses das crianças?

Aqueles que acham que apenas os interesses dos pais em potencial importam costumam argumentar que, sem a concepção, a criança nem teria existido, e que a vida é sempre preferível à não existência. Essa visão é frequentemente contestada em relação à FIV, mas vale notar que muitas vezes ela é questionada pelos defensores do aborto – particularmente em casos de deficiência física ou mental, em que a questão da qualidade de vida se torna parte do debate.

Assim sendo, diante dessas controvérsias, quem deve decidir o que é aceitável em questões de reprodução?

Qualquer que seja a resposta, é claro que é necessário levar em conta as consequências para os indivíduos e para a sociedade.

Animais

A moralidade está inteiramente centrada no ser humano ou pode incluir animais não humanos? Se assim for, é uma simples questão de dar aos animais a compaixão e o cuidado devidos, ou devem-se atribuir a eles direitos semelhantes aos dos seres humanos?

Existem duas ideias sobre a relação entre os homens e outros animais. Uma trata do domínio humano, em geral ligado ao relato bíblico do Gênesis, que descreve os animais como seres destinados à "dominação" humana. A outra trata da responsabilidade do homem, que envolve o dever de cuidar. Uma justificativa para isso também pode ser encontrada em outras partes da Bíblia. Em Êxodo 20, por exemplo, as escrituras traçam um retrato da vida doméstica em que os animais, embora devessem trabalhar para seus donos, tinham permissão de partilhar o descanso do sabá. Se escolhermos essa segunda corrente, e reconhecermos que temos obrigações para com os animais, ainda resta uma pergunta: estamos diante de uma questão de justiça e de direitos ou simplesmente de compaixão e bondade?

No que diz respeito à justiça, uma tradição filosófica que remonta a Aristóteles sustenta que os deveres só se aplicam entre iguais, e portanto não aos animais. Kant argumentava que os homens não têm nenhum dever direto em relação aos animais, apenas deveres indiretos em relação a humanos a eles associados. Maltratar um cão, por exemplo, só tem importância moral porque isso pode levar o agressor a maltratar os seres humanos também. John Rawls (*ver p. 203*) também colocou os animais fora do objeto de sua teoria da justiça, que se baseava na ideia de um contrato entre seres iguais, livres e racionais.

Outros, porém, alegam que, se temos deveres para com os animais, é porque eles são importantes por si sós. Hoje, os teóricos dos direitos dos animais consideram que eles têm um valor inerente simplesmente por ser "dotados de vida", e qualquer coisa que possua vida tem direitos. Mas será que faz sentido dizer que os animais têm direitos e exigem de nós as mesmas obrigações morais que temos para com outros seres humanos? Alguns filósofos acreditam que a resposta a essa pergunta levanta outra questão: até que ponto, se é que isso ocorre, os animais partilham importantes características humanas?

A ideia de que os animais possuem muitos dos mesmos sentimentos e impulsos dos homens vem sendo debatida desde a Antiguidade. Os pitagóri-

Experimentos com animais

A ideia de Descartes de que os bichos são meros "animais-máquinas" foi aproveitada pelos pesquisadores científicos ansiosos por realizar investigações sobre a biologia dos mamíferos. A classificação dos animais como máquinas sufocou as objeções, tanto aos próprios experimentos quanto às demonstrações públicas das experiências com animais vivos e conscientes. Apesar disso, em seu *Dicionário Filosófico*, o escritor e filósofo francês Voltaire (*ver p. 127*) protestou em termos fortes: "Os bárbaros se apossam deste cão, que em amizade supera o homem de maneira prodigiosa; pregam-no sobre uma mesa e o dissecam vivo para mostrar as veias mesentéricas. Descobrimos nele todos os mesmos órgãos do sentimento que existem em nós. Responda-me, maquinista, a natureza arranjou todos esses recursos de sentimento neste animal para que ele não possa sentir?"

Entretanto, a prática da vivissecção continuou nas pesquisas científicas e o sofrimento visível dos animais era muitas vezes tomado como reflexos que não significavam verdadeira sensação de dor ou agonia. Em anos mais recentes, embora muitos pesquisadores ainda tenham visão semelhante, proeminentes cientistas, entre eles Charles Darwin (1809-82) e o médico missionário e teólogo Albert Schweitzer (1875-1965), aceitaram a realidade do sofrimento dos animais e exigiram restrições e controles sobre as experiências com eles.

Saber se os animais têm direitos semelhantes aos das pessoas é tema recorrente no debate filosófico. Entretanto, o sofrimento presente numa tourada e em outros esportes sangrentos pode ser considerado moralmente ofensivo, seja qual for a condição dos animais.

cos (século V a.C.) da Grécia antiga tinham consciência da sensibilidade dos animais, o que os levou a defender o vegetarianismo. A voz mais influente nesse debate, porém, foi a de Descartes (*ver pp. 48-49*), que sustentava que os animais eram meros autômatos. No *Discurso do Método*, ele ofereceu uma razão para essa crença, afirmando que "eles não podem falar como nós, de modo a dar provas de que pensam no que dizem". O utilitarista Jeremy Bentham (*ver p. 197*) repudiou explicitamente esse raciocínio. Rejeitando a fala e o raciocínio como critérios, ele afirmou: "A questão não é *Eles podem falar?*, nem *Eles podem pensar?*, mas *Eles podem sofrer?*"

> "*Sempre que um animal é forçado a trabalhar a serviço do homem, os sofrimentos que ele tem de suportar preocupam a cada um de nós.*"
>
> Albert Schweitzer, *Filosofia da Religião*

Especiesismo e pessoalidade

Segundo os sucessores atuais de Bentham, é especiesismo negar que a capacidade de sofrimento coloca os animais dentro do campo moral. Segundo essa visão, "pessoa" e "ser humano" são noções radicalmente diferentes, e a linha divisória deve ser traçada não entre seres humanos e animais, mas entre pessoas e não pessoas. Dessa forma, os animais podem ser "pessoas", e os seres humanos, particularmente os que estão à margem da vida, podem não ser. Isso significa que podem existir circunstâncias em que a vida animal seja moralmente mais importante que a vida humana, e algumas pessoas, como o filósofo australiano Peter Singer, estão dispostas a aceitar essa conclusão.

Mas o argumento de que os animais são pessoas morais da mesma forma que os seres humanos talvez seja radical demais. Poucos hesitariam em sacrificar um cão ou uma cobra que estivesse atacando uma criança. E existem opiniões mais moderadas, que colocam o debate em termos menos incisivos do que *ou* humanos *ou* animais – por exemplo, embora possa ser justificável provocar um pequeno desconforto em um animal em prol de um bem humano maior, não seria correto infligir agonia a um animal apenas para dar vantagem a pessoas.

Entretanto, existe ainda outra posição, mais plausível, neste debate. Em vez de argumentar que os animais são pessoas, talvez fosse melhor enfatizar que as pessoas humanas são animais. Isso levaria a uma mudança, de uma visão puramente antropocêntrica a um entendimento ecológico mais profundo, que liga os interesses humanos aos dos outros animais.

Tecnologia e natureza

A tecnologia envolve a aplicação do conhecimento científico a problemas práticos e a criação de instrumentos capazes de resolvê-los. A tecnologia é também um meio de manipular o ambiente para objetivos desejados, e, assim, nos coloca diante de escolhas morais sobre seu uso.

Hoje, o mundo é dominado pelos feitos da engenharia, resultado da criatividade, do planejamento e da realização de projetos criados pelo homem. Mas essas conquistas precisam estar aliadas à disposição de fixar objetivos e limites à tecnologia dentro de uma estrutura moral. O reconhecimento explícito dessa necessidade é relativamente recente, em particular depois do desenvolvimento da tecnologia nuclear em meados do século XX. Mas a questão foi implicitamente levantada muito antes, quando ficou claro que as guerras nem sempre eram vencidas pela coragem dos homens, mas por uma tecnologia mais avançada, fosse ela aplicada em armas de cerco, arco e flecha ou canhões. Em inovações tecnológicas como essas, é seu uso que apresenta um desafio moral; em outros casos, o produto é inerentemente danoso do ponto de vista moral. Não há justificativa moral, por exemplo, para o desenvolvimento da tecnologia da tortura.

> *"Mesmo a usina elétrica, com suas turbinas e geradores, é um meio criado pelo homem para uma finalidade estabelecida pelo homem."*
>
> Martin Heidegger, *The Question Concerning Technology*

Em geral, porém, o mundo contemporâneo deve muito à criatividade tecnológica. O cientista e filósofo empirista inglês Francis Bacon (*ver p. 96*) acreditava que o propósito da ciência consistia na "melhoria da humanidade".

O progresso científico e tecnológico produziu máquinas capazes de substituir o homem nos trabalhos pesados. Assim, instrumentos capazes de destruir a vida, como os antigos moinhos movidos por força humana, evoluíram para modernos instrumentos destinados à preservação da saúde, como as esteiras de ginástica.

A tecnologia também favoreceu a mobilidade, proporcionou aquecimento no inverno, refrigeração no verão, a exploração do espaço, a expansão da produção de alimentos e muitas conquistas médicas, entre elas a redução da mortalidade infantil, a vacinação e a cura de muitas doenças.

Mas ao lado desses ganhos surgiram efeitos indesejáveis, entre eles a poluição do ar e dos mares, o esgotamento dos recursos e a extinção de espécies. Os críticos pintam um quadro da humanidade demasiado dependente das máquinas, vivendo em desertos de concreto no coração das cidades, e de uma indústria agropecuária em que proliferam pesticidas e defensivos químicos. Advertem, também, contra os resultados imprevisíveis das pesquisas genéticas com plantas e animais – uma cópia acelerada da mutação evolutiva.

Os que se mostram céticos quanto à motivação justa dos avanços científicos, como o filósofo alemão Martin Heidegger (1880-1976), enfatizam o papel do lucro e da competitividade no progresso tecnológico. Apontam ainda que, ao satisfazer necessidades e desejos, a tecnologia cria novas necessidades e novos desejos. Heidegger acreditava que, ao buscar eficiência, flexibilidade e controle, os homens se tornam instrumentos de sua tecnologia e o corpo humano se torna um recurso. Desde que os aviões de passageiros foram inventados, por exemplo, precisam de pessoas que os ocupem, e os produtos, uma vez disponíveis, exigem consumidores. Por trás de tudo isso, dizem esses críticos, há uma visão tecnológica do mundo – as pessoas são consideradas acima da natureza, e não parte dela.

A ciência e suas aplicações

Em certo sentido, a ciência é tão antiga quanto a filosofia ocidental. Os primeiros filósofos que surgiram na Grécia nos séculos VI e V a.C. construíram teorias sobre a constituição do mundo,

"Uma coisa é certa quando tende a preservar a integridade, a estabilidade e a beleza da comunidade biótica. É errada quando tende para o lado contrário."

Aldo Leopold, *A Sand County Almanac*

astronomia e clima, matemática e geometria. Os matemáticos gregos sabiam como medir a distância de um navio em alto-mar a um farol situado em um rochedo, enquanto no Egito a técnica de construção das pirâmides já era conhecida havia dois milênios.

O que faltava no mundo antigo, porém, e que só apareceu com Bacon e o surgimento do Iluminismo (*ver p. 96*), foi o método científico de hipóteses e testes que acelerou o ritmo das descobertas e invenções nos últimos séculos.

Foram feitas descobertas tanto no nível microscópico quando no telescópico, mas as tecnologias mais avançadas, em especial a nanotecnologia e a megatecnologia, que lidam com objetos um bilhão de vezes menores ou maiores que seus inventores, expandiram muito mais essas fronteiras.

As descobertas científicas, é claro, raramente permanecem no campo da teoria; encontram aplicação, de *microchips* a bebês de proveta. Ao lado de alguns cientistas e de pessoas leigas, alguns filósofos enxergam boas possibilidades nessas descobertas e gostariam de vê-las serem buscadas vigorosamente sem restrições legais excessivas. Outros têm menos confiança na capacidade humana de usar os avanços tecnológicos com sabedoria. Mas que perigos a ciência acarreta?

> “*Vamos dominá-la. O desejo de domínio [da tecnologia] torna-se mais urgente quanto mais a tecnologia ameaça escapar ao controle humano.*”
>
> Martin Heidegger, *The Question Concerning Technology*

Empíricos pragmáticos e políticos consideram as questões do progresso científico muito mais práticas do que éticas, e portanto limitam sua preocupação à questão do risco. Consequentemente, vão querer avaliar custos e benefícios.

O risco e o "fenômeno Frankenstein"

Uma análise mais cuidadosa, porém, indica que a questão do risco não pode ser enfrentada com uma simples análise de custos e benefícios, porque ela não é capaz de responder a uma pergunta: o que é um risco *aceitável*? Como, por exemplo, devemos avaliar um risco de fracasso ou

O desastre nuclear de Tchernobil causou uma contaminação tão extensa que cidades inteiras foram abandonadas para sempre, produzindo milhares de refugiados. Olhando para o passado, será que os benefícios da energia nuclear valiam o risco de um acidente como esse?

disfunção que pode ser mínimo, mas que, se ocorrer, teria efeitos extremamente perigosos, amplos e duradouros?

O desastre de Tchernobil, em 1986, quando um reator nuclear soviético apresentou vazamento, teve impacto de âmbito quase global, e a contaminação residual do acidente pode se estender indefinidamente no futuro.

Como estabelecer a magnitude e a persistência dessas consequências adversas contra sua extrema improbabilidade? Isso implica uma pergunta essencial: pode um risco infinitesimal se tornar significativo quando seu escopo tem extensão sem precedentes?

Tais considerações podem provocar um controle cauteloso dos desenvolvimentos, seja diretamente, por meio de regulamentação, seja indiretamente, por taxação (o princípio de que "o poluidor deve pagar"). Os avanços tecnológicos que afetam áreas especialmente sensíveis da vida humana já estão sujeitos a restrições éticas e legais: em muitos países, há controle sobre as pesquisas embrionárias, clonagem e alterações genéticas humanas.

Quando as pesquisas envolvem plantas e animais, a regulamentação é bem mais limitada e as mutações genéticas são praticadas em pesquisas que têm finalidades comerciais, agrícolas e biomédicas.

Muitas dessas pesquisas prometem importantes benefícios: superplantas para alimentar o mundo em desenvolvimento; combustíveis "verdes" para substituir o petróleo; micróbios para purificar a água ou limpar manchas de óleo no mar. Mas há sinais evidentes de que uma abordagem mais cautelosa esteja sendo aplicada também nessas áreas, com consciência maior de alguns dos riscos envolvidos. No extremo, existe o risco de novas criações assumirem o controle de forma irreversível – o temível "fenômeno Frankenstein".

Entretanto, as preocupações éticas sobre a manipulação da vida não se limitam à questão do risco. Envolvem também nossa concepção de espécie e a visão de nossa posição no universo. Tais considerações colocam limites morais ao que pode ser conquistado em nome da conveniência. Para começar, a ideia de que é errado o indivíduo se julgar uma exceção – "faça aos outros o que gostaria que lhe fizessem" – pode ser ampliada, de forma que também seria errado uma geração privilegiar-se, não deixando nada para proveito das gerações futuras.

Disso se conclui que seria errado eliminar as possibilidades das futuras gerações fazendo mudanças irreversíveis, como a eliminação de espécies ou a exaustão de recursos escassos.

Em segundo lugar, o princípio da autonomia, conhecido desde Kant (*ver pp. 141-143*) e a filosofia libertária (*ver pp. 139-140*), significam, em termos práticos, que, quando existe risco, é pertinente perguntar: quem tem o direito de assumir esse risco? Não há o direito de tomar decisões, inclusive decisões sobre que riscos alguém está preparado para assumir, e não ter esse direito usurpado por outros? Assim, considerações libertárias sobre direitos, escolha e liberdade têm um papel a desempenhar em qualquer debate sobre a direção que a tecnologia deve tomar.

A tecnologia, portanto, tem potencial para ser usada ou abusada. Esta não é uma questão moral em si, mas questões morais surgem se as pessoas deixarem de refletir sobre as finalidades e propósitos da criatividade científica.

Tecnologia e o fim da vida

As novas tecnologias mudaram o processo da morte e seu ambiente provável. Nos países ricos do mundo desenvolvido, a maioria das pessoas morre de doenças longas nos hospitais, não mais em casa. Essa nova maneira tecnológica de morrer começou com a descoberta dos antibióticos, enquanto a disponibilidade de respiradores, alimentação e hidratação artificial, aliada à possibilidade de transplante de órgãos e tecidos, provocou uma mudança ainda maior.

Além disso, a nova compreensão da doença tem levado a tratamentos individualizados e mais eficientes.

Com essas intervenções tecnológicas, podemos esperar prolongar ainda mais a vida. Entretanto, a suposição de que é melhor prolongar a vida em qualquer caso vem de uma época anterior, pré-tecnológica.

Hoje a questão moral entre quantidade e qualidade de vida é crucial: quando o tratamento deve ser prolongado ou abreviado; e se a eutanásia e o suicídio assistido devem estar entre as opções disponíveis para indivíduos cuja vida esteja em risco.

Beleza

Como definir e avaliar o Belo? É uma questão da reação que ele produz em nós ou constitui, como os filósofos vêm afirmando desde a época de Platão, uma qualidade eterna do próprio objeto, intrínseca a ele?

O que é o Belo? Como diz um velho ditado, a beleza está "no olho de quem vê". Trata-se, portanto, de uma questão de gosto? Ou existem critérios objetivos para julgar se um objeto, uma pessoa ou uma obra de arte são belos?

O debate tem uma história longa. Os sinais de beleza, desde a época clássica, são a harmonia, a proporção e a unidade. Kant (*ver pp. 141-143*) dizia que, ao contrário dos julgamentos morais, que são imperativos universais baseados na razão, os juízos estéticos avaliam o gosto e não se baseiam em princípios. Entretanto, afirmou ele, os julgamentos estéticos têm "universalidade e necessidade objetivas". O que significa dizer que eles não são apenas a expressão do gosto pessoal; é razoável esperar que outras pessoas concordem com eles.

A maneira de vestir e a postura dos ícones da sociedade moderna refletem a moda do momento. Mas pode algum aspecto dessa beleza transcender a moda?

Contemporâneo de Kant, o filósofo empirista britânico David Hume (*ver pp. 24-25*) via a avaliação do Belo de modo semelhante. Acreditava que ele nasce do sentimento, mas ainda merece, no todo, uma aceitação universal.

Assim, como é a reação a um objeto belo? É apenas um sentimento de prazer ou existe uma "reação estética" especial que resulta da contemplação desinteressada? Francis Hutcheson, que exerceu forte influência no Iluminismo escocês, argumentou, em seu *Enquiry Concerning Beauty, Order, Harmony, Design* (1725), que, para apreciar a beleza de um objeto, era preciso distinguir suas qualidades estéticas especiais e suas qualidades fatuais ou empíricas. A beleza de um objeto era, em essência, uma questão de sua capacidade de afetar o observador.

Mas diferentes gêneros artísticos produzem diferentes reações: comédia e tragédia, arte, música e assim por diante. Isso indica que a reação emocional ou estética de uma pessoa vai depender não apenas do próprio objeto, mas de qual aspecto dele o observador está observando. Os que aceitam essa visão afirmam que existe uma maneira especial de ver um objeto – que há algo único e distinto na experiência estética.

Schopenhauer (*ver página ao lado*) acreditava que havia essa experiência distinta, que ver um objeto belo significa nos "distanciarmos" – esquecendo tanto nossa vontade como nossa individualidade. Temos que nos perder em um estado de pura contemplação, tornando-nos um espelho do objeto contemplado.

Contemporaneamente, o debate sobre o Belo – o que é e como avaliá-lo – pode ser considerado um debate sobre a crítica de arte. A crítica de arte se preocupa principalmente com a avaliação e sua função é ajudar as pessoas a entender arte. Em uma linguagem mais tradicional, isso equivale a dizer que as discussões sobre o Belo educam nossa sensibilidade, informam nossa interpretação e clarificam nossa apreciação.

Schopenhauer

Schopenhauer nasceu em Danzig, na Prússia (atual Gdansk, na Polônia). O pai, comerciante, morreu quando ele tinha apenas sete anos. A mãe, romancista, mudou-se com ele para Weimar, na Saxônia, onde seus salões eram frequentados por algumas das mais destacadas figuras literárias da época. Schopenhauer recebeu excelente educação, obtendo o título de doutor da Universidade de Jena.

Pertenceu à escola idealista da filosofia alemã, mas seu profundo interesse pelas ideias budistas e hindus não era comum entre os pensadores ocidentais.

Os filósofos da tradição ocidental que mais influenciaram suas ideias sobre metafísica e arte foram Platão e Kant, dos quais aceitou a noção filosófica de dois mundos, o perceptível dos sentidos e o da realidade oculta.

Ao contrário de Kant, porém, Schopenhauer deu uma interpretação especial a um aspecto da realidade que experimentamos diretamente: a vontade. Não se tratava do "livre-arbítrio", no sentido de que nós, como indivíduos, controlamos nosso mundo.

A "vontade" de Schopenhauer é uma força mais impessoal que nos controla, assim como tudo o mais no universo. Como afirma o filósofo Anthony Kenny: "Vontade é a força que vive na planta, a força que forma o cristal e graças à qual o magneto se volta para o polo Norte".

A arte, especialmente a música, é uma das duas maneiras de reagir contra o pessimismo induzido pelo pensamento de que temos pouco controle sobre nossa vida – se é que temos algum. A outra maneira é o ascetismo demonstrado por santos e místicos. Esta é uma ideia que encontramos em antigas filosofias e religiões orientais, assim como no pensamento dos estoicos.

Arthur Schopenhauer 1788–1860

Schopenhauer tem sido considerado o filósofo do pessimismo. Para ele, os humanos são impulsionados não pela razão, mas por uma vontade cósmica. Ele acreditava que chegamos mais perto de entender essa verdade metafísica quando penetramos o mundo da arte.

Em *O Mundo como Vontade e como Representação* (1819), Schopenhauer dá à arte a suprema função de ajudar a entender o mundo e nosso papel nele. Isso porque ela seleciona os elementos fundamentais – objetos ou itens concebidos em sua forma mais pura, despidos de suas variações cotidianas – entre a variedade aleatória de nossas percepções.

De acordo com as teses apresentadas por Schopenhauer, a arte é uma busca desinteressada. O verdadeiro artista não tenta criar um fruto tão tentador que nos dê vontade de comê-lo, mas simplesmente apresentar a beleza pura do objeto.

Schopenhauer traçava uma diferença entre, por um lado, a ciência e a tecnologia e, por outro, a arte, que, ao contrário das outras duas, não tem função prática.

De fato, as artes podem ser classificadas de acordo com sua distância dos elementos materiais. Na base dessa escala ascendente está a arquitetura, seguida pela pintura e pela escultura, artes que necessitam assumir uma forma física; em seguida vêm a literatura e a poesia, que não dependem da matéria física em que as apreciamos, e podem ser apresentadas em outros meios, inclusive a fala; e, finalmente, a mais abstrata e menos material das artes, que é forma pura. Schopenhauer escreve: "A música é o exercício metafísico inconsciente, no qual a mente não sabe que está filosofando".

Schopenhauer teve muitos admiradores entre os compositores, escritores e dramaturgos, entre eles Tolstói e Samuel Beckett. O compositor alemão Richard Wagner o definiu como "o maior filósofo desde Kant".

Arte

Arte envolve criatividade e imaginação. Pode representar o mundo que percebemos pelos sentidos ou apresentá-lo simbólica ou metaforicamente. Pode expressar diferentes emoções e reações a este mundo. Mas todo mundo sabe que a arte é algo difícil de definir.

O que é uma obra de arte? Por que, por exemplo, as pinturas rupestres da pré-história são reconhecidas como obras de arte, enquanto se dá valor menor que o de grafites a outras representações feitas pelo homem?

Para começar, há uma concordância geral em que uma obra de arte é de fato produto de um ser humano, ao passo que um objeto ou uma paisagem podem provocar admiração – uma reação estética –, mas não são arte. Portanto, embora uma obra de arte seja necessariamente um artefato, um artefato não é necessariamente arte.

As razões usadas para não reconhecer algo como obra de arte podem oferecer uma pista dos requisitos que algo precisa satisfazer para ser considerado arte.

Algumas pessoas, por exemplo, se recusam a chamar de arte a maioria das obras de arquitetura ou objetos de cerâmica, já que têm uso prático. Estamos diante do pressuposto de que a arte não pode satisfazer a um propósito utilitário – não pode ser criada primordialmente para uso prático. Isso indica uma visão da arte como algo que é valorizado por si mesmo, e não por sua utilidade.

Isso não significa negar que, como afirmaram Hume no século XVIII e Santayana no século XX, toda forma de arte tem propósito definido. Entretanto, parece criar um contraste entre as que são tradicionalmente consideradas belas-artes – pintura, poesia, escultura, música e dança – e as artes aplicadas, nas quais a criação de um objeto é fortemente influenciada pelo uso que terão.

> “*Comova-me, surpreenda-me, dilacere-me, faça-me tremer, chorar, vibrar; encha-me de indignação.*”
>
> Denis Diderot, *Ensaios sobre a Pintura*

Os filósofos e a arte

Muitos dos grandes filósofos da tradição ocidental discutiram arte. Tanto Platão quando Aristóteles viam a arte como tentativa de copiar a realidade. Mas Platão acreditava que os objetos que nossos sentidos revelam são cópias de alguma forma ideal ou modelo – a mesa feita por um carpinteiro é uma cópia de um conceito ideal de mesa, e o artista pinta a cópia do carpinteiro. Assim sendo, como a arte estaria duplamente afastada da realidade, Platão a considerava uma atividade inferior.

Platão também quis banir os poetas de sua república ideal, concedendo apenas à música um propósito moral – como cidadão de Atenas, uma das cidades-Estado beligerantes da Grécia antiga, ele recomendava a música marcial, edificante.

A visão de que a arte deve ser edificante, portanto, é tão antiga quanto as primeiras discussões filosóficas sobre o assunto – visão partilhada, muitos séculos mais tarde, pelo filósofo do Iluminismo francês, ensaísta e editor da *Encyclopédie* Denis Diderot (*ver p. 97*), que, como Platão, acreditava que a arte devia servir a uma finalidade moral. Diderot aprovava, por exemplo, o pintor rococó Jean-Baptiste Greuze por seus temas moralistas.

A essa visão se opunha o filósofo alemão Nietzsche, para quem a arte era algo “em que precisamente a *mentira* é santificada e o desejo de iludir tem a boa consciência a seu favor” (os itálicos são do autor, em *Genealogia da Moral*).

Nietzsche (*ver p. 153*) tirou de Schopenhauer a noção de que a arte pode dar significado à existência. Mas não lhe agradava a tentativa platônica de impor propósito moral à arte. Em vez de compreensão, ela é uma combinação da sensação de desordem cósmica e paixão associada ao deus

Datadas da pré-história, antes do surgimento de qualquer civilização, estas pinturas rupestres encontradas em Lascaux, na França, representam uma impressionante realização artística. O modo como isso deve ser definido e reconhecido em nosso tempo é mais controverso.

Dioniso com a beleza formal inspirada por Apolo. Isso, acreditava ele, é o que caracteriza as grandes tragédias gregas e também a grande música, como a de Wagner.

Perspectivas recentes e contemporâneas

A visão de Nietzsche fazia parte do movimento romântico europeu do século XIX, que promoveu a ideia de arte como expressão. A visão expressiva da arte pode estar ligada às emoções e aos sentimentos do artista ou à reação emocional que ele pretende provocar no observador.

Existe ainda uma visão da arte baseada em uma análise marxista da sociedade, segundo a qual ela teria papel ou propósito social, e uma visão mais recente, que vê a arte estreitamente ligada a determinadas culturas ou sociedades.

Novas possibilidades surgem quando a noção de arte ou de obra de arte é ampliada às novas mídias, como filme, vídeo, fotografia, arte gráfica e arte computadorizada, para não falar de objetos feitos de material descartável ou obras como a cama desfeita da artista britânica contemporânea Tracey Emin, em exibição na Tate Gallery, em Londres.

Tais exemplos levaram alguns teóricos contemporâneos a reafirmar que a arte deve ter propósito moral – posição contestada pelos defensores da autonomia na arte, ou "arte pela arte" (expressão cunhada no século XIX pelo filósofo francês Victor Cousin). A arte também pode ser vista como corporificação de um significado – uma forma de comunicação –, como, por exemplo, quando os grafites políticos são exibidos como arte. Isso nos aproxima de outra definição de arte como símbolo ou metáfora.

Hoje, portanto, a arte está sujeita tanto à análise filosófica convencional quanto a várias críticas sofisticadas mais recentes: a arte moldada por atitudes culturais e relações de poder, ou explicada pela psicanálise ou por teorias psicológicas e culturais. Outra opinião contemporânea tenta atravessar esse mar de contenção afirmando simplesmente que arte é o que é exibido em galerias de arte (a teoria do "contexto"). Numa opinião semelhante, arte seria tudo o que alguém diz que é arte. Assim sendo, não faria sentido perguntar o que a arte realmente é: a questão seria apenas de reconhecimento por parte do instável *establishment* do mundo da arte.

Bom gosto e decência

As obras de expressão artística são submetidas há muito à censura com base no bom gosto ou na decência. Nas sociedades de comunicação de massa do Ocidente, o debate constante sobre bom gosto e decência busca um equilíbrio entre as reivindicações de liberdade artística e o desejo de preservar os valores da comunidade e proteger os jovens.

Muitos filósofos, do escocês Francis Hutcheson (1694-1746) a Immanuel Kant (*ver pp. 141-143*), tentaram definir o que é bom gosto. Kant e Hume (*ver pp. 24-25*) consideravam-no a capacidade de desfrutar a arte ou a natureza, apreciar a beleza e a excelência. Hume acrescentou que é também ser capaz de dizer *por que* se aprecia – o que ele chamava de "discriminação".

Uma visão mais recente define bom gosto como a capacidade de reconhecer propriedades especiais, possuir o que tem sido chamado de "senso estético". Ter senso estético e saber direcioná-lo corretamente – algo muitas vezes associado à "alta" cultura, e não à cultura popular – pode acarretar certo prestígio. Em *O Burguês Fidalgo*, o dramaturgo francês do século XVII Molière debochava das pretensões de bom gosto dos alpinistas sociais da época.

Hume reconheceu a possibilidade de genuíno desacordo sobre gosto, identificando, em *Of the Standard of Taste* (1757), duas relatividades nessa questão: "Uma refere-se aos diferentes humores de determinados homens; a outra, às maneiras e opiniões de nossa época e nosso país".

A liberdade de expressão é altamente valorizada nas sociedades democráticas, de modo que, em relação à decência, em geral se prefere a regulação voluntária dos meios de comunicação à censura. Em alguns países europeus, este cartaz provocou tantas reclamações que foi recolhido.

Decência

É mais difícil definir decência do que seu oposto, a indecência. Mesmo a indecência, porém, assume muitas formas distintas. Uma delas é a obscenidade.

Estritamente, a palavra "obscenidade" significa o que repugna os sentidos e não se restringe necessariamente à sexualidade – embora, nos tempos modernos, tenha sido usada amplamente nesse sentido e submetida a algumas tentativas de definição legal.

Uma das mais famosas, na Inglaterra, foi o julgamento, em 1868, do chefe de justiça Cockburn no caso de R. contra Hicklin: segundo essa decisão, a obscenidade envolve "tendência [...] a depravar e corromper" – frase incorporada no Ato das Publicações Obscenas de 1959, que procurava estabelecer a distinção de arte e literatura com a pornografia.

A pornografia é quase sempre entendida como a representação explícita do sexo na arte ou na literatura sem nenhum mérito artístico. De fato, a questão do mérito se torna o principal critério para distinguir arte de pornografia.

> "*Sempre se pode avaliar a delicadeza do bom gosto, ele com certeza vai encontrar aprovação; e a melhor maneira de avaliá-lo é recorrer aos costumes e princípios estabelecidos pelo consenso e pela experiência de nações e épocas.*"
>
> David Hume, *Of the Standard of Taste*

A blasfêmia e as artes

A blasfêmia constitui um caso especial de ofensa ao bom gosto. Originalmente, significava uma injúria ou uma profanidade, mas acabou sendo considerada uma manifestação ofensiva a Deus. Na Inglaterra, a lei contra a blasfêmia foi durante muitos séculos considerada uma irrelevância superada, mas ela recebeu ânimo novo graças ao bem-sucedido processo movido a uma revista chamada *Gay News* em 1979 por causa de uma imagem ofensiva de Jesus Cristo. O resultado da ação acabaria mudando o foco do conceito de blasfêmia: de insulto à divindade, o que se avaliava agora era o poder de ferir sentimentos e a sensibilidade das pessoas. Mais tarde, a *fatwa* (decreto religioso) de 1989 emitida pelo líder espiritual iraniano, o aiatolá Khomeini, contra o escritor inglês Salman Rushdie depois da publicação de seu romance *Versos Satânicos* (1988), considerado uma ofensa ao islã, gerou um debate sobre os limites da crítica legítima à religião. A discussão se centrou em saber se a lei da blasfêmia devia ser abolida ou, ao contrário, estendida para se aplicar a outras religiões que não apenas o cristianismo (*ver também p. 190*).

Nos Estados Unidos, isso ficou explícito no caso Roth contra EUA (1957), que resultou na formulação do padrão "LAPS" (em português, "LAPC"), ou seja, a obra de arte devia ter valor literário, artístico, político e científico. Sem relação com esse padrão, os que se opõem à pornografia afirmam que ela é desumanizante, um poluente comunitário, e pode estimular práticas socialmente danosas, entre elas o estupro, o assassinato e a pedofilifa. Os que não querem ver a pornografia censurada ou proibida negam esses efeitos – chegam até a afirmar que ela pode ter efeitos benéficos, pelo menos entre adultos –, mas na maioria das vezes se apoiam no princípio de liberdade.

Os filósofos morais com papel na vida pública tenderam a privilegiar a liberdade da interferência do Estado.

O filósofo inglês Bernard Williams (1929-2003), em relatório encomendado pelo governo inglês em 1979, recomendou a política que fora aplicada com sucesso duas décadas antes à prostituição e à homossexualidade: restrição sem proibição. Isso significa que o material obsceno ou pornográfico não deve ser proibido, mas não pode ser exposto aos olhos dos jovens e dos não interessados – em outras palavras, deve ser oferecido com discrição a adultos aquiescentes.

Bom gosto e decência, portanto, embora sejam em essência questões de foro íntimo, estão no campo público. A defesa da não interferência se baseia no princípio libertário de excluir apenas o que causa dano a outros, enquanto a defesa do controle tem como fundamento o gosto estético e a conveniência social.

Capítulo 6

SOCIEDADE

O que é sociedade?

Todos os indivíduos vivem em sociedade – com regras, hierarquias e estruturas de poder. Mas o que torna um grupo de pessoas uma sociedade? Que tipos de sociedade existem, por que existem e como funcionam?

Uma sociedade humana parece ser mais do que um conjunto de indivíduos, porque é estruturada por regras complexas, algumas impostas por uma autoridade central, outras mais sutilmente, por expectativa e costume. Entretanto, uma sociedade humana não é como uma sociedade de formigas ou abelhas, em que cada membro parece predeterminado a desempenhar um certo papel, aparentemente pelo bem de todos.

Dessa forma, a questão da relação entre indivíduos e sociedade não é simples e clara. Para os individualistas, a única coisa que existe são os indivíduos. A sociedade é simplesmente o nome que se dá a um grupo de seres humanos que vivem juntos. A visão holística, porém, diz que a sociedade é mais do que isso. A França, por exemplo, não pode ser reduzida a um simples conjunto de pessoas que vivem em uma determinada área. Ao contrário, dizem os holísticos, a França transcende os indivíduos que a compõem. Karl Marx (*ver p. 210*) nos lembra que raramente podemos conceber os indivíduos fora da sociedade, porque as coisas que nos distinguem como humanos – linguagem, produção, cooperação econômica – são conquistas sociais, que dependem da interação entre um grande número de pessoas.

Mas, tenhamos empatia pela visão individualista ou pela visão holista, cada sociedade precisa encontrar um equilíbrio entre os objetivos e interesses individuais e o bem comum. O potencial de conflito entre esses dois objetivos gera muitas das questões da filosofia política. Diferentes tradições de pensamento dentro da filosofia política definiram a relação moral entre o individual e o social de muitas e diferentes maneiras.

Margaret Thatcher, ex-primeira-ministra inglesa, fez uma famosa declaração: "Não existe isso que se chama sociedade. Existem indivíduos, mulheres e homens, e existem suas famílias". Esse comentário metafísico foi provocado por um argumento de ordem moral: as pessoas estariam dispostas a abrir mão de seu dever de cuidar de si mesmas e a exigir da "sociedade" sua salvação. Os libertários, que fazem distinção entre comportamento voluntário e comportamento sob coerção, defendem a independência em sua forma extrema. Na visão libertária, os indivíduos podem escolher voluntariamente que tipo de sociedade desejam.

Aristóteles e o homem como animal político

Os filósofos políticos sempre se interessaram em saber até que ponto os homens são "naturalmente compatíveis" com a vida em sociedade. Em termos biológicos, poderíamos perguntar: "Os seres humanos são animais de rebanho?" Os antigos gregos faziam distinção entre natureza e convenção, o que lhes permitia dividir o mundo entre coisas que existem de acordo com a natureza e coisas que existem por causa da ação humana. A distinção pode se aplicar à sociedade humana. Os Estados e sociedades humanas são naturais ou artificiais? Nós os inventamos ou eles são parte inevitável da existência humana?

Aristóteles (*ver pp. 13-15*) não tinha dúvida sobre o assunto, e alegava que é "evidente que o Estado é criação da natureza, e o homem é por natureza um animal político". (*Política*, livro I). Segundo esse ponto de vista, os homens não têm outra escolha a não ser viver em sociedade, e em sociedades de natureza política. Qualquer pessoa que por natureza não se adapte a viver sob um Estado deve ser "miserável ou mais que homem", diz Aristóteles, comparando esse "pária social" a uma peça isolada em um jogo de tabuleiro. Conceber um indivíduo completamente fora da sociedade, porém, não faz sentido: tal pessoa simplesmente não seria um ser humano.

Na sociedade, uma complexa rede de regras, responsabilidades e normas desestimula os indivíduos de infringir os direitos das outras pessoas.

Entretanto, o Estado, que tem poder coercitivo, deveria atuar apenas como "vigia", para garantir que não haja violação dos direitos de cada um. Em um mundo libertário, haveria polícia e tribunais de justiça, mas não escolas e hospitais públicos, nem um banco central.

No polo oposto está a ideia de um Estado abrangente, com toda a vida social organizada ou pelo menos supervisionada por ele. Algo semelhante a isso se vê, por exemplo, em alguns Estados de origem teológica e em outros regimes altamente autocráticos. Nesses casos, a função do Estado não é tanto proteger as pessoas umas das outras, mas garantir que elas vivam da maneira certa. Sempre que necessário, os direitos do indivíduo ocupam posição secundária em relação aos direitos do Estado.

> *A multiplicidade de forças produtivas à disposição dos homens determina a natureza da sociedade; por isso a 'história da humanidade' deve sempre ser estudada em relação à história da indústria e do comércio.*
>
> Karl Marx e Friedrich Engels, *A Ideologia Alemã*

A maioria dos filósofos políticos concorda com os libertários em que o Estado não deve ter o poder de intervir a esse grau na vida das pessoas. Mas, contrariando o libertarismo, costuma-se esperar que o Estado ofereça condições básicas que propiciem a todos os cidadãos uma oportunidade decente de desfrutar vida digna. Assim sendo, o papel do Estado é em parte ajudar as pessoas a encontrar um lugar na sociedade. Isso inclui o fornecimento de muitos serviços e, em geral, alguma redistribuição da renda.

Outra questão sobre a qual os teóricos contemporâneos discordam é a extensão em que o Estado deve influenciar os valores de seus cidadãos. Segundo o ponto de vista liberal, o Estado não tem o direito de afirmar que uma forma de viver é melhor que outra, desde que nenhum dano seja causado a terceiros. Entretanto, os "comunitaristas" argumentam que é importante coexistir como uma comunidade – e por isso o Estado deveria tomar medidas para proteger a comunidade. Algumas delas, por exemplo, seriam leis restritivas para preservar as atividades e o lazer, e políticas destinadas a estimular as pessoas a trabalhar juntas em empreendimentos locais.

Autoridade

Autoridade política é o direito de comandar e punir aqueles que deixam de obedecer. Mas como um indivíduo, um grupo ou o Estado passaram a ter tal direito sobre a sociedade e como eles justificam esse exercício?

De acordo com o filósofo americano Robert Nozick (1938-2002), a questão fundamental da filosofia política é: por que não a anarquia? Por que devemos ter um Estado afinal? Como definiu o sociólogo alemão Max Weber (1864-1920), o Estado é uma organização que "reclama o monopólio do uso legítimo da força física dentro de um determinado território".

Se a autoridade política é essencialmente coercitiva, é natural perguntar como se pode justificá-la. Porque, se temos o direito à autonomia ("autogoverno"), é difícil entender o que dá ao Estado o direito de nos dizer o que fazer ou de nos punir em caso de desobediência.

A relação entre o indivíduo e o Estado foi debatida no mundo antigo. No *Críton*, Platão retrata Sócrates à espera da execução. Sócrates é convidado pelos amigos a fugir, mas sente-se no dever de aceitar sua condenação, por mais injusta que a considere. Ele argumenta que tinha feito um acordo de obedecer às leis de Atenas, e que seria errado romper esse acordo.

O contrato social

A teoria do contrato social foi desenvolvida nos séculos XVII e XVIII por pensadores como Hobbes (*ver pp. 184-185*), Locke (*ver pp. 82-83*) e

A autoridade política pode assumir várias formas, da cobrança de impostos à demonstração de força, como nesta formação policial preparada para enfrentar um protesto contra a globalização em 1999. Mas, seja de que forma a autoridade se manifeste, a desobediência está sujeita à punição.

> *Os indivíduos têm direitos e há coisas que nenhuma pessoa ou grupo pode fazer a eles (sem violar seus direitos). Tão fortes e abrangentes são esses direitos que permitem perguntar o que, se é que existe alguma coisa, o Estado e seus representantes podem fazer.*
>
> Robert Nozick, *Anarchy, State and Utopia*

Rousseau (*ver pp. 188-189*), e foi vista como uma forma elegante de conciliar a autonomia individual e a autoridade do Estado. Ela sustentava que cada um de nós usa sua autonomia para transferir seu direito de autogoverno ao Estado, por entender que isso é melhor para todos. Dessa forma, legitimamos a autoridade do Estado.

Mas como essa transferência de direitos ocorre? Uma resposta comum a essa pergunta traz à baila a ideia do consentimento tácito. Simplesmente por residir dentro de um Estado e receber os benefícios que ele oferece, damos nosso consentimento tácito ao Estado. Se não estivermos satisfeitos, podemos partir.

Entretanto, argumentam os críticos, partir é algo mais fácil de dizer do que de fazer, e, nesse caso, a permanência dificilmente pode ser interpretada como livre consentimento. Como afirmou David Hume (*ver pp. 24-25*), seria o mesmo que dizer que um passageiro, levado inconsciente a bordo de um navio, concorda em ficar nele quando estiver em alto-mar, sendo que com certeza morreria se tentasse pular na água.

Uma tese mais recente recorre à ideia de justiça. Cada um se beneficia da obediência de todos às leis – e assim, por justiça para com nossos concidadãos, temos o dever de obedecer às leis, em vez de pegar "carona" na obediência dos outros. Embora esse raciocínio pareça plausível, podemos nos perguntar se ele é realmente suficiente para justificar a punição do Estado aos desobedientes.

Podemos argumentar ainda que o pressuposto inicial de que temos direito à autonomia é falho. De um ponto de vista utilitarista, por exemplo, a moralidade política se baseia no princípio de máximo equilíbrio, na sociedade, entre felicidade e infelicidade, e não na consideração dos direitos individuais. Nesse caso, só temos uma pergunta a fazer: se o Estado faz mais para promover a felicidade humana do que faria sua isenção, e nesse terreno sua vitória parece assegurada.

Entretanto, precisamente porque ignora o direito à autonomia, o utilitarismo é mais rejeitado do que aceito. Contudo, a ideia de viver sem a obrigatoriedade da lei não é atraente. Se John Stuart Mill (*ver pp. 139-140*) estiver correto em dizer que o que faz a vida valer a pena depende da existência das restrições à vida dos outros, punir aqueles que tentam "viajar de graça" parece bastante razoável.

Anarquismo

Muitos filósofos políticos que estudam a questão da autoridade do Estado se autodenominam "filósofos anarquistas". Isso pode ser uma surpresa para aqueles para quem a palavra "anarquista" evoca a imagem de um rebelde que ama o caos ou odeia o capitalismo e por isso joga bombas ou pedras.

No entanto, o que os anarquistas filosóficos alegam é que nenhum teórico ofereceu justificativa convincente para a existência da autoridade política. Outros anarquistas vão ainda mais longe e afirmam que devíamos viver sem autoridade política – sem Estados, governos, polícias, exércitos e tribunais de justiça. Entretanto, os anarquistas não se opõem necessariamente à organização, mesmo a uma organização social complexa. Sua queixa é contra a coerção: ou seja, o Estado – de forma imoral, segundo eles – obrigar as pessoas a se comportarem de certas maneiras e não de outras, e punir quem o desobedecer. Entretanto, os anarquistas costumam levar os deveres morais muito a sério – já que precisam sustentar sua objeção ao Estado sob a justificativa de que ele é intrinsecamente imoral.

De fato, um argumento anarquista comum é que o próprio Estado é a causa dos crimes, do egoísmo e do comportamento antissocial que supostamente justificam sua existência. O Estado seria, portanto, segundo os anarquistas, o agente corruptor de todos nós, e estaríamos melhor sem ele.

Hobbes

Thomas Hobbes nasceu em Malmesbury, na Inglaterra, em 1588, e viveu até a excepcional idade de 91 anos. Dizem que sua mãe entrou em trabalho de parto ao ouvir que a Armada Espanhola tinha invadido a Inglaterra. Por isso, Hobbes assinalou em sua autobiografia que sua mãe "deu à luz gêmeos, eu e o medo".

O medo desempenhou, de fato, papel central tanto na vida de Hobbes quanto em sua filosofia. Perturbado pela intranquilidade provocada pela guerra civil que dominou a Inglaterra, Hobbes foi um dos primeiros a fugir para a França, em 1640, só retornando ao seu país em 1651 – ano que assistiu ao fim da guerra civil e à publicação de sua obra mais influente, *Leviatã*.

A brutalidade da guerra, observou Hobbes, era

Hobbes e a geometria

Hobbes foi enormemente influenciado pelos *Elementos*, de Euclides (*ver ilustração*), obra que estabeleceu os princípios da geometria. Essa obra incutiu nele a importância de definições claras e de argumentação rigorosa (em *Leviatã*, Hobbes aventa a ideia de que a maioria dos erros em filosofia é consequência de uma definição defeituosa). Em *Brief Lives*, John Aubrey (1626-95) relata que, aos 40 anos, Hobbes pôs os olhos pela primeira vez em uma página de Euclides. Ao ver determinada proposição, ele declarou: "Por Deus, isso é impossível!" Mas em seguida seguiu os passos da demonstração até o axioma inicial (pressuposto), que parecia autoevidente, e percebeu que, se aceitasse os axiomas de Euclides, essa proposição – como todas as de Euclides – seguia uma lógica clara. Isso inspirou Hobbes a aplicar um método semelhante, fundamentando sua filosofia política em verdades gerais sobre os seres humanos, que por sua vez se fundavam em sua metafísica. Ele tentou estabelecer definições simples, como a ideia de que os homens chamam de "bom" o que desejam ("Qualquer que seja o objeto do apetite ou do desejo de um homem, é isso que ele chama de bom", *Leviatã*, capítulo 6), e, a partir dessas definições, chegou a conclusões controversas – acima de tudo, pela necessidade de um soberano absoluto. Infelizmente, as demonstrações da filosofia política de Hobbes nunca tiveram o rigor e a força das demonstrações da geometria de Euclides.

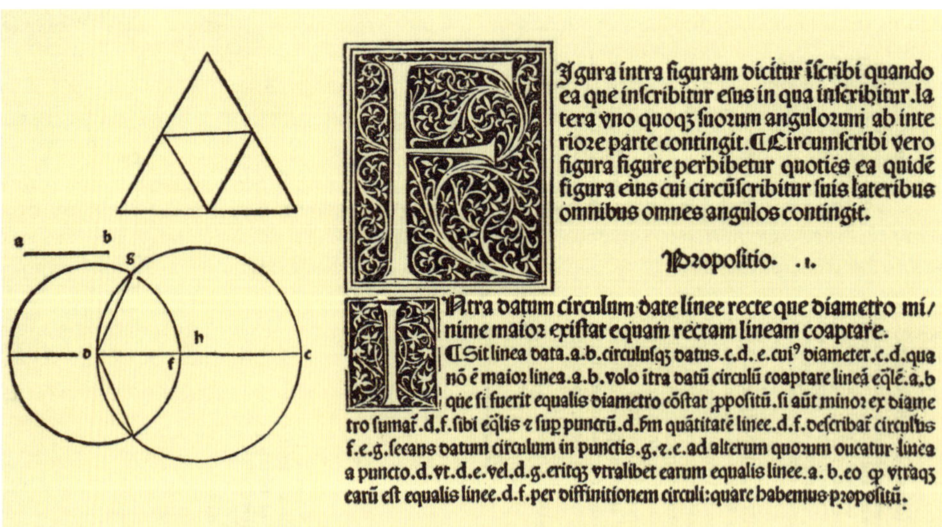

Figura intra figuram dicitur īscribi quando ea que inscribitur eius in qua inscribitur. latera vno quoq3 suorum angulorum ab interiore parte contingit. ¶ Circumscribi vero figura figure perhibetur quotiēs ea quidē figura eius cui circūscribitur suis lateribus omnibus omnes angulos contingit.

Propositio. 1.

Intra datum circulum date linee recte que diametro minime maior existat equam rectam lineam coaptare. ¶ Sit linea data. a. b. circulusq3 datus. c. d. e. cuius diameter. c. d. qua nō ē maior linea. a. b. volo itra datū circulū coaptare lineā eq̄lē. a. b que si fuerit equalis diametro cōstat ꝓpositū. si aūt minor ex diametro sumat. d. f. sibi eq̄lis ⁊ sup punctū. d. fm quātitatē linee. d. f. describat circulus f. e. g. secans datum circulum in punctis. g. ⁊. e. ad alterum quorum ducatur linea a puncto. d. vt. d. e. vel. d. g. eritq3 vtralibet earum equalis linee. a. b. eo ꝙ vtraq3 earū est equalis linee. d. f. per diffinitionem circuli: quare habemus ꝓpositū.

um sinal de como seria a vida sem governo, em "estado natural". Tal situação, ele sustentava, seria calamitosa. Na ausência de governo, todos suspeitariam de todos, destruindo qualquer possibilidade de cooperação produtiva.

Hobbes argumentava que todos seriam iguais, a ponto de que qualquer pessoa podia matar outra, de modo que ninguém estaria invulnerável ao ataque. Nessas circunstâncias, os indivíduos seriam compelidos a atacar-se não apenas na competição por escassos recursos, mas também em defesa própria.

Só a existência de um governo (ou, nas palavras de Hobbes, um soberano) que aprovasse e impusesse leis poderia trazer a paz. Sem um governo, não haveria civilização – nem agricultura, comércio, ciência ou arte. E disse uma frase que ficou famosa: a vida seria uma guerra de todos contra todos.

Muitas vezes se disse que, para Hobbes, os seres humanos eram naturalmente egoístas, e é verdade que ele baseia sua filosofia política na sua "ciência do homem", na qual afirma que os seres humanos buscam constantemente a "felicidade" – o poder de satisfazer seus infinitos desejos.

Entretanto, seria mais preciso afirmar que ele achava irracional confiar nos outros, a menos que se tivesse a garantia de não haver abuso dessa confiança.

Àqueles que questionavam essa desconfiança no estado natural, Hobbes pedia que considerassem as medidas que tomamos para garantir nossa segurança, mesmo quando vivemos sob governo civil. Vigiamos nossas portas, andamos armados, trancamos os cofres para impedir o acesso a eles até de nossa família.

Se é assim que agimos na presença de um governo, é difícil acreditar que seríamos menos desconfiados em sua ausência.

Fuga ao estado natural

Mas não estamos fadados, Hobbes argumentava, a permanecer no estado natural. A razão e o medo da morte vão levar as pessoas a formular leis – "convenientes artigos de paz" – que as guiem nessa guerra recíproca. Isso leva as pessoas em estado natural a abandonar o direito natural para atacar outros e se defender, com a condição de que todos abram mão desse direito. Por meio desse contrato, transferem seus direitos a uma autoridade (governo ou soberano), que recebe o poder de governar.

Thomas Hobbes 1588–1679

Famoso por sua visão aparentemente pessimista da natureza humana, Hobbes argumentou, no *Leviatã*, que a única maneira de evitar os horrores da "guerra de todos contra todos" seria a obediência inquestionável a um soberano absoluto.

A existência de um governo ou soberano, então, cria as condições nas quais podemos confiar uns nos outros e, em consequência, desfrutar os benefícios da cooperação.

Além disso, Hobbes acreditava que esse soberano devia ter poder absoluto para garantir a paz. Mas a defesa desse soberano absoluto não convenceu todo o mundo.

Para uma parte dos críticos, as pessoas podem ter mais medo de um tirano no poder do que de seus companheiros no estado natural. Para outros, o absolutismo é desnecessário, já que mesmo um soberano com poderes limitados, talvez por uma Constituição, poderia pôr fim à guerra de todos contra todos.

A resposta de Hobbes, pelo menos a essa segunda crítica, é simples e direta: a única maneira de limitar o poder do soberano é com um poder maior. A ideia de limitar o poder do soberano com uma Constituição não faz sentido. Quem imporia seu cumprimento? Se existir tal pessoa ou grupo, deveria ter poder maior. E o maior poder de todos deveria ser ilimitado.

De acordo com Hobbes, só temos uma escolha: absolutismo ou a guerra de todos contra todos.

> *No estado natural [...] a vida do homem [é] solitária, miserável, brutal e breve.*
>
> Thomas Hobbes, *Leviatã*

Democracia

Se existe algo que parece inquestionável na política contemporânea é que a democracia é uma boa solução. Mas as opiniões variam sobre a natureza da democracia e ainda se discute por que a democracia é tão valiosa para a sociedade.

A democracia é o procedimento de tomada de decisões pelo voto da maioria. Entretanto, as sociedades democráticas envolvem muito mais que o governo da maioria.

Imprensa livre, amplos direitos civis e processos de consulta pública são apenas algumas das instituições que se espera de uma sociedade democrática. Além disso, nas modernas democracias, poucas decisões são tomadas pelo voto direto da maioria. Na verdade, elegemos as pessoas que irão nos governar. Esse sistema, conhecido como democracia representativa, é diferente da democracia direta, na qual as pessoas de fato votam sobre determinadas questões e políticas. A democracia direta é muito rara na política contemporânea, embora alguns teóricos considerem que ela constitui a única forma autêntica de democracia.

Nem sempre a democracia desfrutou o alto conceito que hoje tem. Seu crítico mais influente talvez tenha sido Platão (*ver pp. 76-79*). É na *República* que ele melhor apresenta seus argumentos contra ela: governar é uma capacidade, e é melhor deixar o exercício das capacidades para os especialistas. Ora, na democracia é o povo que governa, e o povo não é especialista; portanto, a democracia é irracional.

Defesa da democracia

Em essência, há duas maneiras de responder a Platão. Primeiro, precisamos enfrentá-lo em seu próprio campo, argumentando que a democracia – pelo menos nas circunstâncias corretas – pode produzir decisões muito boas. Se escolhermos representantes para tomar as decisões políticas em vez de votar diretamente em determinadas políticas como acontecia na assembleia ateniense, talvez possamos obter resultados mais satisfatórios. Podemos também argumentar que a democracia não deve ser julgada pela qualidade de suas decisões, mas em outros termos – talvez com base na ligação que ela promove entre os indivíduos e as decisões da sociedade como um todo e na promoção do sentimento de pertencer a uma sociedade. Nessa segunda abordagem, o valor da democracia deriva de seu papel como autogoverno coletivo, que como tal engloba as ideias de igualdade, comunidade e livre-arbítrio.

Pode ser difícil demonstrar que as democracias são capazes de tomar boas decisões. Mesmo que nossa decisão seja apenas eleger representantes, como podemos estar seguros de que elegeremos as pessoas certas? Podemos encontrar uma resposta em um argumento inspirado em Rousseau (*ver pp. 188-189*) e formulada pelo matemático, filósofo e estadista francês Condorcet (1743-94). Mesmo que nenhum indivíduo seja um *expert*, o voto da maioria, em um grupo suficientemente grande,

Democracia ateniense

A democracia em que Platão e Sócrates viveram na Grécia era marcadamente diferente das democracias atuais. Primeiro, os direitos políticos só eram concedidos aos cidadãos homens – ou seja, homens livres nascidos em Atenas, o que excluía os escravos, aqueles de que ambos os pais não fossem cidadãos e, naturalmente, as mulheres. Em segundo lugar, os membros do governo não eram eleitos, mas sorteados, porque se acreditava que as eleições discriminavam antidemocraticamente os que não fossem populares. Finalmente, todos os cidadãos do sexo masculino podiam participar do debate público e das decisões da assembleia, e eram até estimulados a fazer isso sendo pagos pela frequência.

Platão temia que a capacidade de vencer por meio da oratória tivesse pouco a ver com a força do argumento apresentado, e que a retórica e o carisma superassem a razão e a sabedoria – talentos especiais dos filósofos. Na mesma linha, ele argumentava que um governo sábio não seria possível até que os reis se tornassem filósofos, ou os filósofos, reis.

virtualmente estará correto – desde que cada indivíduo tenha maior probabilidade de estar certo do que errado. É pois perfeitamente razoável confiar em um grupo, mesmo quando seja tolice confiar em qualquer pessoa dentro do grupo. Condorcet temia que um eleitorado ignorante se transformasse em excelente argumento contra a democracia.

Entretanto, podemos perceber que, nas condições corretas, com um eleitorado envolvido, ativo e informado, a democracia pode ser eficiente.

Mas, mesmo que se duvide da capacidade da democracia de tomar decisões esclarecidas, ainda assim ela tem muitas vantagens, como apontou Karl Popper (1902-94) em sua crítica a Platão, Hegel e Marx, *A Sociedade Aberta e Seus Inimigos* (1945). É um sistema que permite a deposição de governantes impopulares sem conflito aberto ou sangrento. A importância disso fala por si.

> “ *A democracia é a substituição de alguns corruptos por muitos incompetentes.* ”
>
> George Bernard Shaw, *Homem e Super-Homem*

Porém, podemos sempre confiar nas democracias? O que pode impedir a maioria de aprovar leis que oprimam a minoria? De fato, as democracias modernas contêm amplas proteções às minorias, quase sempre na forma de uma Constituição. Assim, a Constituição oferece uma justa limitação ao poder democrático: os indivíduos têm direitos, e nem mesmo o voto democrático, ou uma decisão dos representantes eleitos, é capaz de anular esses direitos.

Sob essa luz, a Constituição não é tanto uma limitação à democracia, mas parte intrínseca de seu funcionamento efetivo.

Um governo efetivamente democrático se apoia em parte em um sistema eleitoral justo. Pode ser difícil de estabelecer, principalmente em um Estado acostumado ao poder absoluto. A eleição de novembro de 1987 no Haiti, representada abaixo, foi a primeira depois de trinta anos de ditadura.

Rousseau

Jean-Jacques Rousseau nasceu na cidade-Estado de Genebra, na Suíça. Quando era ainda criança, perdeu a mãe e foi abandonado pelo pai. Foi criado pela família materna e se tornou aprendiz de um tio que era gravador. Quando estava com 16 anos, infeliz com a dura disciplina imposta pelos parentes, fugiu de casa e, depois de perambular pela França e pela Itália, se estabeleceu em Paris, na casa de Madame de Warens, onde desfrutou uma vida de estudos e prazeres durante alguns anos. Na juventude, tentou fazer fama e fortuna através da invenção de uma forma mais racional de notação musical. Não conseguiu, mas, depois que se mudou para Paris, fazia parte do círculo intelectual radical de d'Alembert e Diderot, tendo contribuído com artigos sobre música para a *Encyclopédie* (*ver p. 97*).

Rousseau finalmente fez fama ao receber o Prêmio da Academia de Dijon, em 1750, com o ensaio *Discurso sobre as Ciências e as Artes*. Contrariando o espírito da época, acreditava que o progresso das artes e das ciências havia feito mais para corromper a moralidade do que para purificá-la; sua obra seguinte, muito mais substancial, *Discurso sobre a Origem da Desigualdade* (1753), afirma que os filósofos que o antecederam erraram na compreensão do "estado natural do homem". Ao contrário de Hobbes, que postulava a existência de uma guerra de todos contra todos (*ver pp. 184-185*), Rousseau acreditava que a paixão natural humana geraria um estado de relativa tranquilidade. Acusa os filósofos de atribuírem ao "selvagem" – o ser humano fora da sociedade – as características do homem moderno, corrompido e amolecido pelo luxo e pela domesticação. Sem leis, o homem moderno fatalmente sucumbiria à guerra, mas essa não é uma explicação do homem em seu estado natural.

Para Rousseau, a vida do selvagem – intocada, vivendo por suas habilidades – era de nobre qualidade e tinha muito que a recomendasse.

Jean-Jacques Rousseau 1712–1778

Jean-Jacques Rousseau, pensador brilhante e perturbado, é famoso pela descrição do "bom selvagem" em sua obra sobre a teoria do contrato social. Ele aspirava à criação de uma sociedade na qual as pessoas pudessem desfrutar verdadeira liberdade política.

Liberdade forçada"

Rousseau é mais conhecido por seu último trabalho, *O Contrato Social* (1762), uma tentativa de descobrir uma forma de associação política na qual cada pessoa possa "unir-se a todos [mas] continuar obedecendo a si mesma, tão livre quanto antes". Essa tarefa aparentemente impossível poderia ser conquistada, ele argumentava, através do "contrato social" (*ver também pp. 182-183*), pelo qual as pessoas transferem seus direitos para a comunidade e também para si mesmas, como partes dessa comunidade, sob a direção de uma "vontade geral". A vontade geral, afirma Rousseau, é descoberta,

> *"Deus faz todas as coisas boas. O homem intervém e elas se tornam más."*
>
> Jean-Jacques Rousseau, *Emile*, livro I

mas não criada, pelo voto democrático dos cidadãos. Não fica claro como exatamente ele entende isso, e uma grande gama de interpretações foram tentadas. Alguns leram Rousseau como um democrata radical, outros como defensor de um Estado quase tirânico, uma leitura estimulada por seu comentário de que aqueles que se recusassem a seguir a vontade geral deviam ser "forçados a ser livres". No entanto, é claro que a preocupação de Rousseau era que os indivíduos desenvolvessem sua própria razão e seu senso de dever, em vez de viver em conformidade com um código imposto de fora.

A postura dos índios norte-americanos, como a deste chefe da tribo Nez Perce, fez deles um tema popular dos fotógrafos do século XIX, e, antes disso, dos pintores. Tal impressão de dignidade deve ter inspirado Rousseau a acreditar na existência de nobreza na vida em estado natural.

Só somos livres – autônomos – quando vivemos de acordo com as leis que criamos para nós. Na realidade, como Rousseau reconhece, isso significa viver como parte de um grupo que se autogoverna.

A forma ideal de associação política proposta por Rousseau parece uma idealização de Genebra, sua cidade-Estado natal.

Para ser verdadeiramente livre, essa sociedade precisava ter um tamanho limitado, ser composta de pessoas que já tivessem uma ligação e sem graves disparidades de riqueza. Ao contrário de outros pensadores, Rousseau não afirma que tal Estado, uma vez alcançado, poderia sobreviver para sempre, mas reconhece que estaria inevitavelmente sujeito à decadência. Entretanto, para ele, essa continuava sendo nossa mais alta aspiração.

Rousseau foi uma figura complexa, controversa e até mesmo contraditória, o que está evidente em seu pensamento sobre a educação dos filhos. Seu livro *Émile* (1762) é de certa forma um manual para pais de educação radical, no qual ele defende, por exemplo, que os pais devem educar seus filhos. No entanto, seus cinco filhos, nascidos de seu longo relacionamento com Thérèse le Vasseur, foram todos entregues a um orfanato.

Brigão ao extremo e enxergando conspiração contra si em toda parte, em seus últimos anos Rousseau escreveu as *Confissões* (publicado postumamente em 1781), narrativa de uma vida extraordinária e uma das primeiras autobiografias sinceras jamais escritas. Com surpreendente falta de visão e com seu costumeiro prazer pela controvérsia, Rousseau previu que ninguém mais tentaria escrever uma autobiografia honesta.

Rousseau e a Revolução Francesa

Rousseau e Voltaire (*ver p. 127*) são frequentemente citados como pensadores que inspiraram a Revolução Francesa. Embora Rousseau já tivesse morrido havia mais de uma década quando a revolução eclodiu, em 1789, é fácil perceber a ligação entre suas ideias e o lema dos revolucionários: "Liberdade, igualdade, fraternidade". Com certeza Rousseau teria tido grande simpatia pela ideia de fundar uma sociedade verdadeiramente livre, e os revolucionários Robespierre e os jacobinos não tinham dúvida de que eram seus seguidores. Mas, como sempre acontece com Rousseau, a questão é controversa. Ele acreditava, por exemplo, que uma sociedade livre devia incorporar uma religião civil, enquanto os revolucionários eram hostis à religião. Seu culto à razão deve mais a Voltaire que a Rousseau, que não acreditava que a razão, na forma das artes e das ciências, tivesse gerado progresso. Ao contrário, ele destacava a importância dos instintos naturais. Assim sendo, mesmo que as ideias de Rousseau tenham influenciado os revolucionários, parece pouco provável que tal influência tenha se baseado numa cuidadosa leitura de seus textos.

Liberdade

Nas sociedades democráticas liberais, a liberdade é considerada o valor mais alto. Entretanto, o que significa ser livre é uma questão que tem estado sujeita a muito debate: como distinguir entre ser *livre*, ser *capaz* e ter *permissão* de fazer alguma coisa?

O que é liberdade? Em outras palavras, o que faz alguém deixar de ser livre? Numa visão simplista, qualquer coisa que me impeça de fazer algo reduz minha liberdade. Entretanto, esse argumento parece implausível. Minha falta de vigor me impede de atravessar a nado o canal da Mancha. No entanto, parece estranho alegar que isso me tira a liberdade. Precisamos distinguir entre falta de capacidade e falta de liberdade.

Para alguns, só outras pessoas podem me tirar a liberdade. Mas todas as restrições à liberdade resultam de ações dos outros? Pode a timidez, por exemplo, me tirar a liberdade? Com certeza pode me impedir de fazer coisas que eu gostaria de fazer. Talvez o vício seja um exemplo mais eloquente? As pessoas dizem ser "escravas" do vício.

Isaiah Berlin (1909-97), filósofo letão e professor de Oxford, distinguiu entre liberdade negativa, que é ausência de restrições externas, e liberdade positiva, que exige autocontrole racional e domínio dos próprios desejos. Berlin advertia que a liberdade positiva é uma ideia perigosa, já que implica que outros podem ter uma melhor compreensão sobre nosso autocontrole e por isso poderiam nos coagir em nome da liberdade. Na visão de Berlin, a liberdade negativa oferece melhor proteção contra a tirania.

Politicamente, há um debate sobre a relação entre dinheiro e liberdade. Se não posso pagar um ingresso para a ópera, isso significa que não tenho liberdade de ir ou simplesmente que me falta capacidade, semelhante à falta de um talento?

Alguns argumentam que me falta liberdade, porque, se tentar ir à ópera sem pagar, provavelmente serei impedido. Outros encaram a liberdade como uma questão de permissão. Tenho permissão para ir à ópera – não existe lei contra isso, e não sou banido pela gerência –, mas no momento sou impossibilitado de aproveitar essa permissão. Por esse ponto de vista, minha liber-

Versos Satânicos

Em 1988, logo depois da publicação do romance *Versos Satânicos*, do escritor anglo-indiano Salman Rushdie, os muçulmanos britânicos começaram a protestar contra o conteúdo do livro, que consideravam ofensivo à lei islâmica. O livro foi proibido na Índia, no Paquistão e na África do Sul. Os protestos muçulmanos, que incluíram rebeliões e queima de livros, culminaram com um decreto (*fatwa*) do líder religioso do Irã, o aiatolá Khomeini, proclamando o livro uma obra blasfema e oferecendo uma recompensa pela morte de Rushdie, que logo se refugiou sob a proteção da polícia.

O episódio provocou ferozes discussões sobre a liberdade de expressão e as responsabilidades do escritor. Alguns argumentaram que Rushdie fora deliberadamente provocativo e que o livro era tão ofensivo aos muçulmanos que não deveria ter sido publicado. Dizia-se que, se a natureza e a integridade de uma séria tentativa de arte causa ofensa, isso é aceitável, mas qualquer coisa destinada a provocar não pode ser tolerada. Houve quem sustentasse que tudo o que se fala e se escreve deve estar livre de censura, enquanto outros achavam que ofender aqueles que professam sincera crença religiosa nunca é aceitável, sejam quais forem os motivos.

Mesmo que fosse desejável, seria difícil impor uma lei que previsse tribunais para policiar as motivações do autor e decidir se ele estaria deliberadamente querendo chocar ou se um eventual choque seria consequência de uma tentativa séria de fazer arte. Diante dessa dificuldade, restar-nos-ia a opção de permitir ou proibir todos os textos blasfemos (a não ser que queiramos proteger uma determinada religião). Uma sociedade liberal merecedora desse nome não pode ter dificuldade de decidir essa questão.

dade de ir à ópera continua intacta. O dinheiro afeta a impossibilidade, não a liberdade. A importância desse debate é que um lado vai dizer que, se quisermos igualar a liberdade, precisamos igualar a riqueza, enquanto o outro lado vai dizer que isso significa confundir dois assuntos muito diferentes.

> “*Liberdade para os peixes grandes é morte para os pequenos.*”
>
> R. H. Tawney, *Equality*

Talvez esse debate realmente mostre que operamos com mais de um conceito de liberdade: um relativo à possibilidade real, outro relacionado à permissividade.

Liberdade de consciência e de expressão

Historicamente, a liberdade de culto, de crença e de expressão está entre as liberdades mais prezadas, e o estabelecimento dessas liberdades é em grande parte conquista dos movimentos em favor da tolerância à diversidade. Inicialmente, ter tolerância significava não perseguir a fé religiosa das minorias; em outras palavras, garantir a liberdade de consciência.

Mais recentemente, a ideia de tolerância se ampliou para abranger diferentes modos de vida, o que significa, por exemplo, aceitar que as pessoas são livres para viver relacionamentos homossexuais abertamente, se assim desejarem.

Apesar disso, a ideia de tolerância está sujeita a críticas. Tolerar alguma coisa pode pressupor uma atitude negativa subjacente: alguém “suporta” algo que desaprova. Por causa disso, as minorias religiosas ou culturais, os que adotam estilos de vida incomuns ou sustentam opiniões impopulares podem dizer que não querem apenas ser tolerados, mas aceitos. A tolerância não seria suficiente – mesmo que signifique um enorme avanço em relação à intolerância.

Desde os primeiros povoadores, muita gente fugiu para os Estados Unidos para escapar a perseguições. Símbolo dessa libertação do medo é a Estátua da Liberdade, que deu as boas-vindas a milhões de imigrantes.

Tradição

Até que ponto é importante manter as tradições das sociedades? Os defensores da tradição afirmam que as tradições contêm a sabedoria acumulada pelas gerações anteriores. Os críticos retrucam que as tradições só reproduzem os preconceitos de tempos menos esclarecidos.

O conservadorismo é às vezes retratado como uma aversão instintiva a qualquer mudança, mas sua filosofia subjacente é bem mais sofisticada. A visão conservadora, estabelecida pelo parlamentar anglo-irlandês Edmund Burke (1729-97), acredita que levamos muito tempo para estabelecer nossas tradições e instituições, mas podemos destruí-las facilmente sem chance de recuperação. Consequentemente, o ônus da prova, que pode ser um fardo muito pesado, sempre recai sobre os que desejam fazer uma mudança significativa.

Nossas tradições, afirmam os conservadores, contêm a sabedoria e os valores de séculos. A tragédia é que quase sempre não lhes damos o devido valor, e só as reconhecemos quando elas não existem mais e é tarde demais para voltar atrás. Além disso, qualquer mudança terá consequências imprevisíveis e nem sempre desejáveis.

No século XX, o debate sobre a importância da tradição foi provocado pelo cientista político Michael Oakeshott (1901-90), um opositor do que chamamos de "racionalismo". Oakeshott argumentava que a política fora dominada por uma obsessão pela "técnica" para resolver as crises. Ele voltou a enfatizar a importância do conhecimento prático, da experiência e do discernimento, que nem sempre podem se resumir a um conjunto de princípios.

> *"Sociedade é [...] uma parceria não apenas entre os vivos, mas entre os que estão vivos, os que morreram e os que ainda vão nascer.*"
>
> Edmund Burke, *Reflections on the Revolution in France*

A caça como esporte

A caça faz parte da tradição de muitas sociedades. A ideia de caçar (e pescar) por diversão – e não para se alimentar ou por necessidade de controlar epidemias – repugna muita gente.

Não haveria justificativa para matar criaturas inocentes apenas pela emoção. Os defensores da caça podem contestar que seu esporte é uma valiosa prática social, que preserva importantes tradições, como o sentimento de pertencer a uma comunidade, a ligação com o passado e padrões de excelência na criação de animais.

Esses benefícios, afirmam os defensores da caçada, são muito mais importantes que a vida dos animais mortos. Entretanto, os oponentes podem argumentar que "o sentimento de pertencer a uma comunidade" que a caçada perpetua se baseia em hierarquias sociais e hábitos de respeito ultrapassados.

Qualquer opinião sobre a permissividade moral da caçada está ligada, portanto, à importância moral das tradições humanas.

Ele relaciona a ação política a uma habilidade tradicional, adquirida por meio do aprendizado. A política não pode ser vista como uma forma de engenharia social que precisa da aplicação de princípios teóricos ou do desenvolvimento de novos métodos.

Os críticos argumentam que, embora a tradição possa conter a sabedoria de séculos, provavelmente abriga seus preconceitos, e John Stuart Mill (*ver pp. 139-140*), por exemplo, protestou contra a tirania do costume. Oakeshott admitia que a tradição deve permitir a diferença e a mudança. Ambos os pensadores acreditavam que não devemos ser escravos da tradição, mas, se a rejeitarmos totalmente, poderemos criar um mundo que nos desagrade ainda mais.

Direitos

A natureza do "direito" tem intrigado os filósofos políticos há séculos. Nossos direitos dependem integralmente do sistema legal sob o qual vivemos ou existem certos direitos "naturais" ou "humanos", que são comuns a todos e transcendem a lei da nação?

A ideia de um direito legal parece justa. Sabemos que existem leis que visam a nos proteger, por exemplo, de assaltos e fraudes. Entretanto, não é só nesse sentido que usamos a ideia de direito. A lei pode não reconhecer um direito que alguns exigem, como por exemplo o direito de um casal homossexual adotar uma criança. Nesses casos, alega-se a existência de um direito moral que, até agora, não está previsto em lei. Saber quais são nossos direitos, portanto, não depende simplesmente de analisar a legislação pertinente.

Não é fácil entender a noção de direitos morais, às vezes chamados "direitos naturais" ou, mais comumente hoje, "direitos humanos". Na verdade, ela tem sido considerada incoerente. Jeremy Bentham (*ver p. 197*), comentando a "Declaração dos Direitos do Homem e do Cidadão" (1789), que estabeleceu, na França revolucionária, "os direitos naturais, imprescritíveis [inalienáveis] e sagrados do homem", afirmou que falar de "direitos naturais é completo absurdo; e de direitos naturais e imprescritíveis, absurdo retórico – um absurdo sobre muletas". Bentham argumentava que os únicos direitos que fazem sentido são os concedidos por lei, de modo que um direito natural – por definição um direito não concedido por lei – é uma contradição.

Bentham estabelece um dilema importante, apesar de que poucos no Ocidente hoje seriam capazes de rejeitar a ideia de direitos naturais. Se tenho o direito de não ser morto, então deve existir um direito correspondente de não matar. Às vezes o direito pode recair sobre uma determinada pessoa, como é comum com direitos e deveres criados por contratos e promessas, mas o direito de uma pessoa pode significar deveres para todos os demais. Nessa linha, muitos teóricos se preocuparam diante da proliferação de alegações de direitos na segunda metade do século XX, porque essa

A Declaração dos Direitos do Homem e do Cidadão da Assembleia Nacional francesa estabeleceu os ideais democráticos das massas.

"inflação de direitos" ameaçava desvalorizá-los. Em 1948, muitos filósofos objetaram à inclusão do direito de férias pagas na Declaração Universal dos Direitos Humanos da ONU (*ver quadro, p. 194*), porque nem sempre é evidente a quem cabem os deveres correspondentes. Não está claro que empregadores, ou o governo, sempre tenham que arcar com esse dever, especialmente nos países pobres. Talvez ninguém tenha o dever. Mas o que, então, acontece com o direito?

Essa queixa contra a inflação de direitos está intimamente relacionada a um debate entre os que, como o libertário Robert Nozick (1938-

Declaração Universal dos Direitos Humanos

Em 1945, representantes de 50 países se reuniram para formular a Carta das Nações Unidas.

Os horrores da recente guerra mundial levaram os delegados a dar especial atenção aos direitos humanos, o que acabou resultando, em 1948, em uma visionária Declaração Universal dos Direitos Humanos, que incorporava direitos sociais e econômicos ao lado dos direitos políticos. A ideia central é que todos os seres humanos têm direito a ser tratados com dignidade e respeito, independentemente de sexo, raça, religião, identidade nacional ou ética. Embora concebida mais como uma declaração de intenções do que como um tratado imposto a todas as nações, a Declaração tem sido adotada, pelo menos em princípio, pela maioria dos países. Violações, apesar de serem ainda comuns, são consideradas moralmente indesculpáveis, e uma forte pressão internacional costuma ser exercida sobre países "infratores", na tentativa de fazê-los voltar à linha.

2002), acreditam que os únicos direitos humanos genuínos são os "direitos negativos", e os que, como os seguidores de John Rawls (*ver p. 203*), acreditam na existência de "direitos positivos" (direitos à assistência).

Por exemplo, como acontece com todos os direitos, meu direito à vida gera deveres para os outros. Mas que deveres exatamente? Com certeza, o dever de não interferência – o dever de não me matar. Mas, se minha vida estiver ameaçada por falta de alimento ou doença grave, meu direito à vida gera nos outros o dever de assistência, que os obrigaria a me alimentar e me oferecer tratamento médico? Naturalmente, algumas pessoas têm deveres especiais desse tipo, como pais e médicos, mas esse dever recai sobre todos?

Qualquer tentativa de resolver essa questão exige uma análise profunda do conceito de direito, em particular uma investigação dos motivos por que temos direitos. Segundo a análise do teórico de Oxford Joseph Raz, os direitos visam a proteger nossas necessidades vitais. Essa é uma teoria conhecida como teoria da "necessidade" ou do "benefício". Dessa perspectiva, é fácil justificar certos direitos negativos.

Temos direitos contra a prisão arbitrária, por exemplo, porque nossa vida necessita de segurança, que estaria ameaçada se estivéssemos sujeitos à detenção ao bel-prazer do governo ou de seus agentes. Assim, para que nossa necessidade de ter uma oportunidade justa de viver a vida que queremos esteja protegida, precisamos de certos direitos negativos de não interferência e até de alguns direitos positivos de assistência. Por exemplo, de acordo com essa teoria, deveria existir um direito positivo ao atendimento médico de emergência.

Uma importante objeção à teoria do benefício é que ela parece incapaz de explicar por que temos direitos que não protegem nossas necessidades vitais. O direito ao suicídio, por exemplo, parece injustificável por essa teoria.

A principal rival da teoria do benefício é a teoria da escolha, defendida, entre outros, pelo filósofo político Hillel Steiner. Ela parte da alegação de que existem muitas questões em que minha escolha, e apenas ela, vai determinar o que pode acontecer. Inicialmente, isso parece muito plausível, e com certeza resolve o problema do "direito ao suicídio".

Entretanto, tem o aparente defeito de que os incapazes de fazer escolhas, como as crianças pequenas ou os adultos em um persistente estado vegetativo, não têm direitos. Embora alguns teóricos dos direitos aceitem essa circunstância como consequência natural de sua visão, outros a consideram um motivo suficiente para rejeitar a teoria da escolha. Afinal, estritamente falando, pretendemos mesmo dizer que um bebê não tem direitos?

Evidentemente, as duas teorias têm vantagens e desvantagens. Uma nova geração de teóricos tenta chegar a uma visão híbrida que combine as qualidades das duas teorias e evite seus defeitos. Um desses defeitos, por exemplo, seria que, embora os direitos existam para proteger nossas necessidades vitais, uma dessas necessidades é nossa liberdade de escolha.

Nessa perspectiva, pode-se argumentar que aqueles que escolhem causar dano a si mesmos podem ter o direito de fazer isso.

Leis

A maioria de nós aceita sem questionar que o governo tem o direito e o dever de aprovar leis para regulamentar e coordenar nosso comportamento. Mas o que é precisamente uma lei? O que torna uma lei boa ou má, e o que devemos fazer quando uma lei nos desagrada?

Sem lei, dizia John Locke (*ver pp. 82-83*), até mesmo o melhor dos motivos não nos impediria de entrar em graves disputas. Porque, mesmo que todos desejem agir bem, podemos ter ideias diferentes sobre o que isso significa. Com a lei – mesmo que não concordemos com ela em todos os seus detalhes –, ao menos sabemos como conduzir nossa vida, o que podemos ou não fazer e o que pode nos acontecer se ultrapassarmos os limites.

Thomas Hobbes (*ver pp. 184-185*) definiu lei simplesmente como uma ordem do soberano. Essa visão simplista mostra quanto Hobbes discordava de Tomás de Aquino (*ver p. 112*), para quem uma lei injusta não era lei, e que acreditava que certas restrições morais podem funcionar como leis. O que torna uma lei boa ou má é outra questão, já que envolve saber o que fazer quando decidimos que uma lei é má.

As leis podem ser ruins porque são ineficientes. Mas elas também podem ser moralmente ruins: talvez injustas ou excessivamente restritivas.

Então as leis deveriam apenas tentar codificar a moralidade convencional da sociedade? Esta é a visão conservadora. Naturalmente, a moralidade nunca é estática, mas, de acordo com essa visão, a lei é uma declaração da crença da sociedade de que certo comportamento não deve ser permitido por ser moralmente errado. É o contrário da visão liberal, que argumenta que a lei não deve levar em conta a posição moral. Ao contrário, deve criar uma estrutura em que as pessoas possam viver de acordo com o que julgam importante, sem sofrer a imposição de uma visão convencional.

> “*Leis e instituições precisam ser adaptadas não aos homens bons, mas aos maus.*”
>
> John Stuart Mill, *The Subjection of Women*

Naturalmente, mesmo do ponto de vista liberal, a lei deve proibir ações e atividades que causem ou

Em Londres, um homem desafia a lei fumando um cigarro de maconha durante uma manifestação pela legalização da *cannabis*. Para os teóricos liberais, uma atividade que só cause dano ao usuário devia ser legalizada. Ao mesmo tempo, não fumantes estão cada vez mais conscientes dos perigos do "fumo passivo", liderando as restrições ao fumo, uma atividade que já foi permitida sem restrições em muitas partes do mundo.

Desobediência civil

Em sua famosa "Carta da Prisão de Birmingham" (1963), o reverendo Martin Luther King (1929-68) citou a frase de Tomás de Aquino – " uma lei injusta não é lei" – para explicar sua disposição de desobedecer à lei em sua campanha pelos direitos civis da minoria negra. As leis que impõem segregação degradam tanto os negros quanto os brancos, afirmou King, e portanto não têm autoridade moral. Tais leis podem ser desobedecidas como modo de apelar à consciência da comunidade. A desobediência civil sem violência é uma forma de protesto que, embora protestando contra uma lei, tem a intenção de respeitar as leis em geral, já que a desobediência é franca e as punições são livremente aceitas. Nas mãos de King, ela se revelou um instrumento muito eficiente, embora ele não tenha vivido para ver o fim da luta que liderou.

Martin Luther King não foi o primeiro a usar essa forma de protesto. Profundamente chocado com a discriminação que ele e seus concidadãos indianos sofriam na África do Sul, o advogado Mohandas K. ("Mahatma") Gandhi (1869-1948) instigou uma campanha semelhante no início do século XX.

Depois que voltou para a sua Índia natal, em 1920 tornou-se líder dos nacionalistas, iniciando um movimento de massa de desobediência civil sem violência contra o governo inglês. A independência foi conquistada em 1947, embora Gandhi não tenha previsto a divisão do país entre Índia e Paquistão e a violência desencadeada entre hindus e muçulmanos. Fez incessantes esforços para conciliar os dois lados, até que foi assassinado por um fanático hindu em 1948.

possam causar danos. Mas essa é a única justificativa para a atividade legislativa: evitar que as pessoas causem danos a outras.

Essa justificativa liberal para a função legislativa depende, naturalmente, de como entendemos a noção de "dano". Se consideramos qualquer afronta às crenças de outrem como dano, a teoria liberal cairia em incoerência, porque há épocas em que não se pode agir sem ofender as crenças morais de outras pessoas.

Portanto, uma definição mais neutra de dano é necessária: talvez dano físico ou dano aos interesses materiais e financeiros sejam pontos de partida justos.

Entretanto, estamos acostumados a viver sob leis que não podem ser justificadas apenas com base nesse fundamento liberal de que evitam o dano físico ou financeiro a outros. Temos leis destinadas a proteger as pessoas de si mesmas, como por exemplo a proibição de ingerir certas drogas. Isso é conhecido como paternalismo: a lei atua como um pai agiria com seus filhos.

Também temos leis que parecem levar em conta uma opinião moral, por exemplo as que proíbem o incesto. Isso é conhecido como moralismo legal. Mas como os liberais justificam a proibição das drogas se os usuários só causam danos a si mesmos? Da mesma forma, por que o incesto entre adultos consentintes deve ser proibido? E, se não há nada de errado com a prostituição (como devia ser na visão liberal), por que viver dos ganhos dela é ilegal?

De um ponto de vista plenamente liberal, tais leis não se justificam. Para resolver essa aparente anomalia, será necessário provar que a ingestão de drogas, o incesto e a prostituição de fato causam dano àqueles que não estão diretamente envolvidos (por exemplo, o dano social causado pelo crime organizado envolvido no tráfico de drogas) ou aceitar que as leis contra essas práticas devem ser revistas e reformadas.

Bentham

Nascido numa família de juristas, Jeremy Bentham estava destinado a uma carreira no direito, mas o pai o convenceu de que tinha mais talento para a crítica do que para a prática jurídica, e foi a isso que ele dedicou a vida.

A obra mais conhecida de Bentham, a *Introdução aos Princípios da Moral e da Legislação*, começa com a afirmação controversa – embora parecesse óbvia a Bentham – de que "a natureza nos deu dois mestres: o prazer e a dor". Isso deu a Bentham tanto sua teoria sobre a psicologia humana – de que os seres humanos buscam o prazer e fogem da dor – quanto sua teoria da moralidade, de que devemos maximizar o prazer em detrimento da dor. O utilitarismo, portanto, nos pede para tomar um curso de ação que promova o máximo de prazer. Isso, por sua vez, requer calcular, ou pelo menos estimar, como uma pessoa que seja afetada por nossa decisão seria afetada por uma ação alternativa, e incluir o prazer ou a dor no cálculo para chegar a uma soma total.

Finalmente, devemos seguir o curso de ação que produzir a maior quantidade de felicidade. Essa simples ideia domina todo o pensamento social de Bentham, especialmente no campo da justiça, da punição e da reforma social.

O utilitarismo tem sido criticado na questão da distribuição de felicidade, porque a maior quantidade de felicidade pode ser alcançada por uma política que tem terríveis consequências para uma pequena minoria. Em princípio, poderíamos, por exemplo, maximizar a felicidade punindo um inocente ou fazendo de alguém um escravo. Bentham responderia que as consequências de tal ação seriam sempre piores a longo prazo: por exemplo, se suspeitássemos viver numa sociedade que às vezes pune inocentes, podíamos ficar ansiosos e infelizes. Mesmo que não se considere essa uma resposta convincente, a intenção de Bentham era apresentar uma teoria radical e profundamente humana, que enfatiza que nada é bom ou mau a menos que seja bom ou mau para os seres humanos ou outras criaturas sensíveis.

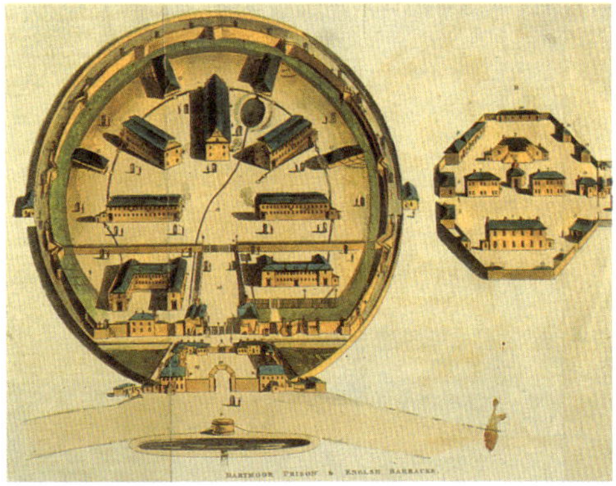

No Panopticon de Bentham, os prisioneiros podem ser mantidos sob observação de um número limitado de vigias.

O fato de determinada ação contribuir para a glória de Deus não é para Bentham uma razão nem pró nem contra ela. O utilitarismo é um fundamento mais racional que religioso para a moralidade.

A influência de Bentham continua a se fazer sentir hoje em muitas administrações públicas. Por exemplo, a prática de calcular o custo-benefício de várias opções políticas tem origem em seu trabalho. Sua teoria da punição, que visa a encontrar o equilíbrio entre compaixão e custo-eficiência, também tem grande peso. Bentham chegou a criar um projeto de uma prisão para exemplificar suas ideias. Conhecido como Panopticon, termo grego que significa "que tudo vê", o projeto permitia a máxima vigilância dos prisioneiros com um mínimo de vigias.

Jeremy Bentham 1748–1832

Bentham produziu obras sobre moralidade, política, economia e direito, mas é mais conhecido como fundador da doutrina que propõe que é dever dos indivíduos e do governo viabilizar a maior felicidade possível.

“Fundamentar a justificativa de punição numa ameaça é comparável ao ato de um homem que levanta uma vara para um cão. É tratar o homem como cão, em vez de lhe dar a liberdade e o respeito devidos a ele como homem.”

Georg Hegel, *Princípios da Filosofia do Direito*

Crime e castigo

A maioria das pessoas aceita que toda sociedade precisa ter leis e algumas formas de sanção para os que as violarem. Mas desobedecer uma lei é sempre crime sujeito à punição? E o que justifica a punição?

O conceito de crime caminha lado a lado com o de lei: cometer um crime é violar uma lei. Entretanto, agir de uma maneira contrária à letra da lei nem sempre é crime. Para haver responsabilidade criminal – que sujeita à punição –, é preciso não apenas um "ato culpado", mas normalmente uma "mente culpada" também.

Uma pessoa vai escapar à responsabilidade penal, e portanto à punição, se for possível provar que o ato foi cometido sem intenção ou que lhe faltava capacidade de raciocínio suficiente para entender o que estava fazendo.

Para ser penalmente responsável, não é necessário a pessoa saber que está violando a lei – a ignorância da lei não é desculpa –, mas ela tem que ser considerada capaz de saber o que estava fazendo, que ato estava praticando. Por essa razão, as crianças, os jovens abaixo de certa idade e os insanos normalmente escapam à responsabilidade penal. Portanto, a noção de responsabilidade penal pressupõe a noção de responsabilidade moral. Se alguém não é moralmente responsável, quase sempre também não é criminalmente responsável.

> *"... E se alguém ferir o seu próximo, o mesmo sofrimento se lhe retornará: fratura por fratura, olho por olho, dente por dente; conforme tiver feito a outro, assim se lhe fará."*
>
> Levítico 24, 19-21

Em circunstâncias excepcionais, os adultos normais também podem escapar à responsabilidade moral e legal. Em casos de coerção, por exemplo, a pessoa pode ser dominada pelo medo, talvez de tortura, a ponto de perder a capacidade de raciocínio, o que vai resultar em falta de responsabilidade pelos atos subsequentes.

Além dos casos de coerção, a provocação que leva à perda de autocontrole também pode funcionar como defesa parcial, embora raramente como defesa total.

Justificativa do crime

Mesmo aqueles de posse de total controle racional de suas faculdades mentais podem evitar a responsabilidade penal em certas circunstâncias. Às vezes pode parecer necessário violar a lei de modo a cumprir um dever urgente.

Por exemplo, posso desobedecer a um sinal fechado se estiver conduzindo uma vítima de ataque cardíaco ao hospital. Em outros casos, é impossível para um indivíduo evitar a violação da lei, mesmo sabendo o que está fazendo. Leis de alguns países contra a vadiagem proíbem as pessoas de dormir na rua mesmo que elas não tenham para onde ir. Uma lei desse tipo pode parecer injusta e diferentes tribunais tomam decisões distintas em relação à defesa da "necessidade".

Naturalmente, também existem casos em que as pessoas têm a opção de obedecer à lei, mas, se o fizessem, sofreriam desastrosas consequências e a solução mais razoável talvez seja violar a lei. Consideremos uma mãe que rouba para alimentar os filhos. Tendemos a achar que isso é uma violação da lei moralmente justificada: é ilegal, mas desculpável. Ainda assim, provavelmente vai gerar alguma punição, mesmo que simbólica ou tolerante.

Justificativa da punição

É senso comum que o crime deve ser punido, mas qual a justificativa para a punição? Os filósofos têm três principais abordagens a essa questão. Duas delas, centradas nas ideias de detenção e reforma, antecipam as consequências da punição e perguntam que bem ela pode fazer. A terceira olha para trás: um crime foi cometido e uma punição precisa ser imposta. É a teoria retributiva da punição.

A função do aprisionamento, evidentemente, é impedir a pessoa de cometer atos criminosos. Às vezes, apenas a formulação da pena já produz esse efeito, mas quase sempre a lei não impede o crime, e os criminosos precisam ser apanhados e punidos. O exemplo, espera-se, deterá outros no futuro.

Uma dificuldade na teoria de aprisionamento é saber parar. Ou seja, é razoável presumir que uma pena muito pesada seja a mais eficiente. Cortar a mão de um ladrão provavelmente reduziria o índice de crimes.

No entanto, muitas pessoas, criminosas e inocentes, acham essa punição desproporcional e portanto injusta. Dessa forma, a difícil questão para os defensores da teoria da detenção é: como equilibrar a detenção de atos criminosos com um tratamento justo a quem os comete?

Na Inglaterra do século XVIII, as tentativas de reduzir a criminalidade levaram à pena de morte para mais de duzentos crimes, entre eles o roubo de ovelhas e "a apropriação indevida de um rio navegável". O resultado foi que os jurados geralmente absolviam os criminosos em vez de mandá-los enforcar. Isso criou uma situação em que muitos crimes eram punidos desproporcionalmente ou não recebiam punição alguma.

A preocupação com o criminoso encontrou expressão na teoria da reforma, que se baseava na ideia humanista de que devemos ajudar os criminosos a corrigir seu comportamento antissocial. Portanto, essa teoria dirige-se aos criminosos, e não ao público em geral ou às vítimas do crime. Uma grande dificuldade nesse caso é encontrar meios eficientes de recuperação.

Embora a multa ou a prisão possam ter o efeito desejado de deter o crime, não existe garantia disso e, infelizmente, o efeito oposto – um desprezo pela lei – tem muita probabilidade de acontecer.

Ainda que sejam frequentes as tentativas de relacionar determinadas formas de punição à redução da reincidência, não há claras evidências de que qualquer forma de punição tenha esse efeito, uma vez que muitos outros fatores também podem contribuir para o comportamento individual.

> *Privar o criminoso da vida da qual ele provou não ser merecedor [...] é a maneira mais adequada e, certamente, mais marcante de a sociedade ligar a um crime tão grave as consequências penais que, para a segurança da vida, é indispensável anexar a ele.*
>
> John Stuart Mill, "[1868] Discurso em favor da pena capital"

A teoria da reforma também sofre objeções por se preocupar excessivamente com o problema do criminoso à custa da sociedade em geral e da vítima em particular, esquecendo que a função de um sistema de punição é exatamente esta: punir.

Essa questão está no cerne da teoria da retribuição, segundo a qual a função da punição é restaurar o equilíbrio moral. Para que a justiça seja feita, os que agem mal precisam sofrer.

Essa visão tem sido rejeitada pelos pensadores liberais porque parece uma reação primitiva, vingativa e emocional ao crime. Entretanto, não se pode negar que as vítimas de crime quase sempre têm exatamente essa reação e podem se sentir duplamente ofendidas se a justiça, nesse sentido, não for feita de modo a causar algum sofrimento ao criminoso.

Na prática, nossa atitude em relação à punição inclui elementos das três teorias. O dilema que nos aflige é saber se devemos "superar" qualquer sentimento de vingança e tentar melhorar as coisas para o futuro, ou aceitar que sofremos de um tipo de superficialidade moral se ignorarmos o princípio básico de que os indivíduos que cometem crime merecem punição por seus atos.

De fato, o filósofo alemão Hegel (*ver p. 30*) chegou a afirmar que o criminoso tem o direito de ser punido, e, em um argumento surpreendente, que conceber a punição mostra nosso respeito pela vontade e pela humanidade do criminoso.

Pena de morte

A pena capital, ou pena de morte, atualmente é aprovada por lei na maioria dos estados dos EUA, no Japão, na China e em cerca de oitenta outros países. Mas foi abolida na maioria dos países da Europa e das Américas Central e do Sul. Em quase todos os países onde é legal, a pena de morte só é aplicada em caso de homicídio, mas a prática difere de um país para outro, e ela pode ser aplicada também a outros crimes, como o tráfico de drogas.

Existe justificativa para a pena de morte? O assunto sempre desperta fortes sentimentos. A defesa da pena de morte se apoia em argumentos baseados nos princípios da retribuição e da detenção. Evidentemente, a reforma não se aplica ao caso. Tanto os argumentos da retribuição quanto os da detenção têm sido contestados. Embora na retribuição exista uma perfeita simetria, não é um princípio que aplicamos a outras formas de punição – os culpados de causar dano à propriedade alheia, por exemplo, não estão sujeitos à destruição de sua propriedade.

O argumento da detenção se apoia no pressuposto de que a morte é a detenção extrema. Em resposta, costuma-se argumentar que não há evidências de que as jurisdições onde existe pena de morte sejam mais eficientes na eliminação dos crimes de morte. A razão disso talvez seja que muitos criminosos acreditam que vão escapar à prisão. Se for esse o caso, a punição raramente vai deter a atividade criminosa.

Entretanto, embora os argumentos comuns a favor da pena de morte sejam insatisfatórios, isso não prova que, em princípio, exista algo errado com esse tipo de punição. Toda punição provoca algum sofrimento no condenado. Por que a pena de morte deve receber atenção especial? Alguns dirão que temos que respeitar a sacralidade da vida. Entretanto, fora do campo da religião, é difícil encontrar sentido nessa alegação.

Talvez o argumento mais forte contra a pena de morte seja simplesmente sua finalidade. Os erros não são corrigidos. John Stuart Mill (*ver p. 139*) admitiu isso, mas, embora celebrado por suas ideias liberais, falou em defesa da pena capital quando era membro do Parlamento inglês. Em uma época em que a alternativa à pena de morte era a prisão perpétua com trabalhos forçados, Mill alegava que a morte provoca um temor maior, e portanto é mais eficiente para deter o crime que os trabalhos forçados, mas, paradoxalmente, causa um dano menor.

Mill achava que, irracionalmente neste caso, tememos o dano menor. Ele concordava que a pena de morte só devia ser aplicada em casos de absoluta certeza. Mas seus críticos apontaram, com justiça – fato com que Mill concordou em outro momento –, que esse é um padrão que não se pode satisfazer na prática, e que nos julgamentos por homicídio, nos quais as paixões e emoções são fortes, é mais fácil cometer erros.

Justiça social

A justiça é quase sempre entendida em termos legais. Entretanto, a justiça social é uma questão moral, e não jurídica. De forma simples, significa dar a cada pessoa aquilo a que ela tem direito. Saber como esse direito deve ser avaliado permanece no centro do debate filosófico.

A justiça legal é uma questão da aplicação correta das leis e da aplicação de princípios de justiça. Justiça social ou econômica, porém, são mais difíceis de definir. A definição mais simples é "dar a cada pessoa o que lhe é devido". Mas isso requer a determinação do que lhe é devido, e isso está longe de ser simples.

> *"A crença que prevalece na 'justiça social' é hoje provavelmente a mais grave ameaça à maioria de outros valores de uma civilização livre."*
>
> Frederick von Hayek, *The Mirage of Social Justice*

A justiça também pode ser definida como "tratar de maneira semelhante casos similares". Segundo esse princípio, é injusto tratar as pessoas de maneira diferente, a menos que se comprove que existam diferenças relevantes entre elas.

Assim, por exemplo, geralmente se considera justo dar um emprego a uma pessoa mais talentosa, mas não se a única diferença entre elas for o sexo. Entretanto, as diferenças nem sempre são tão claras quando essa.

A natureza obscura da justiça social levou alguns pensadores, como Frederick von Hayek (1899-1992), a negar a existência de tal coisa. Entretanto, várias definições são propostas. De acordo com uma delas, justiça social requer levar em conta todos os que são afetados por uma decisão e tentar chegar a uma solução que ofereça a melhor conciliação de todos os interesses.

Esse tipo de justiça, portanto, baseia-se na ideia de ver as coisas do ponto de vista do outro e chama-se "justiça como imparcialidade".

Segundo outra visão, justiça social é uma questão da distribuição justa dos ônus e benefícios da cooperação social. Essa concepção parte da premissa de que, se os seres humanos cooperarem, poderão produzir mais do que se cada pessoa viver e trabalhar isolada.

Esse resultado adicional é considerado um "excedente", e a justiça requer uma divisão justa tanto desse excesso quanto dos esforços necessários para produzi-lo. A ideia de que aqueles que trabalham devem receber a justa recompensa do seu esforço é central nessa teoria, conhecida como "justiça da vantagem mútua".

Mas e os que são incapazes de trabalhar e não podem contribuir para a criação do excedente? Podem reivindicar a assistência dos outros? Do ponto de vista da justiça como imparcialidade, precisamos apenas perguntar: "Na posição deles, sentiríamos que precisamos da ajuda de outros?"

Diante da provável resposta afirmativa, parece claro que a reivindicação é justificada. Entretanto, da posição da justiça como vantagem mútua, aqueles que não contribuem não têm esse direito, já que não participam do sistema de cooperação. Assim sendo, de acordo com essa teoria, embora possamos ajudar os que não têm condições de se ajudar por meio da caridade, não temos o dever de fazer isso.

Da teoria da justiça como imparcialidade parece possível concluir que nascer com pouco talento ou com uma deficiência que impeça o trabalho é injusto por si só.

Entretanto, alguns discordam disso, argumentando que a natureza nunca é justa ou injusta; esses são termos que só se aplicam a pessoas e às consequências de seus atos – não é a diferença de talento que é injusta, mas a maneira como reagimos a ela. Qualquer injustiça deriva da disposição social que recompensa talentos diferentes com diferentes perspectivas de vida.

Rawls

A obra-prima de Ralws, *Uma Teoria da Justiça* (1971, revisada em 1999), estabelece os princípios que, ele acredita, devem governar a sociedade. Primeiro, toda pessoa deve ter direito a um conjunto de liberdades fundamentais compatível com um sistema similar de liberdades para todos ("princípio da liberdade"). Em segundo lugar, todos devem ter a chance não só do exercício de seus talentos, mas de adquirir esses talentos ("princípio das oportunidades justas"). Em terceiro lugar, Rawls argumenta que, para haver justiça, precisamos agir de acordo com o que ele chama de "princípio da diferença": o maior benefício para os menos favorecidos.

John Rawls 1921–2002

O filósofo de Harvard John Rawls talvez tenha sido o maior pensador político do século XX. Sua teoria de justiça social foi desenvolvida a partir da modificação da teoria do contrato social: dela Rawls derivou os princípios que combinam ideias de liberdade, igualdade e eficiência econômica.

O princípio da liberdade não afirma que devemos ser livres para fazer o que quisermos, sem preocupação com os efeitos de nossos atos sobre os outros, mas que cada pessoa deve ter liberdades e direitos civis amplos e iguais, como a liberdade de expressão. Rawls esclarece sua posição argumentando que, se os princípios se chocam, o princípio da liberdade deve ser satisfeito primeiro, depois o princípio das oportunidades justas e finalmente o princípio das diferenças. Nossas liberdades só podem ser legitimamente restritas em uma única situação: em épocas de grave escassez. Caso contrário, a liberdade é mais importante que a vantagem econômica.

Mesmo que se pense que a justiça requer uma divisão equitativa de recursos, em uma situação isso provavelmente é ineficiente. Um sistema que incentive as pessoas a trabalhar duro pode criar um estoque de recursos muito maior do que um sistema de total equidade. De fato, o excedente criado pode ser redistribuído para melhorar a vida de todos. Em certas circunstâncias, portanto, mesmo os menos favorecidos podem se beneficiar da desigualdade. Por isso Rawls deriva seu simples, mas muito debatido, princípio de que a sociedade só é justa se os menos favorecidos estiverem melhor do que estariam em qualquer outra condição.

> “ *Os direitos assegurados pela justiça não estão sujeitos a barganha política ou ao cálculo dos interesses sociais.* ”
>
> John Rawls, *Uma Teoria da Justiça*

A originalidade de Rawls reside não apenas em seus princípios de justiça, mas também em seu método para concebê-los. Ele propôs um experimento em que um conjunto de pessoas, cada uma representando um grupo social diferente, se reúne para tentar chegar a um acordo sobre os princípios que devem regular sua sociedade. Isso ele chama de "posição original". Entretanto, é improvável que tal grupo chegue a um acordo, devido à diversidade de valores e interesses individuais. Consequentemente, cada um devia ignorar sexo, raça, talentos, valores etc. dos outros. Por trás desse "véu de ignorância", as pessoas não saberiam como os princípios as afetariam. Elas sabem que todo mundo quer o que Rawls chama de "bens primários": liberdade, oportunidade, renda, prosperidade e "as bases sociais da autoestima". Esses bens, argumenta Rawls, nos ajudarão quaisquer que sejam nossos objetivos na vida. A ignorância, nessas circunstâncias, gera imparcialidade, e assim as pessoas que estão na "posição original" fazem escolhas no interesse de todos. Rawls afirma que é essa imparcialidade que vai levar as pessoas a escolher seus princípios de justiça, porque elas são designadas para defender a opinião de todos, recusando o sacrifício de qualquer grupo na sociedade pelo bem de qualquer outro.

Igualdade

Hoje, a maioria dos países tem um compromisso explícito e compulsório de tratar igualmente todos os seus cidadãos. Mas a ideia de igualdade se apresenta em muitas e diferentes formas. A igualdade política e a igualdade econômica podem ser coisas muito diferentes.

Se a igualdade entre seres humanos é uma aspiração alcançável ou mesmo desejável depende em grande medida da maneira como a entendemos. Alguns acreditam que, para que duas pessoas sejam iguais, têm que possuir um conjunto idêntico de atributos. Como isso não é possível mesmo entre indivíduos muito próximos, eles argumentam, é absurdo pensar que seres humanos nasceram iguais.

Entretanto, os críticos desse ponto de vista sustentam que a reivindicação ao direito de ser tratado como igual não se baseia na igualdade fatual, ou seja, igualdade de atributos. Consequentemente, demonstrar a existência de desigualdades fatuais não tem o poder de minar a defesa da igualdade moral e política.

Talvez a noção de igualdade mais clara seja a igualdade perante a lei. Segundo esse princípio, a lei se aplica igualmente a todos, quaisquer que sejam sua condição social, sexo, raça, riqueza, nascimento ou outros privilégios. Embora na teoria esse princípio seja aceito como natural, sua aplicação na prática é um caso muito diferente.

Estudos sociojurídicos indicam que os membros de alguns grupos têm maior probabilidade de serem levados a julgamento quando presos e julga-

Este quadro de John Trumbull mostra a assinatura da Declaração de Independência dos Estados Unidos em 1776. Talvez o artigo mais influente da declaração seja que "todos os homens nascem iguais" – não em termos de capacidades, mas em termos de direitos.

dos culpados de crimes. Entretanto, por mais imperfeita que seja a igualdade na prática, pouca gente defende a ideia da desigualdade perante a lei.

Estreitamente ligada à igualdade perante a lei é a igualdade política: direitos iguais de votar, se candidatar a cargo e assim por diante. Mais uma vez, existe consenso de que todos os cidadãos têm esses direitos, mas o que faz alguém cidadão já é uma questão mais difícil.

A residência num país basta ou podem existir residentes não cidadãos – talvez "trabalhadores hóspedes" –, que desfrutam um conjunto mais limitado de direitos políticos? Mesmo entre cidadãos pode existir discriminação: por exemplo, a Constituição dos EUA afirma que só cidadãos "nascidos no país" podem concorrer à presidência. Entretanto, a ideia de direitos políticos iguais para todos os cidadãos é amplamente aceita.

Mais controversa é a ideia de igualdade de oportunidades. Colocada da forma mais simples, significa não discriminação, particularmente no emprego. No Reino Unido, por exemplo, até 1975 eram comuns anúncios de emprego com dois níveis salariais, o menor para mulheres. Evidentemente, isso viola qualquer ideal de igualdade de oportunidades.

Entretanto, nem todos os casos são tão claros. Se um emprego requer força física, homens e mulheres devem se submeter ao mesmo teste de qualificação? Ou serão necessários testes diferentes, que levem em conta o fato de que as mulheres não são tão fortes quanto os homens? A resposta pode depender do contexto: por exemplo, se um certo nível de força física é indispensável para a segurança ou para o desempenho competente de uma tarefa, seria irresponsabilidade aplicar o mesmo teste.

A ideia de igualdade de oportunidades se baseia, em essência, na meritocracia, segundo a qual um emprego, ou uma vaga na universidade, deve caber à pessoa mais qualificada, independentemente de sexo, etnia ou escolaridade.

Entretanto, ignora o fato de que a capacidade de adquirir qualificação varia consideravelmente, em especial em função do ambiente familiar, que oferece graus muito diferentes de apoio emocional e financeiro.

Então, a verdadeira igualdade de oportunidades requer educação e treinamento mais eficientes, capazes de oferecer a mesma oportunidade de adquirir qualificação? E, se a família for uma barreira à igualdade de oportunidades, deveríamos considerar a abolição da família? Poucos chegariam tão longe, mas essa parece ser uma consequência possível de uma procura irrestrita da igualdade.

Igualdade econômica

Talvez tão controversa seja a ideia de igualdade econômica, que se apresenta sob diversas formas. Uma é a teoria segundo a qual todos deveriam receber recursos iguais: basicamente, igual renda e igual riqueza. Outra teoria, encontrada no marxismo, afirma que as pessoas deveriam ter oportunidades iguais de satisfazer suas necessidades. Uma terceira, um tanto diferente, propõe que todos deveriam ter igual chance de conquistar felicidade, ou uma vida satisfatória, e que a economia deveria ser estruturada para alcançar esse objetivo.

A igualdade econômica, portanto, é uma questão de usar a economia para alcançar um ideal de igualdade. A estrita igualdade de bens econômicos (igual distribuição de dinheiro e outras riquezas) é apenas uma versão dessa teoria.

Existe uma disputa filosófica para determinar qual teoria satisfaz a ideia de igualdade econômica. Entretanto, alguns filósofos argumentam que a aspiração à ampla igualdade econômica não requer igualdade de nada em particular. Ao contrário, a economia deveria aspirar a evitar a pobreza e uma estrutura segura, na qual as pessoas pudessem determinar os contornos de sua vida com base em suas escolhas. E, de fato, nas sociedades ocidentais, a eliminação da pobreza tem sido mais o objetivo da política econômica do que a conquista de alguma forma de igualdade econômica. Mas continua sendo tema de debate saber se isso reflete um realismo moralmente justificado da parte dos governos ou uma covarde deferência a privilégios arraigados.

> “*De cada um segundo sua capacidade, a cada um segundo suas necessidades.*”
>
> Karl Marx,
> *Crítica do Programa de Gotha*

Propriedade

O direito à propriedade individual é essencialmente o direito de uso exclusivo. Negar esse direito é defender sistemas de propriedade coletiva, como o comunismo. Por isso a justificativa do direito à propriedade é de fundamental significado moral e político.

A propriedade privada não é um amontoado de direitos que ligam uma pessoa a uma coisa. Entre esses estão o direito de posse, de desfrutar, de excluir outros, de vender, de alugar e, talvez, ainda outros direitos, que podem ser separados. Os servos feudais, por exemplo, tinham o direito de ocupar e cultivar sua terra, mas não de vendê-la. Mas a questão filosófica central é saber como alguém chegou a deter esses direitos. Todos os objetos materiais e toda a terra que hoje estão em mãos particulares um dia não eram propriedade de ninguém ou derivaram de algo que não era propriedade de ninguém. A propriedade requer uma apropriação inicial: tem que existir um primeiro dono. Quando um objeto não pertence a ninguém, qualquer pessoa pode exercer certos direitos sobre ele: caminhar sobre ele, tocá-lo e assim por diante. No entanto, uma vez que ele se torna propriedade de alguém, ninguém mais pode realizar esses atos sem a permissão do novo proprietário. O ato de apropriação, portanto, não apenas gera novos direitos, mas cancela direitos existentes. Como isso acontece? Alguns dizem que isso não pode acontecer, e por isso defendem o sistema comunista de propriedade.

> *“Os frutos da terra são de todos e a terra não pertence a ninguém.”*
>
> Jean-Jacques Rousseau, *Discurso sobre a Desigualdade*

John Locke (*ver pp. 82-83*) formulou uma defesa filosófica da propriedade individual que até hoje continua na vanguarda do debate. Ele escreveu sua obra quando ao monarca era teoricamente atribuído o direito de cobrar impostos ou destituir seus súditos de suas propriedades a seu bel-prazer, legado da teoria feudal da propriedade. Locke argumentou que aqueles que trabalham têm um direito natural aos frutos do seu trabalho. Estendendo esse raciocínio à propriedade da terra, ele alegava que cada pessoa é proprietária de si mesma e do seu trabalho. Assim como tem o direito ao que possui, a pessoa tem o direito a tudo

Hegel: propriedade como expressão pessoal

Muitas defesas da propriedade se baseiam, em última análise, na necessidade. Locke argumentava que, para sobreviver, precisamos fazer dos frutos do nosso trabalho nossa propriedade privada. Porque, para sobreviver, precisamos consumir e portanto destruir objetos, e que direito teríamos de fazer isso se não os possuíssemos?

O filósofo idealista alemão G. W. F. Hegel (*ver p. 30*), porém, enxergava as coisas de maneira muito diferente. A propriedade, ele argumentava, é uma forma de expressão pessoal. Trata-se da exteriorização da vontade em um objeto que não tem vontade. Apropriar-se de um objeto é dar-lhe um propósito; ele se torna uma extensão do eu do proprietário.

Isso explica por que você passa a possuir o que fez ou modificou: você sente que se colocou naquilo. Não o seu trabalho, como afirmou Locke, mas sua vontade. Você modificou aquela coisa de acordo com seus propósitos, e por isso parece adequado que ela se torne sua, e não de outra pessoa ou de ninguém.

Existe ainda algo atraente no argumento de que a propriedade pode ser uma forma de expressão, mas uma pergunta permanece: será que esse argumento pode ser estendido para justificar o direito de propriedade na forma como o conhecemos, que inclui o direito de vender, herdar e dispor dos bens? Alguém que compra uma propriedade também expressa sua vontade através dessa propriedade? Talvez, mas certamente não da mesma forma que o proprietário original.

Antigamente conhecida como Ayers Rock, a rocha Uluru, no norte da Austrália, recebeu oficialmente um nome indígena em 1985, quando o governo australiano reconheceu o direito de propriedade das populações aborígines.

o que esteja inextricavelmente ligado às suas posses, já que anteriormente essa coisa não era propriedade de ninguém. Ao trabalhar a terra, Locke afirma, a pessoa mistura o próprio trabalho com a terra e portanto passa a possuí-la. E acrescenta duas outras condições para que essa apropriação seja legítima. Primeiro, aquilo que passa a pertencer a alguém não pode ser desperdiçado e, segundo, a pessoa deve deixar "o suficiente para os outros". Por mais plausível que o argumento de Locke possa ser, sua principal falha é que ele não explica por que o trabalho não é uma forma de perder esforço e sim uma forma de ganhar aquilo em que se trabalha. Geralmente, porém, embora seja comum acreditar que as pessoas têm direito aos frutos do seu trabalho, é difícil transformar isso numa justificativa moral da propriedade privada, em particular dos direitos permanentes que podem ser herdados – o tipo de direito de propriedade que conhecemos hoje.

Mas e se negarmos os direitos individuais de propriedade? Estaríamos alinhados com algum tipo de comunismo. No entanto, a experiência do comunismo, pelo menos em sua forma marxista-leninista, tem sido deplorável. É lugar-comum afirmar que o comunismo não funcionou. Essa observação então acaba se tornando um argumento em favor da alternativa ao comunismo: o sistema da propriedade privada.

Esse argumento justifica a propriedade em termos de seus efeitos benéficos. A ideia de que a propriedade se justifica porque é uma convenção humana benéfica, e não uma questão de direito natural, foi defendida por David Hume (*ver pp. 24-25*). Os seguidores contemporâneos de Hume argumentam que a propriedade privada, aliada ao livre mercado (talvez modificado para permitir aos governos fornecer serviços públicos, como estradas e serviços de emergência, e um limitado apoio aos pobres), faz mais pelo bem-estar humano do que qualquer sistema alternativo como a propriedade coletiva da utopia comunista. Como era de esperar, o argumento enfatiza os incentivos oferecidos pelos direitos de propriedade e a possibilidade de lucro. De acordo com esse ponto de vista, torna-se menos importante saber como exatamente essa apropriação se dá. A questão vital é colocar a terra e outras propriedades em mãos particulares, de modo que elas possam ser usadas com eficiência. Trata-se, é claro, de uma reivindicação empírica das vantagens da propriedade privada, e pode ser que esse argumento também justifique a reserva de áreas de propriedade comum. É também necessário garantir aos governos um papel significativo na determinação do que o direito de propriedade acarreta. Assim sendo, embora esse argumento não garanta direitos absolutos de propriedade, oferece a base para direitos individuais, tanto da propriedade da terra quanto dos bens (*ver também o quadro na página ao lado*).

Ricos e pobres

Um dos mais impressionantes aspectos do mundo moderno é a coexistência de extremos de riqueza e pobreza. De acordo com a ONU, os bens das três pessoas mais ricas do mundo são maiores que o PIB de 600 milhões de pessoas dos países mais pobres.

Tornou-se lugar-comum afirmar que existem disparidades quase inimagináveis entre as pessoas ricas dos países mais ricos e as pobres dos países pobres. Por razões óbvias, muito mais atenção tem sido dada a definir pobreza do que a definir riqueza, mas nenhuma das duas coisas é tarefa fácil.

Uma maneira comum de definir pobreza é estabelecer uma "linha de pobreza", determinada como um certo nível de renda: qualquer indivíduo ou família que tenha uma renda abaixo dessa linha é considerada pobre. Mas como essa linha é traçada? Às vezes ela é estabelecida em termos relativos, por exemplo, na metade da renda média de uma sociedade. Uma crítica a esse cálculo é que as pessoas podem cair abaixo da linha de pobreza mesmo quando sua renda está crescendo. Basta que ela cresça menos rapidamente do que a média dessa sociedade. Por essa razão, alguns teóricos preferem uma medida absoluta. Mas nenhum nível de renda pode representar uma linha de pobreza absoluta, porque o que alguém pode comprar depende dos preços locais e de outros fatores, que variam de uma sociedade para outra. Por exemplo, o fato de alguém gas-

A cidade indiana de Mumbai (antiga Bombaim) apresenta um extremo contraste entre ricos e pobres. Embora a cidade conte com algumas das mais valiosas propriedades do mundo, mais de metade dos seus habitantes vive em favelas ou, literalmente, nas ruas.

Assistência à pobreza e dependência

O argumento de que a sociedade tem o dever de dar assistência aos que não têm condições de se cuidar é amplamente aceito. Ao mesmo tempo, muitas pessoas, implícita ou explicitamente, fazem uma distinção entre "pobres merecedores" – que não têm culpa de não poder trabalhar – e "pobres não merecedores" – que, acredita-se, decidem não trabalhar. Os últimos, alega-se, não merecem ajuda. As sociedades observam essa distinção mais ou menos estritamente, mas todas enfrentam a dificuldade de equilibrar a preocupação com as necessidades dos pobres com o custo de atender a todos os que requisitam ajuda. Às vezes isso pode parecer um dilema insuperável: alega-se que a ajuda generosa aos pobres estimula uma cultura de dependência, que faz as pessoas se apoiarem no Estado em vez de confiar nos seus esforços. Por outro lado, argumenta-se que o desemprego voluntário é causado não pelo interesse no seguro-desemprego, mas pelos baixos salários e pelas más condições dos empregos disponíveis. Segundo esse ponto de vista, poucos são os que se sentem felizes de depender dos outros, e a maioria preferiria ter condições de sustentar a família com seu trabalho. A verdade provavelmente é que nenhum argumento isolado explique todo o desemprego voluntário. Todas as sociedades enfrentam o dilema de, por um lado, não estimular a dependência dos benefícios da previdência e, por outro, tratar aqueles que os recebem de uma maneira digna.

tar sua renda na compra de um carro pode depender da eficiência do transporte público. Outra vez, o que um considera necessário para uma vida respeitável varia muito de uma sociedade para outra.

Assim sendo, medições da pobreza absoluta devem se concentrar no que uma pessoa pode fazer com sua renda. Uma explicação simplista define pobreza como a capacidade de compra de uma "cesta de produtos", que incluiria um lugar adequado para morar, uma dieta nutritiva etc. Medições mais sofisticadas concentram-se no que a pessoa pode conquistar, e não apenas comprar. O economista e filósofo Amatrya Sen, ganhador do Prêmio Nobel, propôs a ideia de uma "capacidade básica de funcionamento". Uma ideia semelhante foi recentemente adotada pela ONU em seu relatório anual de qualidade de vida nos países, que usa o indicador chamado Índice de Desenvolvimento Humano (IDH) e dedica mais atenção à expectativa de vida, à alfabetização adulta e a certas condições econômicas (como o acesso a serviços de saúde, água de boa qualidade e nutrição infantil), em vez de se concentrar em algum nível de renda, absoluto ou relativo. Isso oferece uma explicação muito mais realista do que significa deixar de atingir um patamar de requisitos básicos.

> "*O poder da população é infinitamente maior do que o poder da terra de prover a subsistência do homem.*"
>
> Thomas Malthus, *Ensaio sobre os Princípios da População*

Parece fora de discussão que grande parte da pobreza do mundo poderia ser eliminada por meio de uma transferência relativamente modesta de recursos dos países mais ricos para os mais pobres.

Milhões de vidas poderiam ser salvas e centenas de milhões poderiam melhorar, com pouco efeito sobre o padrão de vida dos ricos. Como afirmou o filósofo contemporâneo Peter Singer, parece haver uma irresistível justificativa moral para essa transferência. No entanto, é curioso que mesmo os que aceitam essa ideia, sejam cidadãos comuns ou políticos, façam tão pouco para colocá-la em prática. Se deixássemos de aliviar o sofrimento dos que estão próximos de nós a um custo mínimo, isso seria visto como uma monstruosidade. No entanto, à medida que a distância aumenta, passamos a cobrar cada vez menos de nós. Talvez o sofrimento distante seja menos vívido ou exista uma dúvida de que nosso esforço seja efetivo quando não podemos intervir pessoalmente. Talvez exista também um pensamento, expresso com propriedade pelo economista inglês Thomas Malthus (1766-1834), de que, enquanto a população continuar a crescer, o que é quase certo que acontecerá, a miséria em larga escala será inevitável. Entretanto, nossa inação é um problema e pode muito bem se tornar uma das maiores falhas morais da presente era.

Marx

Karl Marx 1818–1883

A influência de Marx na história do século XX é incomensurável. Houve um tempo em que quase metade da população do mundo vivia sob sistemas de governo que alegavam ser baseados em suas ideias.

Marx nasceu na cidade alemã de Trier e inicialmente estudou direito, voltando-se para a filosofia para escrever uma tese de doutorado comparando Demócrito e Epicuro. Cada vez mais envolvido nas controvérsias filosóficas e políticas de sua época, Marx foi grandemente influenciado por um grupo de jovens pensadores radicais conhecidos como Jovens Hegelianos. Marx definiu sua posição em parte em reação à obra do próprio Hegel (*ver p. 30*) e do jovem hegeliano Ludwig Feuerbach (1804-72), que havia tentado uma mudança materialista do idealismo de Hegel. Devido a seu envolvimento na política, Marx não conseguiu garantir um cargo acadêmico e voltou-se para o jornalismo. Entretanto, seus textos continuaram radicais demais para as autoridades: os jornais para os quais ele escrevia foram fechados, e Marx, exilado. Vivendo em Paris no início dos anos 1840, escreveu textos notáveis, que revelaram seu lado filosófico. Voltou à Alemanha em 1848 – ano em que ele e Friedrich Engels publicaram o *Manifesto Comunista* (*ver quadro ao lado*) –, para tomar parte nas tentativas revolucionárias que irromperam naquele ano na região. Exilado novamente depois do fracasso, Marx mudou-se para Londres. Desse momento em diante, concentrou-se na análise econômica do capitalismo – forma de economia em que a produção visa o lucro – e em sua teoria do materialismo histórico, que afirma que a história é movida por interesses econômicos. Juntos, esses estudos deram origem à previsão de que o capitalismo acabaria fracassando e, por meio da ação revolucionária, seria substituído pelo comunismo.

Enquanto Marx lutava para sustentar a família em Londres, Engels vivia e trabalhava em Manchester, onde se tornou suficientemente próspero para enviar dinheiro a Marx para aliviar sua pobreza. A vida de Marx se dividia entre sua devoção aos estudos econômicos e políticos e a necessidade de prover a subsistência da família, enquanto, ao mesmo tempo, se engajava em exaustivos debates com outros ativistas e teóricos socialistas. A obra-prima de Marx, *O Capital*, volume I, foi publicada em 1867; os volumes 2 e 3 só foram publicados postumamente, em 1885 e 1894, tendo sido editados pelo idoso Engels (que também estava ocupado com seus próprios escritos) a partir de um volumoso material deixado por Marx (*ver quadro*). Em *O Capital*, Marx argumenta que o trabalho é a fonte de todo valor e que o lucro capitalista resulta da exploração do trabalhador por meio da "extração da mais-valia" – valor criado pelo trabalhador além do necessário para lhe pagar um salário de subsistência.

> “*Os filósofos apenas interpretaram o mundo; trata-se de transformá-lo.*”
>
> Karl Marx, *Teses sobre Feuerbach*

As primeiras obras filosóficas de Marx concentram-se no

conceito de alienação, que para ele não é um estado de mente subjetivo, mas um fato objetivo. De acordo com Marx, enquanto o capitalismo durasse, a maioria das pessoas seria incapaz de viver uma vida digna. Essa seria uma maneira pela qual a vida humana se aliena da "essência" humana, nossa natureza individual ou social. Pode-se entender melhor o conceito de alienação no contexto da discussão de Marx sobre religião, que ele chamou de "o ópio do povo". Feuerbach argumentou que Deus não criara o homem à sua imagem e semelhança. Ao contrário, os homens é que inventaram um deus na forma humana, e só por isso é que os humanos se parecem com Deus. Imaginamos nossas melhores características (nosso poder, nosso conhecimento, nossa benevolência), elevamos essas características a um nível infinito e as atribuímos a um ser inexistente. Segundo esse ponto de vista, em vez de desfrutar as características humanas que constituem nossa essência, veneramos essa essência na forma de um deus distante e inexistente. Isso, então, é alienação religiosa, uma barreira a uma vida verdadeiramente humana.

Marx aceitou essa análise, mas afirmou que Feuerbach não examinara em profundidade as razões por que os seres humanos agem dessa maneira. Feuerbach apresenta a alienação religiosa essencialmente como um erro intelectual. Para Marx, devia existir uma causa mais profunda, que ele vai encontrar em nossa vida econômica. Os seres humanos, ele afirma, são essencialmente criaturas produtivas, capazes de formas criativas e elaboradas de produção, em uma imensa rede de mútua confiança.

Portanto, somos também seres comunitários. Entretanto, sob o capitalismo, a maioria de nós produz de uma maneira forçada e injusta, que não envolve nossa criatividade. Pior ainda, somos afastados uns dos outros e só nos relacionamos através do intercâmbio econômico. Daí não podermos desfrutar nossa essência na Terra, o que explica por que nos voltamos para um céu ficcional.

Na visão de Marx, apenas sob o comunismo – com a produção e a propriedade coletivas – poderíamos recapturar a essência humana e viver uma vida digna de seres humanos. Isso envolveria o pleno uso das capacidades produtivas de cada um e ver os outros seres humanos como membros e companheiros de uma comunidade humana com necessidades válidas, e não apenas como potenciais fontes de lucro.

Marx deixa claro, porém, que o comunismo não pode ser conquistado apenas pela força da razão ou da argumentação. Primeiro, o comunismo pressupõe um nível de produção e riqueza material que não pode existir exceto como sucessor do capitalismo. Assim sendo, a missão histórica do capitalismo é elevar o nível de produtividade a ponto de tornar o comunismo possível. Segundo, a classe dominante capitalista tem forte interesse de manter o capitalismo e resistir a qualquer tentativa de mudar a natureza da vida econômica. Portanto, o capitalismo só daria lugar ao comunismo em consequência de uma revolução do proletariado – auxiliado por teóricos e intelectuais revolucionários como o próprio Marx e seus seguidores.

Marx e Engels

Nos anos 1840, Marx e Friedrich Engels (1820-95) iniciaram uma colaboração que duraria até a morte de Marx, em 1883, e produziu a autoria conjunta do famoso *Manifesto Comunista* (1848). Marx era reconhecidamente a força motriz intelectual, mas Engels também era um grande pensador e escritor, além de um apoio moral e financeiro para Marx. Engels editou a obra de Marx depois de sua morte, e ainda há controvérsia sobre sua fidelidade às intenções de Marx e sobre a possibilidade de ele ter distorcido sua mensagem.

Fica claro pelos escritos de Engels, por exemplo, que ele acreditava que seria bastante simples implantar uma economia comunista com um planejamento central. Isso influenciou grandemente o desenvolvimento dos Estados "marxistas", como a União Soviética. No entanto, Marx foi muito mais prudente sobre a precisa natureza do comunismo, argumentando que, do ponto de vista da era capitalista, era impossível dizer alguma coisa detalhadamente sobre a futura organização econômica do comunismo. Engels preencheu o vazio teórico com seus pronunciamentos um tanto mais dogmáticos.

Entretanto, sem o apoio de Engels e seu esforço para preservar o legado de Marx depois de sua morte, poucas pessoas teriam tomado conhecimento da obra de Marx, e a história do século XX teria sido muito diferente.

Globalização

Existe hoje um debate acirrado sobre globalização. Para alguns, trata-se de uma força positiva, que traz liberdade e oportunidades às populações dos países subdesenvolvidos. Para outros, é simplesmente uma maneira de as nações mais ricas lucrarem à custa das mais pobres.

As teorias sobre a globalização são uma reação ao fato inegável de que ocorreram marcantes mudanças econômicas e sociais ao redor do globo, em consequência da melhora das comunicações e do maior trânsito de pessoas, bens e capitais além das fronteiras tradicionais.

Alguns saúdam as oportunidades que a globalização traz, enquanto outros a veem como uma ameaça aos meios de vida estabelecidos, à prosperidade econômica e mesmo à independência política das nações mais pobres.

Os que veem a globalização sob um ângulo negativo apontam uma tendência à dominação global dos pobres pelos ricos. Um fator que contribui para essa tendência é a homogeneização. À medida que as comunicações melhoram e os bens sãos distribuídos mais amplamente, os países ficam cada vez mais parecidos no que diz respeito à cultura material, ou, mais precisamente, como enfatizou o filósofo francês Jean Baudrillard, tendem a adotar a cultura material dos Estados Unidos, com as mesmas lojas, os mesmos programas de tevê e, cada vez mais, os mesmos valores comerciais.

O surgimento das multinacionais

Essa erosão do local e das características nacionais também é consequência de mudanças econômicas mais fundamentais: o crescente domínio global de um número relativamente pequeno de grandes empresas multinacionais, que possuem os recursos para se estabelecer em quase qualquer economia local do mundo. As pequenas empresas nacionais acham difícil ou impossível competir com as gigantes multinacionais, que logo dominam o mercado e

Ajuda através do livre-comércio?

Por que existem países ricos e países pobres? É tentador pensar que isso deve ter relação com a posse dos recursos naturais ou com os efeitos danosos da colonização. No entanto, existem países ricos sem recursos naturais e antigas colônias com uma economia dinâmica e capaz de gerar riqueza. Na falta de uma causa simples, os desenvolvimentos históricos resultaram em um padrão de comércio global que faz os ricos prosperarem e os pobres continuarem pobres. Quando os países mais ricos implantam uma base produtiva de manufaturas e serviços, exportam produtos manufaturados aos países mais pobres. Estes, porém, quase nunca podem competir em tais mercados e precisam continuar a depender de sua precária produção primária, fruto de trabalho de baixa qualificação e sob duras condições. Não se pode afirmar que essas condições de comércio sejam em si injustas, mas elas certamente são desiguais em seus efeitos.

A questão do livre-comércio global entre economias fortes e prósperas e economias pobres raramente é apenas uma questão econômica; as considerações de justiça também são importantes. Alguns alegam que os países mais ricos perpetuam deliberadamente seus interesses e sua vantagem impondo condições desiguais de comércio e insistindo em tarifas destinadas a proteger as indústrias nacionais contra a competição de nações em desenvolvimento, que poderiam – em um mercado verdadeiramente livre – produzir bens mais baratos devido aos custos mais baixos da mão de obra.

Nas atuais condições, os lucros dos países mais ricos são reciclados pelos governos para os países em desenvolvimento na forma de ajuda, que nada faz para resolver um padrão subjacente de comércio que impede não apenas o desenvolvimento econômico das nações mais pobres, mas erode sua independência. Embora seja possível que um verdadeiro livre-comércio global possa ajudar os países pobres, um sistema de tarifas de importação e de subsídios locais nada transparente mostra que, no momento, tal alegação continua sem comprovação.

As multinacionais aproveitam rapidamente as oportunidades: este mural na Polônia seria impensável sob o comunismo.

levam seus lucros para os acionistas, que estão predominantemente na América do Norte, na Europa ocidental e no Japão. Os críticos da globalização acham que esse processo reforça e acelera as diferenças de renda. Mas talvez o mais preocupante é que as grandes multinacionais podem se tornar os interesses dominantes nos países economicamente mais fracos nos quais elas operam. À medida que a economia local se torna mais dependente de grandes corporações, a situação fica mais difícil, porque, embora sua presença cause problemas, sua ausência seria economicamente devastadora.

Em casos extremos, um país pequeno e relativamente pobre poderia se tornar refém das multinacionais. Estas, por sua vez, se sentiriam tentadas a relaxar na segurança local e nas normas ambientais e usar sua influência política e financeira para estender suas operações além das remessas legais. Isso levanta questões vitais sobre a autonomia política local e a justa divisão dos benefícios e ônus do empreendimento.

Os que veem a globalização sob um ângulo mais positivo tendem a subestimar essas mudanças, argumentando que as multinacionais são capazes de influenciar, por exemplo, a política de direitos humanos nos países onde operam e também são melhores empregadores do que as empresas locais, oferecendo salários maiores e férias mais prolongadas. Os defensores da globalização enfatizam os benefícios da integração política e econômica e o livre trânsito de pessoas, capitais e bens. Isso gera mais opções de escolha e melhora as perspectivas de vida para todos. Entretanto, os críticos da globalização veem nisso uma defesa em causa própria, destinada a justificar o enriquecimento de uma pequena minoria à custa da população das nações menos desenvolvidas.

Restringir o livre-comércio e o livre trânsito de capitais e investimentos como medida de proteção das indústrias locais contra a competição poderia ser uma solução para os problemas evidentes da globalização. Porém, não é uma resposta justa. Esse protecionismo com certeza seria uma vantagem para as indústrias locais e seus empregados no mundo menos desenvolvido. Mas, por outro lado, essas populações são consumidoras além de produtoras. E restringir o livre-comércio global iria limitar seu acesso a uma ampla gama de produtos que poderiam ter menor preço ou maior qualidade, ou ambas as coisas. Pode-se argumentar que é injusto impor tais restrições sobre populações em desenvolvimento. Curiosamente, dos dois lados do debate há os que se manifestam em favor do bem-estar das economias mais pobres. Na superfície, pelo menos, a disputa só parece se preocupar em definir o melhor meio de fortalecer essas economias.

> “*O comércio é a grande panaceia que [...] vai inocular o gosto saudável e saboroso da civilização em todas as nações do mundo.*”
>
> Richard Cobden, *England, Ireland, America*

Guerra

A guerra tem causado alguns dos maiores sofrimentos da história da humanidade. Apesar disso, muitos filósofos argumentam que existem épocas em que uma nação pode justificar moralmente a decisão de ir à guerra – ou não pode justificar o fato de não ir à guerra.

Quando é certo ir à guerra? Quais os limites na persecução da vitória? Das muitas questões morais sobre a guerra, essas são as mais discutidas pelos filósofos. Num esforço para responder a essas perguntas, Agostinho (*ver pp. 116-117*) e Tomás de Aquino (*ver p. 112*) desenvolveram o conceito de "guerra justa", quando existe uma "justa causa" para a guerra.

Um exemplo óbvio de justa causa é o direito de defesa, que pode envolver não apenas o esforço para repelir os invasores, mas também um ataque ao território das forças invasoras.

Além disso, se um país tem um tratado de mútuo apoio com outro em caso de invasão, o cumprimento desse tratado às vezes pode requerer que ele entre na guerra, mesmo que com relutância. Este já é um terreno mais difícil, porque é possível perguntar se qualquer país pode legitimamente entrar num acordo desse tipo. É moralmente correto obrigar um país a entrar em guerra contra outro que não o agrediu?

Outro ponto controverso é definir se uma alegação de autodefesa pode sempre ser feita para justificar um "ataque preventivo" contra um país que se presume ter intenções hostis, com o intuito de destruir seu poder militar. Se aceitarmos que o direito de autodefesa existe, então parece plausível, ao menos em certos casos, justificar uma ação preventiva.

Entretanto, sem provas inequívocas de que o país contra o qual se lança esse ataque está mesmo planejando um ataque ou uma invasão, as justificativas baseadas nesse princípio seriam muito dúbias.

Talvez a questão mais difícil seja saber se um país pode legitimamente invadir outro com o intuito de depor seu governo, quando existe ameaça a outros países.

Se o país-alvo é uma democracia, com um sistema que permite à população destituir seus governantes, é difícil justificar uma invasão. A situação moral é diferente se o regime é autocrático, brutal e opressivo. Se houver clara evidência de que a maioria da população aceitaria de bom grado tal intervenção, e as medidas pacíficas não estiverem disponíveis ou fracassaram, a intervenção militar de um poder estrangeiro pode ser justificável, ou mesmo moralmente necessária. A situação pode ser comparada à da ajuda a um estranho que esteja sendo atacado por outro. Mas não é nada fácil encontrar evidências convincentes que apoiem o "socorro" de uma nação inteira – como uma população pode expressar sua oposição a um regime que reprime brutalmente os dissidentes? Uma tentativa fracassada de "mudança de regime" – para usar a expressão cunhada para definir a invasão do Iraque pelos EUA em 2003 –

Democracia liberal e paz

O eminente cientista político Michael Doyle observou em 1983 que, embora as democracias liberais tivessem ido à guerra com frequência, nunca houve uma guerra entre duas democracias liberais estabelecidas. Nesse contexto, uma democracia liberal é definida como um país que adota alguma forma de sistema representativo e proteção constitucional aos direitos, às liberdades e à propriedade privada. Por que países como esse não entram em guerra contra outros? Talvez a cultura de tolerância e concessão em uma democracia liberal implique uma vontade geral de resolver as disputas por negociação, e não pela força bruta.

Entretanto, não existe explicação universalmente aceita, nem evidência de que atitude vai prevalecer no futuro. Com o estabelecimento de mais e mais democracias, não sabemos se isso vai levar a um mundo cada vez mais pacífico ou simplesmente a uma posterior refutação empírica da teoria da paz liberal.

Mesmo com um sistema de mísseis guiados, o bombardeio de Bagdá em 2003 matou muitos civis. A doutrina do "duplo efeito" de Tomás de Aquino legitima mortes desse tipo, porque, embora tendo sido previstas, não foram intencionais.

pode tornar a situação muito pior para a população. Portanto, casos em que essas condições se aplicam podem ser muito raros.

Mesmo que exista justa causa para a guerra, não significa que tudo seja permitido. De acordo com a teoria da guerra justa, as ações de um país em uma guerra devem ser proporcionais aos seus objetivos. Desde a Segunda Guerra Mundial, violações a esse princípio de proporcionalidade têm sido punidas como crimes de guerra. Exemplos de crimes de guerra incluem o ataque deliberado à população civil, especialmente mulheres e crianças, e os maus-tratos aos prisioneiros de guerra.

Embora se aceite que é errado atacar civis, há casos em que a realização do objetivo militar levará, inevitável ou muito provavelmente, à morte de alguns civis, por exemplo os que vivem perto de um alvo estratégico.

Isso significa que é errado atacar esse alvo? Nesse caso, alguns apelam para a doutrina do "duplo efeito", formulada originalmente por Tomás de Aquino: se as mortes civis não foram intencionais e os objetivos militares são legítimos, é desculpável agir de uma maneira que presumivelmente provocará essas mortes como efeito colateral.

Entretanto, esse argumento é muito controverso, porque com certeza esses efeitos colaterais não intencionais podem ser catastróficos, e é difícil determinar se tais efeitos, embora não intencionais, poderiam ser previstos. Na verdade, pode ser difícil, se não impossível, fazer a distinção entre o que é intencional e o que é apenas previsível, particularmente na mente de uma pessoa que ordena um ataque aéreo ou puxa o gatilho.

> *"Não buscamos a paz para estar em guerra, mas vamos à guerra para que possamos ter paz. Portanto, seja pacífico no combate, para conseguir vencer aqueles contra os quais guerreia e trazê-los para a prosperidade da paz."*
>
> Santo Agostinho, citado por Tomás de Aquino na *Suma Teológica*

Bibliografia

OBRAS GERAIS

Blackburn, S. *Think*. Oxford: Oxford University Press, 1999.

Blackburn, S. *Being Good*. Oxford: Oxford University Press, 2003.

Nagel, T. *What Does It All Mean?* Oxford: Oxford University Press, 1989.

Russell, B. *The Problems of Philosophy*. Oxford: Oxford University Press, 1980.

Scruton, R. *Modern Philosophy: An Introduction and Survey*. Londres: Sinclair Stevenson, 1994; Nova York: Allen Lane, 1995.

MUNDO

Barnes, J. *Aristotle: A Very Short Introduction*. Oxford: Oxford University Press, 2000.

Berkeley, G. *Principles of Human Knowledge and Three Dialogues*. Editado por Robinson, H. Oxford: Oxford University Press, 1999.

Blackburn, S. e Simmons, K. (orgs.) *Truth*. Oxford: Oxford University Press, 1999.

Ernest, S. e Tooley, M. (orgs.) *Causation*. Oxford: Oxford University Press, 1993.

Hart, W. D. (org.) *The Philosophy of Mathematics*. Oxford: Oxford University Press, 1996.

Hume, D. *Enquiries Concerning Human Understanding and Concerning the Principles of Morals* [1751]. (3. ed.) Selby-Bigge, L. A. e Nidditch, P. H. (orgs.) Oxford: Oxford University Press, 1975.

Le Poidevin, R. *Travels in Four Dimensions: The Enigmas of Space and Time*. Oxford: Oxford University Press, 2003.

Leibniz, G. W. *Philosophical Texts*. Traduzidos e editados por Francks, R. e Woolhouse, R. S. Oxford: Oxford University Press, 1998.

Lowe, E. J. A *Survey of Metaphysics*. Oxford: Oxford University Press, 2000.

Moore, A. W. *The Infinite*. (2. ed.) Londres: Routledge, 2001.

Moran, D. *An Introduction to Phenomenology*. Londres: Routledge, 2000.

Penrose, R. *The Emperor's New Mind*. Oxford: Oxford University Press, 1999.

Singer, P. *Hegel: A Very Short Introduction*. Oxford: Oxford University Press, 2001.

MENTE E CORPO

Chalmers, D. J. (org.) *Philosophy of Mind: Classic and Contemporary Readings*. Nova York: Oxford University Press, 2002.

Davidson, D. "Thought and Talk", in *Mind and Language*, de Guttenplan, S. (org.) Oxford: Clarendon Press, 1975.

Dennett, D. C. *Elbow Room: The Varieties of Free Will Worth Wanting*. Cambridge, Massachusetts: MIT Press, 1984.

Descartes, R. *Meditations on First Philosophy* (1641), in *Descartes: Selected Philosophical Writings* (pp. 74-122). Cottingham, J., Fodor, J.A. *The Language of Thought*. Sussex: Harvester Press, 1976.

Foucault, M. *Madness and Civilization: A History of Insanity in the Age of Reason*. Traduzido por Howard, R. Nova York: Pantheon, 1965.

Frege, G. *On Sense and Reference* [1892] in *Translations from the Philosophical Writings of Gottlob Frege* (pp. 56-78). Geach, P. e Black, M. (org.). Oxford: Basil Blackwell, 1960.

Grice, H.P. "Meaning" in *Philosophical Review*, 66, (1957), pp. 377-388.

Hume, D. *A Treatise of Human Nature* [1740] Selby-Bigge, L. A. e Nidditch, P. H. (orgs.). Oxford: Oxford University Press, 1978.

Jackson, F. "Epiphenomenal Qualia" in *Philosophical Quarterly*, 32, (1982), pp. 127-136.

James, W. "What is an Emotion?" (1884) reeditado em *Mind*, 9, pp. 188-205.

Locke, J. *An Essay Concerning Human Understanding* [1690].

Lycan, W. C. *Philosophy of Language: A Contemporary Introduction*. Londres: Routledge, 1999.

Martinich, A. P. (org.) *The Philosophy of Language*. Nova York: Oxford University Press, 1996.

Nagel, T. "What is it Like to be a Bat?" in *Philosophical Review*, 4, (1974), pp. 435-450.

Parfit, D. *Reasons and Persons*. Oxford: Oxford University Press, 1984.

Putnam, H. "The Meaning of 'Meaning'" in *Language, Mind, and Knowledge* (pp. 131-193). Gunderson, S.K. (org.). Minneapolis: University of Minnesota Press, 1975.

Searle, J. R. "Minds, Brains and Programs" in *Behavioral and Brain Sciences*, 3, (1980), pp. 417-57.

Smart, J. J. C. (1959). "Sensations and Brain Processes" in *Philosophical Review*, 68, (1959), pp. 141-156.

Solomon, R. "Emotions and Choice" in *Explaining the Emotions*. A. Rorty (org.). Berkeley: University of California Press, 1980.

Spinoza, B. *Ethics* [1677]. Parkinson, G. H. R. (org.). Oxford: Oxford University Press, 2000.

Wakefield, J. C. "The Concept of Mental Disorder: On the Boundary between Biological and Social Values" in *American Psychologist*, 47, (1992), pp. 373-388.

Wittgenstein, L. *Philosophical Investigations*. Nova York: Macmillan, 1953.

CONHECIMENTO

Chernaik, C. *Minimal Rationality*. Cambridge, Massachusetts: MIT Press, 1989.

Dancy, J. *An Introduction to Contemporary Epistemology*. Oxford: Blackwell, 1985.

Gibson, R. *The Philosophy of W. V. Quine*. Gainesville, Flórida: University Presses of Florida, 1984.

Greco, G. e Sosa, E. (orgs.) *The Blackwell Guide to Epistemology*. Oxford: Blackwell, 1999.

Harman, G. *Reasoning, Meaning, and Mind*. Oxford: Oxford University Press, 1999.

Howson, C. e Urbach, P. *Scientific Reasoning: The Bayesian Approach*. La Salle, Illinois: Open Court, 1989.

Kitcher, P. *The Advancement of Science*. Nova York e Oxford: Oxford University Press, 1993.

Lowe, E. J. *Locke on Human Understanding*. Londres: Routledge, 1995.

Millar, A. *Reasons and Experience*. Oxford: Oxford University Press, 1991.

Morton, A. *A Guide through the Theory of Knowledge*. (3. ed.) Oxford: Blackwell, 2002.

Quine, W. V. e Ullian, J. *The Web of Belief*. Nova York: Random House, 1978.

Rowe, C. *Plato*. Londres: Palgrave MacMillan, 1984.

Schwartz, R. *Vision*. Oxford: Blackwell, 1994.

Shope, R. K. *The Analysis of Knowing*. Princeton, New Jersey: Princeton University Press, 1983.

Skyrms, B. *Choice and Chance*. (3. ed.) Belmont, Califórnia: Wadsworth, 1986.

Stein, E. *Without Good Reason*. Nova York: Oxford University Press, 1996.

Unger, P. *Ignorance: a case for scepticism*. Oxford: Oxford University Press, 1975.

Zagzebski, L. *Virtues of the Mind*. Cambridge: Cambridge University Press, 1996.

FÉ

Anselm [Santo Anselmo], *Proslogion* [1077] excerto de Cottingham, J. (org.) *Western Philosophy*. Parte 5. Oxford: Blackwell, 1996.

Aquinas [São Tomás de Aquino], T. *Selected Writings*. McInery, R. (org.) Harmondsworth: Penguin, 1998.

Augustine of Hippo [Santo Agostinho]. *Confessions*. Traduzido por Pusey, E. B. Londres: Dent, 1953.

Cottingham, J. *On the Meaning of Life*. Londres: Routledge, 2003.

Davies, B. *Philosophy of Religion: a guide and anthology*. Oxford: Oxford University Press, 2000.

Hick, J. *Evil and the God of Love*. Londres: Macmillan, 1977.

Hume, D. *Dialogues Concerning Natural Religion* [escrito c.1755, publicado 1779]. Nova York: Haffner, 1966.

Kierkegaard, S. *Concluding Unscientific Postscript* [1846]. Traduzido por Swensen, D. F. Princeton, Nova Jersey: Princeton University Press, 1941.

Le Poidevin, R. *Arguing for Atheism*. Londres: Routledge, 1996.

Mackie, J. L. *The Miracle of Theism*. Oxford: Oxford University Press, 1982.

Paley, W. "Natural Theology" [1802], in Rowe e Wainwright, 1973.

Palmer, M. *The Question of God*. Londres: Routledge, 2001.

Pascal, B. *Pensées* [c. 1660]. Krailsheimer, A. J. (org.) Harmondsworth: Penguin, 1966.

Peterson, M., et. al. *Reason and Religious Belief*. Oxford: Oxford University Press, 1998.

Plantinga, A. e Walterstoff, N. *Faith and Rationality*. Illinois: University of Notre Dame Press, 1983.

Quinn, P.L. e Taliaferro, C. *A Companion to the Philosophy of Religion*. Oxford: Blackwell, 1997.

Rowe, W. e Wainwright, W. *Philosophy of Religion: Selected Readings*. Nova York: Harcourt Brace Jovanovich, 1973.

Smart, J. J. C. e Haldane, J. *Atheism and Theism*. Oxford: Blackwell, 1996.

Taliaferro, C. *Contemporary Philosophy of Religion*. Oxford: Blackwell, 1998.

Voltaire. *Philosophical Dictionary* [1764]. Harmondsworth: Penguin, 1972.

Voltaire. *Candide* [1759]. Harmondsworth: Penguin, 1979.

Wittgenstein, L. *Culture and Value*. Oxford: Blackwell, 1980.

ÉTICA E ESTÉTICA

Almond, B. *Exploring Ethics: a traveller's tale*. Oxford: Blackwell, 1998.

Aristotle [Aristóteles]. *Ethics*. Traduzido por Thomson, J. A. K. Harmondsworth: Penguin, 1976.

Bentham, J. *Introduction to Principles of Moral and Legislation* [1789]. Londres: Athlone Press, 1970.

Dworkin, R. *Life's Dominion: an argument about abortion and euthanasia*. Londres: HarperCollins, 1995.

Finnis, J. *Natural Law and Natural Rights*. Oxford, Clarendon Press, 1980.

Hare, R. M. *Moral Thinking: its levels, methods and point*. Oxford: Oxford University Press, 1981.

Hume, D. *Enquiries Concerning Human Understanding and Concerning the Principles of Morals* [1751]. (3. ed.) Selby-Bigge, L. A. e Nidditch, P. H. (orgs.) Oxford: Oxford University Press, 1975.

Kant, I. *The Moral Law* [originalmente *Groundwork of the Metaphysic of Morals*] H. Paton, H. (org.) Londres: Hutchinson, 1948.

MacIntyre, A. *A Short History of Ethics*. Nova York: Macmillan, 1966.

MacIntyre, A. *After Virtue*. Londres: Duckworth, 1981.

Mill, J. S. *On Liberty and Other Essays*. Gray, J. (org.) Oxford: Oxford University Press, 1991.

Nietzsche, F. *On the Genealogy of Morals* [1887]. Traduzido por Kaufman, W. e Hollingdale, R.J. Nova York: Vintage Books, 1969.

Nietzsche, F. *Beyond Good and Evil*. Traduzido por Hollingdale, R. J. Harmondsworth: Penguin, 1971.

Norman, R. *The Moral Philosophers: an introduction to ethics*. Oxford: Oxford University Press, 1983.

Nussbaum, M. *The Fragility of Goodness: luck and ethics in Greek Tragedy and Philosophy*. Cambridge: Cambridge University Press, 1986.

Plato [Platão]. *Republic*. Traduzido por Lee, D. (2. ed.) Harmondsworth: Penguin, 1974.

Rawls, J. *A Theory of Justice*. Oxford: Oxford University Press, 1971.

Sartre. J.-P. *Existentialism is a Humanism*. Traduzido por Mairet, P. Londres: Methuen, 1948.

Singer, P. *Animal Liberation*. (2. ed.) Nova York: Random House, 1990.

Singer, P. *Practical Ethics*. (2. ed.) Cambridge: Cambridge University Press, 1993.

Smart, J. J. C. e Williams, B. *Utilitarianism: for and against*. Cambridge, Cambridge University Press, 1973.

Walzer, M. *Just and Unjust Wars*. Harmondsworth: Penguin, 1987.

Williams, B. *Ethics and the Limits of Philosophy*. Cambridge, Massachusetts: Harvard University Press, 1985.

SOCIEDADE

Aristotle [Aristóteles]. *The Politics*. Everson, S. (org.) Cambridge: Cambridge University Press, 1996.

Bentham, J. *Introduction to the Principles of Morals and Legislation*. Londres: Methuen, 1982.

Berlin, I. *Liberty*. (2. ed.) Oxford: Oxford University Press, 2002.

Burke, E. *Reflections on the Revolution in France* [1790]. Londres: Penguin, 1968.

Cohen, G. A. *Self-Ownership, Freedom, and Equality*. Cambridge: Cambridge University Press, 1995.

Dworkin, R. *Sovereign Virtue*. Cambridge Massachusetts: Harvard University Press, 2000.

Hampsher-Monk, I. *A History of Modern Political Thought*. Oxford: Blackwell, 1992.

Hayek, F. von. *Law, Legislation and Liberty*. Londres: Routledge and Kegan Paul, 1982.

Hegel, G. W. F. *The Philosophy of Right*. Knox, T. M. (org.) Oxford: Clarendon Press, 1952.

Hobbes, T. *Leviathan*. MacPherson, C. B. (org.) Londres: Penguin, 1968.

Hume, D. *A Treatise of Human Nature* [Book III, 1740]. (2. ed.) Selby-Bigge, L. A. e Nidditch, P. H. (org.). Oxford: Oxford University Press, 1978.

Kymlicka, W. *Contemporary Political Philosophy: An Introduction*. Oxford: Oxford University Press, 1990.

Locke, J. *Two Treatises of Government* [1690]. Laslett, P. (orgs.) Cambridge: Cambridge University Press, 1988.

Marx, K. *Selected Works*. McLellan, D. (org.) (2. ed.) Oxford: Oxford University Press, 2000.

Mill, J. S. *Utilitarianism and Other Writings*. Warnock, M. (org.) Glasgow: Collins, 1962.

Nozick, R. *Anarchy, State, and Utopia*. Oxford: Blackwell, 1974.

Rawls, J. *A Theory of Justice*. (Edição revisada.) Oxford: Oxford University Press, 1999.

Rosen, M. e Wolff, J. (orgs.) *Political Thought*. Oxford: Oxford University Press, 1999.

Rousseau, J.- J. *The Social Contract and Discourses* [1762]. Cole, G. D. H., Brumfitt, J. H. e Hall, J. C. (orgs.) Londres: Everyman, 1973.

Wolff, J. *An Introduction to Political Philosophy*. Oxford: Oxford University Press, 1996.

Índice

Nota: Os números de páginas referentes ao texto principal estão em fonte normal; os dos boxes, em negrito; e os das legendas, em itálico.

Créditos de textos

Os autores e editores gostariam de registrar seu agradecimento às seguintes pessoas e entidades pela permissão de reproduzir seu material. Todo o cuidado foi tomado para localizar os detentores dos direitos autorais. No entanto, se omitimos alguém, pedimos desculpas e, caso informados, faremos as correções em futuras edições.

Página 17: de "An argument for the Identity Theory", de David K. Lewis, *in Journal of Philosophy* 63 (1966) 17–25, p. 22; **página 22**: de "On the notion of cause", *in Mysticism and Logic*, de Bertrand Russell, Routledge, Londres, 1925; **página 32**: de "The Origin of the Work of Art", *in* Martin Heidegger: *Basic Writings* (traduzido por David Farrell Krell), Routledge, Londres, 1977; **página 46**: de *Philosophy and Scientific Realism*, de J. J. C. Smart, Routledge, Londres, 1963; **página 52**: de *The Language of Thought*, de Jerry Fodor, 1976, reeditado por permissão de Pearson Education Inc., Addison Wesley Longman, Glenview, Illinois; **página 54**: de *Not Passion's Slave: Emotions and Choice*, de Robert Solomon, Oxford University Press (OUP) Inc., Nova York, 2003; **página 59**: de *Tractatus Logico-Philosophicus*, de Ludwig Wittgenstein, Routledge, Londres, 1955; **página 60**: de *Philosopical Investigations*, de Ludwig Wittgenstein, Routledge, Londres, 1967; **página 64**: de "Freedom and Necessity", *in Philosophical Essays*, de A. J. Ayer, Macmillan, Londres, 1954; **página 69**: de *The Myth of Mental Illness*, de Thomas Szasz, HarperCollins, Nova York, 1974; **página 89**: reeditado por permissão do editor de "Two Dogmas of Empiricism", *in From a Logical Point of View: Nine Logico-Philosophical Essays*, de Willard V. Quine, Cambridge, Massachusetts: Harvard University Press, Copyright © 1953, 1961, 1980 de President and Fellows of Harvard College, renovado 1989 por W.V. Quine; **página 95**: de *The Problems of Philosophy*, de Bertrand Russell, por permissão da Oxford University Press, Oxford, 1912; **página 98**: de *The Logic of Scientific Discovery*, de Karl Popper [consignatários]; **página 101**: de *Autobiography*, de Bertrand Russell, Routledge, Londres, 1967; **página 124**: de *Encountering Evil: Live Options in Theodicy*, de John H. Hick (ed. Stephen T. Davis), T & T Clark International, a Continuum imprint, 2002; **página 127**: de *Candide*, de Voltaire (traduzido por Roger Pearson), por permissão da Oxford University Press, Oxford, 1998; **página 156**: de *Existentialism and Humanism*, de Jean-Paul Sartre (traduzido por Philip Mairet), Methuen, Londres, 1948; **página 159**: de *The Sovereignty of Good*, de Iris Murdoch, Routledge, Londres, 1970; **página 162**: de *The Life of Reason*, de George Santayana, por permissão de Constable and Robinson, 1954; **página 164**: de *Reproducing the Future*, de Marilyn Strathern, pela gentil permissão do autor; **página 168**: de *The Question Concerning Technology*, de Martin Heidegger, HarperCollins, Nova York, 1977; **página 169**: de *A Sand County Almanac*, de Aldo Leopold, OUP Inc., Nova York, 1949; **página 170**: de *The Question Concerning Technology*, de Martin Heidegger, HarperCollins, Nova York, 1977; **página 183**: de *Anarchy, State and Utopia*, de Robert Nozick, Blackwell, Oxford, 1982; **página 187**: de *Man and Superman*, de George Bernard Shaw, Society of Authors, Londres, no interesse de Bernard Shaw Estate; **página 191**: de *Equality*, de R. H. Tawney, cortesia de Pickering & Chatto, Londres, 1931; **página 203**: reeditado por permissão do editor de *A Theory of Justice*, de John Rawls, Cambridge, Massachusetts: The Belknap Press of Harvard University Press, Copyright © 1971, 1999 de President and Fellows of Harvard College.

Créditos das imagens

Os editores gostariam de agradecer aos arquivos fotográficos e pessoas listado a seguir pela permissão de reproduzir seu material. Todo o cuidado foi tomado para descobrir os detentores dos direitos autorais. No entanto, se omitimos alguém, pedimos desculpas e, caso informados, faremos as correções em futuras edições.

AA = Art Archive, Londres; AKG = AKG images, Londres; BAL = Bridgeman Art Library, Londres; SPL = Science Photo Library, Londres

1 BAL/Museus e Galerias do Vaticano, Cidade do Vaticano; **2–3** Corbis/Roger Ressmeyer; **7** AA/Anagni Cathedral/Dagli Orti; **8–9** Corbis/Scott T Smith; **11** Corbis/Darrell Gulin; **13** BAL/Kunsthistorisches Museum, Viena, Áustria; **14** AKG/Sammlungen des Stiftes, Klosterneuburg, Áustria/Eric Lessing; **16t** SPL/Laguna Design; **16b** Corbis/Roger Ressmeyer; **18** AA/Musée des Beaux Arts Rouen/Dagli Orti; **19** Mary Evans Picture Library/Captain Provand & Indra Shiva/Harry Price Collection; **21** Corbis/Jose Fuste Raga; **23** BAL/Wingfield Sporting Gallery, Londres; **24** BAL/National Gallery of Scotland, Edimburgo; **27** Getty/Image Bank/Grant Faint; **29** BAL/Lauros/Giraudon/Bibliothèque Nationale, Paris, França; **30** BAL/Nationalgalerie, Berlim; **32** BAL/Private Collection/© ADAGP, Paris e DACS Londres **2004**; **33** Corbis/Hulton-Deutsch Collection; **35** Getty/Stone/Matthias Clamer; **36** Corbis/Helen Norman; **37** National Maritime Museum, Londres; **38** BAL/Niedersachsisches Landesmuseum, Hanover; **39** Corbis/Clouds Hill Imaging Ltd; **40–41** SPL/Eckhard Slawik; **42–43** Corbis/Massimo Mastrorillo; **45** SPL/Scott Camazine; **47** BAL/Yale Center for British Art, Paul Mellon Collection, EUA; **48** Corbis/Michael Nicholson; **49** AKG; **51** Corbis/Randy Wells; **52** Steve Pyke; **53** NHPA/Stephen Dalton; **54** Corbis/José F Poblete; **57** Magnum/Cornell Capa; **59** AKG; **61** Corbis/Museum Narodowe, Poznan/Ali Meyer; **62** Eye Ubiquitous/Hutchison/ Jeremy Horner; **64** AKG/Austrian National Library, Viena; **65** Robert Harding.com/Walter Rawlings; **66** AKG; **67** AA/Musée Fabre Montpellier/Dagli Orti; **68** Kobal Collection/20th Century Fox; **70** SPL/Dr Linda Stannard, UCT; **72–73** Corbis/Massimo Listri; **74** Corbis/Farrell Grehan; **76** AA/Museo Capitolino, Roma/Dagli Orti; **77** Corbis/Mimmo Jodice; **79** Corbis/Russell Underwood; **80** Photonica/Masato Kameya; **81** Photonica/Masao Oto; **82t** Corbis/Michael Nicholson; **82b** Corbis/Peter M Fisher; **85** Moviestore/Warner Bros; **86** Corbis/Galen Rowell; **88** Corbis/Bettmann; **89** Bernard Quine; **90** Corbis/Charles O'Rear; **94** Corbis/David Keaton; **96** Corbis/Bettmann; **97** Corbis/Archivo Iconografico, S.A; **98** SPL/David Parker; **99** Corbis/Christie's Images, Londres; **100** Getty/Stone/Eddie Soloway; **101** Corbis/Matthias Kulka; **103** BAL/Giraudon/Musée d'Orsay, Paris, França; **105** Corbis; **106–107** Getty/Image Bank/Michael Orton; **109** BAL/British Library, Londres; **110** Corbis/John Miele; **111** Image DJ; **112** BAL/Museo di San Marco dell'Angelico, Florença; **113** AA/ Museo di Castelvecchio Verona/A Dagli Orti; **115** Corbis/Hulton-Deutsch Collection; **116t** AA/ Santa Maria delle Carceri Abbey Carceri/Dagli Orti; **116b** BAL/Giraudon/Bibliotheque Sainte-Genevieve, Paris; **118** Rex Features/SIPA; **119** AA/Château de Blois/Dagli Orti; **121** BAL/Giraudon/Coleção Particular; **122** Corbis/Sygma/Fabian Cevallos; **124** Corbis/Jason Hawkes; **126** Corbis/Tom Wagner/SABA; **127** Corbis/Archivo Iconografico, SA; **128** Corbis/Bettmann; **129** AA/Galleria degli Uffizi, Florença/Dagli Orti; **130** Corbis/Annie Griffiths Belt; **131** AA/ Museu Arqueológico, Nápoles/Dagli Orti; **132–133** Corbis/Gregor Schmid; **135** Getty/Image Bank/Jean de Boisberranger; **136** Corbis/Mug Shots; **138** Corbis/Archivo Iconografico, SA; **139** BAL/The Illustrated London News, Picture Library, Londres; **140** Zefa/G Baden; **141** Corbis/Bettmann; **142** Corbis/Clouds Hill Imaging Ltd/David Spears; **143** BAL/Trustees of Watts Gallery, Compton, Surrey; **145** Corbis/ Wally McNamee; **146** Corbis/David Lees; **149** Corbis/Ray Juno; **151** Rex Features/Universal; **152** BAL/Simon Carter Gallery, Woodbridge, Suffolk; **153** Corbis/Bettmann; **154** Corbis/Sygma; **155** Magnum/Bruno Barbey; **156** Magnum/Henri Cartier-Bresson; **157** Magnum/Guy Le Querrec; **159** BAL/Musée Condé, Chantilly; **160** BAL/Brooklyn Museum of Art, Nova York, EUA; **162** BAL/Osterreichische Galerie, Viena; **165** SPL/ZEPHYR; **167** Corbis/Bob Krist; **169** Corbis/Lester Lefkowitz; **170** Corbis/Yann Arthus-Bertrand; **172** Getty Images/Anthony Harvey; **173** Corbis/Hulton-Deutsch Collection; **175** Corbis/Gianni Dagli Orti; **176** Rex Features; **178–179** Corbis/Tom & Dee Ann McCarthy; **181** Corbis/Alan Schein Photography; **182** Corbis/Christopher J Morris; **184** Corbis/Bettmann; **185** Corbis/Michael Nicholson; **187** Corbis/Paul A Souders; **188** Corbis/Archivo Iconografico, SA; **189** Corbis/Christie's Images; **191** Corbis/Paul A Souders; **193** BAL/ Giraudon/Musées de la Ville de Paris, Musée Carnavalet, Paris; **195** Corbis/Gideon Mendel; **196** Magnum/Bruce Davidson; **197t** Mary Evans Picture Library; **197b** Mary Evans Picture Library; **198** Corbis/Terry W Eggers; **201** Corbis/Tom Wright; **203** Steve Pyke; **204** Corbis/Bettmann; **207** Corbis/Charles & Josette Lenars; **208** Corbis/Viviane Moos; **210** AA/Karl Marx Museum Trier/Dagli Orti; **213** Corbis/Steve Raymer; **215** Getty/Mirrorpix

---

Legendas das ilustrações das páginas 1-3:
Página 1: Detalhe (de Platão e Aristóteles) de *Escola de Atenas*, de Rafael. Platão (à esquerda) aponta para cima, enquanto segura na outra mão seu livro *Timeu*; Aristóteles (à direita) segura um exemplar de sua *Ética*.
Páginas 2-3: Supernova 1987A, na Grande Nuvem de Magalhães, perto da Nebulosa da Tarântula.